中美课堂『问题行为学生』比较研究

——兼论课堂教学实现学生社会化的困境与出路

杨清 / 著

知识产权出版社

全国百佳图书出版单位

图书在版编目（CIP）数据

中美课堂"问题行为学生"比较研究：兼论课堂教学实现学生社会化的困境与出路/
杨清著. —北京：知识产权出版社，2016.8

ISBN 978 – 7 – 5130 – 4387 – 8

Ⅰ.①中… Ⅱ.①杨… Ⅲ.①后进生—教育—对比研究—中国、美国 Ⅳ.①G455

中国版本图书馆 CIP 数据核字（2016）第 195259 号

责任编辑：贺小霞   责任校对：谷 洋

封面设计：刘 伟   责任出版：刘译文

中美课堂"问题行为学生"比较研究
——兼论课堂教学实现学生社会化的困境与出路

杨 清 著

出版发行：知识产权出版社 有限责任公司	网 址：http://www.ipph.cn
社 址：北京市海淀区西外太平庄 55 号	邮 编：100081
责编电话：010 – 82000860 转 8129	责编邮箱：2006HeXiaoXia@ sina.com
发行电话：010 – 82000860 转 8101/8102	发行传真：010 – 82000893/82005070/82000270
印 刷：北京科信印刷有限公司	经 销：各大网上书店、新华书店及相关专业书店
开 本：720mm×1000mm 1/16	印 张：13
版 次：2016 年 8 月第 1 版	印 次：2016 年 8 月第 1 次印刷
字 数：220 千字	定 价：48.00 元

ISBN 978-7-5130-4387-8

序

　　中国正在经历由制造业大国向创新型国家、由人力资源大国向人力资源强国发展的重要转型。经济全球化的推进、信息技术的飞速发展，多元文化价值的碰撞，伦理道德问题和文化生态危机的凸显，使得青少年学生面临的社会环境日益复杂。与此同时，青少年学生思想意识更加自主活跃，价值追求更加多样，个性特点更加鲜明。课堂教学作为学校组织教育活动的主要形式和学生系统学习法定文化的基本场所，是实现学生社会化的重要途径。当青少年学生社会化的内外环境发生剧烈变化时，课堂教学也必然面临各种挑战。那么，课堂教学究竟面临什么样的问题、如何才能更好地实现青少年学生社会化？这成为教育研究关注的一个重要问题。

　　杨清博士撰著的《中美课堂"问题行为学生"比较研究：兼论课堂教学实现学生社会化的困境与出路》一书，以中美学校课堂中"问题行为学生"的比较研究为切入点，分析了当前课堂教学在实现学生社会化过程中面临的问题，并探讨了可能的对策建议。我读后，认为本书有诸多创新之处。

　　第一，从社会学视角对课堂中"问题行为学生"提出了全新理解。该书指出，课堂中"问题行为学生"不是一个客观存在的事实，而是在课堂教学过程中被教师贴上了标签、违反一定社会化标准的学生，是社会建构的结果。本书从社会学视角对越轨学生研究进行了系统的梳理和评述。这有助于我们更好的理解课堂中"问题行为学生"，破除可能存在的刻板印象，也使得中美比较研究成为可能。

　　第二，对中美教师眼里课堂中"问题行为学生"进行比较研究。该书通过案例分析、教师访谈等，对中美教师眼里课堂中"问题行为学生"的具体表现、基本特点和教师的应对策略进行了系统比较和分析。相关结论诸如中国课堂中"问题行为学生"的基本特点是没有真正参与到课堂教学之中，而美国课堂中"问题行为学生"的基本特点是学生个人行为妨碍了课堂上其他大

1

部分学生的学习或者教师教学等，具有一定的原创性和创新性。

第三，从特定的视角对课堂教学实现学生社会化的困境进行分析。该书指出，中美课堂中"问题行为学生"所存在的共性特点，在一定程度上体现了课堂教学发展的内在规律，进而分析了课堂教学在实现学生社会化中的两大困境。一是在我国多元文化和多种价值观并存的复杂文化生态环境下，学校课堂教学如何实现学生的社会化；二是在学生发展水平差异明显存在的班级教学中如何实现学生的社会化。本书作者认为，中美课堂中"问题行为学生"的差异体现了中美不同文化背景下各自的社会化模式，中国传统文化影响下的社会化模式是伦理型群体取向模式，以"仁"为社会化基础，以"圣贤"为社会化目标，而美国文化影响下的社会化模式是契约型个体取向的。这些看法，为同类研究将提供重要启示。

第四，探索了课堂教学实现学生社会化的基本出路。该书以"边界"为核心词，提出课堂教学的知识边界和社会边界的适度开放是课堂教学走出困境的可能出路。研究者认为，实践与活动，是学生生存发展的基本实现方式，倡导回归生活，超越生活。不仅要关注学生的现实生活，更要关注学生参与实践活动的交往性和文化群体性，只有依靠群体性的社会实践活动，在活动中通过互动式参与，才能有效提升学生社会化程度。而整个问题的关键在于，个人主体的建构必须保持社会化与个性化的必要张力，如何在社会化过程中实现个性化发展，给学生更多的自主选择空间，真正实现学生的个性化发展。论者在此基础上对教学内容拓展、学生参与方式转变和教师权威重塑等具体策略进行了探讨。

该书既有一个个鲜活生动的案例，又有理论深度的思考和分析，为教师和研究者提供了一个反思课堂教学的新视角和新思路，体现了本书的理论价值与实践价值。

今天的课堂教学面临着前所未有的冲击和挑战，如何更好地实现学生社会化是教育实践者和研究者永远值得探索的问题。我期待该书能够引起更多地研究者和实践者关注和讨论这一问题，进而推动课堂教学质量的提高、促进学生真实全面的发展。

是为序。

裴娣娜

2016 年 7 月 22 日

Foreword

As I write this Foreword, a colleague is translating—for eventual publication in English—a paper by the distinguished Chinese scholar, Ye Lan. Two fundamental questions have arisen: first, what educational 'discipline' does the paper represent? Is it a Chinese instantiation of the Anglo – American fields of the philosophy of education, "curriculum" and/or educational psychology or is it an instantiation of the European fields of pedagogy and "didactics" or, in German, Pädagokik and Didaktik? Second, how should we translate the paper's basic concept of "教学理论" —as "instructional theory" or "didactic theory?" In each case the issue is whether the English – speaking readers we had in mind as readers of Ye Lan's paper would assimilate the Chinese terms into a "Anglo – American" frames of reference that would mislead them as they sought to interpret the words. Thus, in Anglo – American educational theory the term "instructional theory" resonates with echoes of behaviorist psychology. Does "教学理论" have a similar resonance for a Chinese reader? Is it the better strategy to present Lan's paper as something familiar, as reflecting Anglo – American "progressive" "curricular" thought, or should be better seen as embedded in the European Pädagogik and Didaktik traditions of —and thus requiring a different frame for its interpretation.

To introduce another instantiation of the idea of a "frame," I have been fascinated for many years by the implications of a paper from the early – 1960s in which Martin Trow, an American sociologist, posited three stages in the development of the American secondary school: [1] a stage ending about 1920 in which the school

---

[1] See Martin Trow (1961). The second transformation of American secondary education. *International Journal of Comparative Sociology*, 2, 144 – 166.

was what he termed an elite preparatory institution (for university and other forms of higher education); a stage from about 1920 to 1950 in which the secondary school became a mass terminal school, i. e. , a school that most students completed before entering the labor market; finally, a third stage from the 1950s to the present in which a mass university – preparatory task was built into the American high school, such that in its "comprehensive" form the high school also houses terminal students not destined for college and universities. Fundamental changes in the definition and understanding of the "school" —its mission and goals, curricula and methods of instruction, its teachers' and students' roles, deportment and tasks, and the culture of the school and the student body—accompanied each of these transitions.

Such issues inevitably come to the fore in comparative studies of schools and cultures in the field of education. I remember well that when Yang Qing came to the University of Illinois at Urbana – Champaign to add a comparative dimension to her Chinese study of "problem behavior students." The teachers I introduced to her universally responded that her Chinese students' problem behaviors were not problems for American schools and teachers. Of course America's schools contain many students whose behaviors are a problem for their teachers, but the noteworthy "problems" are different from Yang Qing "Chinese" problems. The implication was that, viewed comparatively, her fundamental concept of "problem behavior students" reflected a social construction, that is, the concept is not universal but is a response to interpretative locally – or historically – situated frames in Chinese and American schools and classrooms. Or, as Yang puts it in the pages that follow, by the cultural boundaries constructed in China and America around the ideas of students, teachers, and schools. It was these boundaries that defined Trow's "transformations" of the American high school as the constructions of the students and teachers changed.

I experienced such a transformation as a student and teacher in Australian secondary schools many years ago. My teachers wore academic gowns as they taught and I wore an academic gown as I taught. Teachers and schools sought authority and legitimacy in the ideas of knowledge and the institution of the university. But ideas of higher education were outside the experience, and the expectations, of many of our students; they were the students enrolled in Trow's mass terminal high schools. In other words, Australia's high schools were transitioning from Trow's elite college – preparatory institutions to a mass – terminal institutions—but without a curriculum or methods of instruction that was appropriate to the new situation, or a language, with in which teachers could interpret what was happening.

In this book Yang Qing's work offers such a language for Chinese teachers built out of her comparative experience. The language she introduces in the pages that follow offer concepts for interpreting the sense that it is becoming more and more difficult to teach in many schools in contemporary China, and for interpreting the transformations, and the emerging difficulties, in contemporary classrooms and schools.

Ian Westbury

University of Illinois at Urbana – Champaign, U. S. A.

August 2016

前　言

为什么现在的学生越来越难教？

21世纪，随着经济全球化深入发展，各种思想文化交流更加频繁，学生成长环境日益复杂，青少年学生思想意识更加自主，个性也更加鲜明。这些变化对我们学校教育产生了深刻的影响。课堂教学是实现学生社会化的重要途径，当青少年学生社会化内外条件发生剧烈变化时，也必然为课堂教学带来了挑战。随着学校教育的普及，越来越多的孩子走进课堂，当教师采用统一的教学内容和教学方法去教个性千差万别的学生时，肯定会遇到各种问题，"学生难教"也就成为必然。

课堂中的"问题行为学生"是指在课堂教学过程中被教师认为违反一定社会化标准的学生，是在课堂教学实现学生社会化过程中社会建构的结果。有问题的结果，必然在一定程度上体现了过程中的问题。课堂教学在实现学生社会化过程中的问题，必然会"投射"在社会化的结果——学生身上。因此，对课堂中"问题行为学生"的分析，有助于明了当前课堂教学实现学生社会化过程中所面临的问题。

中美教师对课堂中"问题行为学生"的理解不同，所采取的应对策略也不相同。两者之间的共性体现了学校教育发展的一定规律，而两者之间的差异则体现了两国文化差异。通过比较研究分析中美课堂中"问题行为学生"，有助于从促进学生社会化的维度对我国课堂教学进行深入的思考。

概括起来，本书通过案例比较研究，主要回答三个主要问题：第一，谁是中美课堂中"问题行为学生"。中国课堂中"问题行为学生"具体表现为外向型问题行为与内向型问题行为，其基本特点是没有真正参与到课堂教学之中。教师对此主要采取加强与学生个人沟通、寻求其他支持以及将学生隔离的应对策略。美国课堂中"问题行为学生"具体表现为外向型问题行为，其基本特点是学生个人的行为妨碍了课堂上其他大部分学生的学习或者教师教学。美国教师对课堂中"问题行为学生"的应对方式主要包括课前正式规范的明确，课上对"问题行为学生"礼貌提醒、忽略或者空间上的完全隔离，课后与学生的私人谈话。

第二，为什么中美课堂中"问题行为学生"会存在共性和差异。中美课堂中"问题行为学生"都缺乏学习兴趣、缺乏对教师应有的尊重，学校教育缺乏家长的支持。这在一定程度上反映了课堂教学在实现学生社会化过程中所面临的两大困境：①在家庭和社区的社会化功能不断弱化、媒体网络的负面影响逐渐明显时，课堂教学如何更好地实现学生社会化；②课堂教学如何在差异性显著增加的班级教学中实现学生的"个性化"。中美课堂中"问题行为学生"存在的具体差异实际上体现了中美课堂教学实现学生社会化模式的差异。中国传统文化影响下的社会化模式是伦理型群体取向的，以"仁"为社会化基础，以"圣贤"为社会化目标；而美国文化影响下的社会化模式是契约型个体取向的。但是，由于中国传统文化正面临着市场经济和西方文化的冲击，中国传统文化视阈下的社会化模式深受影响，这成为中国课堂教学在实现学生社会化过程中所面临的第三大困境。

第三，如何改进我国课堂教学、促进学生社会化。通过对中美课堂中"问题行为学生"的比较研究发现，边界封锁是课堂教学实现学生社会化遭遇困境的具体原因。要走出这些困境，课堂教学就应该实现知识边界和社会边界的适度开放。一是拓展教学内容，关注学生的现实生活；二是改变学生的参与方式，由接受式参与转变为互动式参与；三是重塑教师权威，实现从制度权威到个人权威的转变。

目　录

导　论

一、研究缘起

（一）课堂教学是实现学生社会化的重要途径

个体社会化对人类社会有着相当重要的意义。弗罗姆曾指出，"社会化诱导社会成员去做那些要想使社会延续就必须做的事"，是"使社会和文化得以延续的手段"。❶ 迪尔凯姆曾指出，我们研究的起点，就是要考察个人人格与社会团结的关系问题。为什么个人变得越自主，他就会越来越依赖社会？为什么在个人不断膨胀的同时，他与社会的联系却越加紧密？尽管这两者看似矛盾，但它们亦步亦趋的活动却是不容反驳的事实。❷ 显然，所谓"个人人格与社会团结的关系问题"正是人的社会化问题。教育与人的社会化有着千丝万缕的联系。在人类社会化的早期，教育与社会化是同一的。只是随着社会的发展，工作与生活的不断复杂，各种劳动和技能的专业化程度越来越高，以致教育不能再简单地通过一般的社会化来获得，于是开始有了比较专门化的教育机构——学校。虽然社会的进步使人的社会化方式越来越丰富，但不可否认的是，学校作为正规的教育机构，是青少年学生社会化的重要机制。尤其随着现代社会教育的改革与发展，社会对教育的重视程度越来越高，学生接受学校教育的时间越来越长，学校教育的社会化功能越来越受到人们的关注。美国学者

---

❶ Fromm E. Man for Himself: An Inquiry into the Psychology of Ethics [M]. New York: Holt, Rinehat & Winstin. 1947: 144.

❷ [法] 迪尔凯姆. 社会分工论 [M]. 渠东, 译. 北京: 生活·读书·新知三联书店, 2000: 11.

1

理查德·D. 范斯科德甚至把学校视为现代社会中第一位的社会化机构。❶

课堂教学是学校组织教育活动的主要形式和学生系统学习法定文化的基本场所。一方面，它是青少年社会化的一个重要场所，当义务教育年限越来越长，学生在课堂中度过的时间也越来越多时，课堂就成为青少年学生社会化的重要"场所"；另一方面，它是学校教育实现人的社会化的重要途径，是实现学生社会化的重要媒介。在学生年幼阶段，课堂教学的重点在于传授基本的文化知识、基本技能以及社会规范；随着年龄的增长，课堂教学的重点旨在形成个体有关文化的系统化的概念体系，并逐渐增加与职业有关的知识技能。但无论哪个阶段，课堂教学都要以促进学生全面自由的发展为根本目的。一般说来，作为学生社会化重要媒介的课堂教学具有以下两个方面的特点：第一，系统性。与其他社会化媒介相比，系统性是课堂教学的首要特点。首先，表现在课堂教学的目标上。课堂教学的最终目标是为了实现学生的社会化，为了实现这一目标，每一次课堂教学都有计划地预设一定目标；其次，课堂教学的系统性体现在学生社会化内容上。课堂教学的具体内容并不是随意安排的，而是根据教学目标、学生的发展阶段和能力水平进行的合理安排；最后，课堂教学的系统性还表现在社会化过程的有序性上，由专门的教师来执行计划、根据学生的特点选择相应的方法教学，保证了课堂教学在实现学生社会化过程中的有条不紊。第二，组织性。课堂教学的社会化实际是一种组织的社会化，而"组织是作为使儿童的能力社会化的环境"❷。对学生社会化而言，课堂教学在个人理性能力培养和发展以及学会在比较大的范围中处理各种人际关系的能力方面，具有一定的优势，因为课堂教学使来自不同背景的年轻一代集合在一起，通过各种互动增加了同龄学生的交往机会。学生在课堂教学过程中可以学到各种社会角色、角色规范和角色期望，还可以了解社会评价的规则和规范，特别是学生在课堂教学中获得的对非个人规则和权威的遵从，这本身是现代社会顺利运行的基础，而且是其他社会化媒介难以提供的。这两个特点使课堂教学在学生的社会化过程中占据了特殊的位置，具有重要的作用，包括促使学生形成系统的文化知识，开发个体的一般智能；形成与主流文化具有一致方向性的系

---

❶ ［美］理查德·D. 范斯科德，等. 美国教育基础——社会展望［M］. 北京师范大学外国教育研究所，译. 北京：教育科学出版社，1984：131.

❷ ［瑞典］T. 胡森. 国际教育百科全书（第八卷）［M］. 中央教育科学研究所比较教育研究室，译. 贵阳：贵州教育出版社，1991：315.

统化的价值观念、政治概念、道德概念体系；在课堂教学中学习和掌握社会规范。因此，课堂教学对于实现学生社会化具有重要的意义。虽然在现代社会中，学生社会化受多方面因素的影响，既包括学生自己的身体、心理、思想以及智力和非智力因素，又包括家庭、社会、同辈群体等其他社会化媒介，但不可否认的是，课堂教学是实现学生社会化的一个非常重要的媒介。

自工业革命以来，学校教育普及逐渐成为一个显而易见的教育事实。社会经济发展与人们对公民权利的日益重视必然要求学校教育从规模上具有一定的群众性和普及性、从结构上具有多种类型和多种层次的特点。更多的学生走进学校，接受年限越来越长的义务教育。以我国为例，1949 年新中国成立之初，社会经济尚未从战争的破坏之中恢复过来，全国学龄儿童入学率仅为 20%，人口中文盲率达到 80% 以上❶。在随后的六十多年里，我国社会经济飞速发展，一方面，国家发展、国际竞争对人才培养的要求越来越高，国家对教育财政投入逐步加大，从 2001 年到 2010 年，我国小学和初中的生均预算内教育事业费分别增长为 91.46% 和 92.61%；另一方面，公民的受教育权利意识不断增强，社会对教育的要求从"有学上"逐步转向"上好学"。这一系列变化的直接结果是学校教育不断发展壮大，越来越多的适龄儿童走进学校。2011 年，全国所有县（市、区）和其他县级行政区划单位、所有省级行政区划单位全部实现"两基"，"两基"人口覆盖率达到 100%，15 岁及以上人口文盲、半文盲率下降到 4.08%，小学净入学率 99.7%，初中阶段毛入学率 100.1%。

科尔曼曾指出，学校教育只是提供一些有利于"成长"的主要活动，而不能提供使青少年"转变为成人"的所有必需条件。所以，课堂教学并不是一个能实现学生社会化的"完全环境"（A Complete Environment），必然存在一些问题。学校教育普遍，并非简单地从规模上促使学校教育具有一定的普及性和群众性，而是要从更深层意义上影响到具体的课堂教学。当越来越多具有不同个性的学生走进课堂，接受时间越来越长的学校教育时，课堂教学本身也必然面临一些新的变化和新的问题，这将直接影响到学生的社会化。因此，一个逻辑的必然结论就是，当越来越多的孩子走进学校，必然会给课堂教学实现学生社会化带来一定的挑战。

---

❶　中华人民共和国教育部. 1949—1999 共和国教育 50 年［M］. 北京：北京师范大学出版社，1999：1－5.

过程中的问题，必然会表现为有问题的结果。社会化过程中的问题，必然反映为社会化的结果——学生。因此，对学生的分析，尤其是课堂中"问题行为学生"的分析，将有助于明了课堂教学实现学生社会化过程中所存在的问题。埃里克森曾经指出，无论什么类型的学生，"都是社会建构的，而不是简单的由学生个人特征所决定的"❶。作为社会化不完全成功的"问题行为学生"，必然反映了社会化过程中所存在的"问题"。所以，研究课堂中的"问题行为学生"，必然会涉及对课堂教学实现学生社会化过程中所存在问题的探讨。

（二）学生社会化基本条件的变化带来冲击

社会条件与个体条件是个体实现社会化的两个基本条件。社会要为人的社会化提供条件，既包括社会生产方式、社会政治制度和社会意识形态等宏观的社会环境，又包括个人实现社会化的微观社会生活设置，包括教育、文娱、卫生等，这是社会化不可或缺的外在条件。此外，个人自身具有能够进行社会化的物质基础和能力是必要的内在条件，如果个人缺乏一定的天赋生理条件和潜在的能力条件，那么社会化将无从谈起。正是社会条件与个体条件的结合，才使社会化得以展开和进行。

从外在的社会条件来看，一个正常有效的社会化的进行，要求社会文化本身具有一定的稳定性、统一性和有效性。❷ 因此，要有效实现人的社会化，整个社会文化的发展就应该是有序的，而不是杂乱无章的；应该是整合协调的，而不是矛盾冲突的；应该是对人们思想行为具有较好的指导性和规范性，而不是无效的。如果社会的文化体系和各种行为规范本身都是不稳定的，那么个体将无法很好地内化社会规范和价值观，进而难以调整个人与社会的关系、确定各自的社会位置等。可以说，个体社会化是建立在一个稳定的社会文化的基础之上的，但在今天，这一基础受到了严峻的挑战！

当前的中国正面临着全球化的挑战和冲击，源起于西方的现代化进程在世界范围内的扩展，给中国传统的社会化模式带来了猛烈的冲击；同时，中国社

---

❶ Erickson F. Inclusion into what: Thoughts on the Construction of Learning, Identity and Affiliation in the General Education Classroom [M]. In D. Speece & B. Keogh (Eds.), Research and classroom ecologies: Implications for inclusion of children with learning disabilities. Mahwah, NJ: Lawrence Erlbaum, 1996: 91.

❷ 谢维和. 教育活动的社会学分析 [M]. 北京：教育科学出版社，2000：160.

会正处于转型时期，社会体制在较短时间内急剧转变，社会结构发生重大转变，社会发展有了阶段性转变。社会发展的速度不断加快必然会引起类似迪尔凯姆所说的"失范"现象——人们的行为失去了必要的社会行为规范的指导和约束。它主要表现在三个方面：一是由于社会的发展，过去传统的各种社会规范对于各种新的社会现象和关系失去了调整和规范的功能；二是社会中各种不同的行为规范之间的不协调和冲突以及社会文化的多元化现象导致了人们的无所适从；三是社会行为规范体系的不完整，特别是缺乏比较具体的行为规范，从而引起一定的混乱与冲突。当今中国社会首先面临着"政治时代"向"经济时代"的转型，其次是以现代化为根本导向的全面社会转型。第一种转型的直接后果是计划经济价值观与市场经济价值观的碰撞，第二种转型带来的是西方价值观与中国延续几千年的传统价值观的冲突。不可否认，我们的社会并不缺乏主流的价值观和社会文化。但在新旧变革之际，各种文化价值观的冲击使整个社会原有的思想道德体系开始瓦解和更新，价值观念和是非标准的分歧和冲突在一定程度上给人们的思想和行为带来了混乱。矛盾与冲突往往使人们感到无所适从和困惑，缺乏必要的行为导向，进而危及个体尤其是青少年学生的社会化。正如有学者所指出的，"当代中国人的社会化正是在经历了'裂变'与'失范'之后'重生'的背景中展开的，是在混乱与无序中再生的，是在与传统的冲突中融合现代化进程的。这就意味着转型期中国人的社会化是各种'矛盾'与'冲突'的混合物，需要经历'失范'之后新的整合"❶。

就内在的个体条件而言，社会化强调学生自身具有的一定物质基础和能力，包括可塑性、有潜在的超越本能的能力、有较长的生活依赖期以及具有一定的学习和语言能力。这些条件对于学生的社会化有重要的意义，它们的变化与发展，必将引起学生社会化形式与特点的变化。

在以往课堂教学中，学生被视为接受教化的对象，就社会地位而言，"学生"表明了一种文化上的不足与差距；就角色而言，"学生"指的是被社会所期望的一整套行为方式。学生作为人所具有的物质基础和能力只是为了接受教化和进行内化做准备，社会对学生很少有创造生成的期望。但是，我国当前青少年学生的发展具有了新的特点：首先，学生的主体意识增强。主要表现在思维比较独立、对自己感兴趣的事有较强的求知欲、主动参与意识强、敢于维护

---

❶ 马和民. 社会化危机及其出路 [D]. 上海：华东师范大学，2003：97.

自己的利益、创造性思维能力比较强。其次，学生的社会规则意识增强。具有较强的法律观念、社会意识和环保精神，能够积极参与社会公益事业，有较强的公民意识。再次，学生的平等意识增强。要求自己的人格能够得到尊重，更希望与教师家长进行平等的交流对话；学生在做价值判断时，往往以事实为依据，不唯书、不唯上、不盲从，不接受空洞的大道理。最后，学生的开放意识增强。乐于接受新事物和新思想，有着积极的休闲态度，业余生活丰富多彩，社会交往十分广泛，对人与事持包容与尊重的态度。这一系列变化使学生不再仅仅作为社会化对象而存在，学生成为社会化的"主体"，也具有一定的能动性和创造性。

当前中国存在着"社会化危机"的事实❶，社会的急剧变化和学生"主体"意识的增强对不完全社会化个体——青少年学生的社会化造成一定冲击，青少年学生行为失范现象增加，年轻的越轨者越来越受到社会关注，在课堂教学中，表现为"问题行为学生"的凸显。

（三）课堂教学实践中学生社会化问题凸显

在课堂教学的具体实践中，并不难发现学生社会化的问题，只是这些问题往往被人忽视，得不到应有的关注。一般而言，主要有以下两种：

第一，学生过度社会化。"过度社会化"是美国社会学家丹尼斯·朗提出的概念。他认为过度社会化相当于社会过分整合，这意味着社会环境（包括人际关系）对人具有强大的制约作用，个人自由（包括个性发展）的发展余地极为有限。事实上，在具体研究中，"过度社会化"包含两种现象：（1）个人在社会化过程中只获得了共性，没有获得或丧失个性，这是丹尼斯提出过度社会化这一概念的原初含义。学生在课堂教学中所追求的是与社会期望的一致，而忽略的是自己的个性差异的发展；所体会到的是自尊心和自信心的缺乏，有着较强的无力感、失败感和负罪感，这些都是过度社会化的结果。在一定程度上是因为课堂教学中过于强调纪律约束、过分推崇挫折教育、过于强调和善忍让。这种过度社会化的实质是一种只承认共性、抹杀个性的社会现象。（2）过度社会化也指超越了年龄界限的社会化，如"少年老成"。在课堂教学中不乏这种现象，在公开课上，学生为了让教师能够"自然"的把重点问题

---

❶ 马和民. 社会化危机及其出路［D］. 上海：华东师范大学，2003：1.

再强调一下，虽然自己已经掌握，但仍故意举手向教师提问；学生认为课堂上举手回答问题是给教师"捧场"，而教师不点自己回答问题就是"不给面子"。这些其实反映的都是社会化"度"的失衡，是学生个人对社会价值观念的认同程度超过了一定的界限，从而导致了社会化性质的改变。

第二，学生社会化不足。社会化不足是指社会化程度较低，没有达到作为一个社会成员应有的社会化水平。"社会化不足"的学生，并不是一点也没有社会化，只是社会化还没有达到社会标定的尺度，所以显现出"不足"来。在具体实践中，社会化不足又表现为两种形式：（1）过度个性化。这种社会化是站在了社会的对立面，无视社会环境对人的发展的作用，只关注个性的张扬，将个人的发展凌驾于社会之上。其结果必然是学生只关注自己，而忽略了他人。例如学生在课堂上，往往只顾表述自己的意见看法，而不愿倾听他人的回答，相同的答案甚至可能因此而多次重复。更多的问题是表现在学生的合作学习中，合作和交往成为课堂上的一种形式，缺乏应有的实质。（2）非社会化。学生通过种种方式抵制主流社会的影响，不愿接受课堂教学中的教育，把自己边缘化。学生非社会化的表现形式多种多样，虽然学生对主流的价值观和社会规范的公开反抗很少，但实质上，学生更多的是"伪装"自己的倾向，或者是表面上接受社会文化规范，实际并不将此作为自己的行为准则；或者在课堂上一声不吭以示反抗，或者是通过打扮、文娱爱好等其他方式来显示自己的另类。

课堂中这些具有不同社会化问题的学生往往被视为课堂中的"问题行为学生"❶。固然，影响学生社会化的因素多种多样，课堂中"问题行为学生"未必就是由于课堂教学直接造成的；但是，前文已充分说明学生的社会化问题与课堂教学存在着客观的密切联系，我们不能否认的是课堂教学必然对学生社会化产生影响。所以，课堂中"问题行为学生"与课堂教学实现学生社会化过程中的问题有着一定的联系。从另一个角度来说，过程中的问题，必然会表现为有问题的结果。课堂教学在实现学生社会化过程中的问题，必然会"投

---

❶ 课堂中学生的社会化问题都是通过行为表现出来的，因此，可以说课堂中这些具有不同社会化问题的学生往往被视为有"问题行为"的学生。需要强调的是，虽然在课堂教学中并非所有具有社会化问题的学生都是有"问题行为"的学生，但有"问题行为"的学生一般来说都是具有某种社会化问题的学生，而学生的社会化问题与课堂教学有着密切的联系。因此，在一定程度上，通过对课堂中有"问题行为"的学生的分析可以进一步探讨课堂教学实现学生社会化中的问题。

射"到社会化的结果——学生身上。因此，对学生的分析，尤其是课堂中"问题行为学生"的分析，将有助于明了课堂教学实现学生社会化过程中所面临的问题。无论什么类型的学生，"都不是简单的由学生个人特征所决定的"❶。课堂中具有不同社会化问题的"问题行为学生"，在一定程度上反映了课堂教学实现学生社会化过程中所存在的"问题"。

（四）中美课堂中"问题行为学生"比较研究的可行性

小付是北京市朝阳区一所普通中学的初三学生。我初次到小付所在班级观察课堂时发现，当其他学生都挺直腰板认真听课的时候，坐在墙角的他几乎整堂课都低头在自己的书上画画，仿佛跟整个课堂没有一点关系。第二天我再次坐在同样的位置听课，小付仍然做着自己的事情，在语文老师要求听写的时候也置之不理。课后我与老师谈起小付，老师说，"现在的学生越来越难教了，像小付这样的学生平时作业不做，上课不听，作业本收上来也白收，我们老师也管不了他了"。又有老师向我介绍，小付是全校闻名的"问题行为学生"，"他上课有的时候在睡觉，有的时候在吃东西，以前（上课时）还喜欢唱歌，自己在那里哼哼唧唧的，声音也不大，就是自己在那里玩。"小付的案例引起了我对课堂中"问题行为学生"的关注。

在美访学期间，当我跟一些教育研究领域内的美国朋友谈到小付的案例和我所关注的研究问题时，他们表示质疑，"你为什么要研究小付呢，他的成绩差到不能毕业了吗？他不过是在课上睡觉、吃东西，即使是他唱歌，声音也不大，并没有影响到课堂，为什么要说他是问题行为学生呢"？当我第一次进入美国一所公立中学的课堂时，只有用"震撼"两个字形容我的感受。课堂上两三个学生趴在桌子上睡觉，有的学生自己在下面画画，有几个学生小声交谈，有的学生突然站起来去讲台附近拿纸或者到教室门边的机器削铅笔。老师宣布小组学习时，教室里一片吵闹，有的学生甚至从座位上站起来在教室里跳着。当我作为一个旁观者觉得这种课堂几乎无法容忍时，美国老

---

❶ Erickson F. Inclusion into what: Thoughts on the Construction of Learning, Identity and Affiliation in the General Education Classroom ［M］. In D. Speece & B. Keogh （Eds.）, Research and classroom ecologies: Implications for inclusion of children with learning disabilities. Mahwah, NJ: Lawrence Erlbaum, 1996: 91.

师却似乎完全不在意。课后与美国老师谈到这些在我看来是存在"问题行为"的学生时，美国老师很吃惊地说，"有孩子在课上睡觉，也许是因为他们晚上没有休息好或者生病了。但无论是孩子们在课上画画还是小声交谈，他们并没有影响到其他学生，也没有干扰到整个课堂。他们并不是'问题行为学生'"。

由于社会历史文化的不同，中美课堂教学存在着极大的差异。曾有研究者对中美课堂进行过这样的描述：

美国学校的课堂，学生的课桌不是一行行朝着一个方向摆放，而是摆成一个大圆圈，学生围成圈坐。说是坐，其实各种姿势都有，有的斜靠在课桌边，有的小屁股蛋压根就与课椅亲近不起来，甚至有吃东西的，还有不喊报告就去WC（厕所）的，老师在前面讲课的时候，学生在下面七嘴八舌的随便发言。中国学校的课堂，所有的学生都是腰板挺直，双手背后，两脚并齐。当老师讲课时，学生们鸦雀无声；当老师提问时，学生们无声的举手，且举手的姿势都是统一规范的，即曲小臂成直角。❶

这种课堂中的差异也必将影响到对课堂中"问题行为学生"的不同理解。

作为研究者，"我"的亲身经历说明，中美对课堂中"问题行为学生"的不同理解是一个客观存在的事实。那么，这个事实是如何产生的？在各自的社会环境中又是如何被处理的？美国著名的比较教育学家 I. L. Kandel 曾指出，比较教育研究的目的是"发现教育上存在哪些问题，讨论这些问题是如何产生的，阐述这些问题在特定的社会环境中是如何被解决的，并发展教育哲学或教育原理"❷。所以，在现实中已经发现的问题的基础上，对中美课堂中"问题行为学生"的比较研究就水到渠成了。

学校教育普及必定对课堂教学实现学生社会化产生一定影响。随着社会对教育所发挥重要作用的认可，学校教育日益受到重视，义务教育年限也不断被延长。这对课堂教学产生了两方面的影响：一方面，更多的青少年能够免费接受学校教育，课堂教学将在他们的社会化过程中发挥着越来越重要的作用；另一方面，这些青少年的个性千差万别，义务教育使得他们非自愿地走进课堂、在课堂中度过越来越长的时间，课堂教学——这个被科尔曼视为不是一个实现

---

❶ 高彦文. 中美中小学教育现状的比较研究［D］. 武汉：华中师范大学硕士学位论文，2001：88.
❷ 方展画. 国外比较教育学科建设及其研究方法论的演变［J］. 比较教育研究，1998（4）：9–13.

学生社会化的"完全环境"将面临更多的问题和挑战。中国在 2006 年初中毛入学率为 97%，高中毛入学率为 59.8%；美国在 1940 年 7—13 岁群体入学率为 95%，14—17 岁群体入学率为 79.3%。从时间上看，美国比中国更早实现学校教育普及。虽然文化上的差异造成中美教育在诸多方面有着不可忽略的差别，但教育的共同规律也促使两者具有一定的相似之处。可以说，对于课堂教学实现学生社会化的问题，美国应该比中国早至少半个世纪遇到，因而美国学校教育对此的处理对中国的课堂教学有一定的借鉴和警示作用。具有完整教育体制和较高教育质量的美国，其义务教育包括从五周岁儿童开始的幼儿园学前教育以及小学、初中和高中教育。相比而言，美国学生在课堂中度过的时间更长。有研究者指出，美国学生缺少纪律性，道德行为表现问题比较多，如每年有上百万学生带枪，初中生占 15%，高中生占 21%，美国人讲"小学是游乐场，中学是战场"；有一半以上教师遭学生辱骂。❶ 因此，美国课堂教学在实现学生社会过程中所遇到的困难和问题可能会更复杂。所以，虽然中美两国教育有着显著的差异，但对美国课堂中的"问题行为学生"的研究有助于更深入思考中国课堂教学在实现学生社会化中所面临的困境。

（五）社会科学范式之争提出的挑战

范式是从事某一科学的研究者群体所共同遵从的世界观和行为方式，它提供了人们观察和理解特定问题和活动的框架，决定了人们行动的目的、解释观察到的现象以及解决问题的方式。自 20 世纪 60 年代以来，社会科学领域掀起了一股"范式"之争——从实证主义研究范式的主导到人文研究范式的日益彰显。❷ 实证主义的精神实质，可以归结为：（1）社会现象（包括教育事实）与自然现象本质上是同一的，都属于"客观事实"，故可根据自然规律予以解释；（2）不盲从任何权威；（3）推崇"价值中立"；（4）不满足于逻辑上不自相矛盾的解释；（5）一切推论都要由事实来检验。人文研究范式的基本特征是，强调价值判断，反对事实判断；注重解释性的得出结论（其方式是

---

❶ 吴恒山. 中美基础教育比较研究 [J]. 大连教育学院学报，2002（6）：25-28.

❷ 对于研究范式之争的具体划分并没有一个统一的界定。Wilson（1970）界定为"标准化"（normative）与"解释学"（interpretive）之争，Harre 与 Secord（1972）认为是"机械论"（mechanistic）与"人格化"（anthoropomorphic）之争。Hatgreaves 等（1975）认为是"实证主义"（positivistic）与"解释学"（phenomemological）之争，本文采用国内一般看法，即"实证主义研究范式"和"人文研究范式"。

"原始记录——理论解释"），反对演绎性的得出结论；强调定性分析，反对定量分析。虽然实证主义研究范式过分强调客观，不大切合日趋复杂的社会现实，但其要求科学化的研究态度仍然可取；人文研究范式认识到人的主观性，但并不能抹杀研究要科学化的重要性。所以，不同的研究范式有不同的特点。"范式"之争拓宽了社会科学在研究问题和分析问题上的视野。从教育研究的发展来看，对教育现象的研究应该不局限于一种范式，只有这样才有利于加强研究深度。

　　从研究内容上看，以往研究很少将课堂教学与学生社会化问题结合起来进行分析。理论和实践的研究要么关注青少年学生的某一具体社会化问题，比如文化反哺、信息网络等对青少年社会化的影响；要么只谈课堂教学中的师生互动、合作学习等问题，真正将课堂教学与学生社会化结合起来的研究非常少。对于课堂中具有社会化问题的学生，国外研究者更重视对其"行为"本身的研究。美国学者威克曼、奎伊、翟克斯，日本学者古泽赖雄，加拿大学者科克伯格等对课堂中"问题行为"的内涵、类型等问题有着比较系统的研究。针对课堂中的"问题行为"，国外研究者们还提出了坎特模式、新斯金纳模式、高顿模式、德雷克斯模式、格拉赛模式等矫正模式。对课堂中"问题行为"的研究较为系统，但对"行为者"的研究不多。之所以对"行为"的研究远胜于"行为者"。一方面是因为研究者对课堂中有"问题行为"的学生的基本内涵难以达成共识；另一方面是为了避免强化有"问题行为"的学生的标签而更好地促进学生社会化。因此，已有研究涉及课堂中"问题行为"的不少，却几乎没有从课堂教学实现学生社会化的角度去探讨课堂中的有"问题行为"的学生研究。

　　从具体研究问题上来看，相关研究基本都是围绕是什么、为什么和怎么办这三个方面来展开，探讨学生社会化的内涵、影响因素和对策。对于有社会化问题的学生，从产生原因上看，一般包括四个方面：学生自身的主观因素、学校教育的失误、家庭的不良教育和不良家庭环境的影响、社会的不良影响。国外研究者把同辈群体的不良影响也作为一个重要因素。❶ 由此提出，学校教育应充分了解学生，及时发现学生在社会化过程中不良的早期征象并加以正确对待，充分发挥集体作用并引导学生自我教育。这些具体的研究问题，忽视了对

---

　　❶　David Coulby and Tim Harper. Preventing Classroom Disruption [M]. Sydney: Croom Helm, 1985.

"过程"的探讨，学生社会化如何出现问题成为"黑箱"问题。这种比较典型的实证主义研究范式，通过因果分析对学生的社会化问题进行"控制"。虽然在一定程度上能够有助于我们有效地认识和解决问题；但是，却缺乏对教育中"人"的真正关怀，忽略了对具有社会化问题的学生的真正了解。与此同时，这种研究往往就现象研究现象，未能充分地挖掘现象背后的各种内在联系，尤其是未能从课堂教学角度分析学生社会化问题。

从研究视角上看，社会学、人类学以及心理学都对社会化问题有不少研究。社会学家往往从社会结构影响个体的角度进行研究，认为社会化就是个体逐步成为社会人的发展历程，研究文献集中于社会化过程中的研究。张人杰总结得出社会学研究主要集中在社会化含义、社会化历程、社会化承担者三个方面的进展。人类学从文化发展的角度，把人的社会化看成是一个纯粹的文化传递和延续过程，认为社会化过程就是接受世代积累的文化遗产，以保证社会文化的延续过程。心理学把人的社会化过程看成是人格形成和发展的过程，认为在这个过程中价值体系不仅调节着人的全部心理活动，并且对人格适应和发展起到核心作用。不同学科对社会化问题研究的重点不同，且研究更倾向于从多种因素比如家庭、学校、社会与大众媒体等综合探讨个体社会化问题。但无论哪种研究视角，对课堂教学与学生社会化问题结合起来的研究并不多见。

从研究方法上看，国内现有大部分研究都采用实证主义的量化研究，虽然相关的理论研究日益强调不同研究范式对学生社会化问题的解释分析，但在实践研究中，多采用问卷、观察和访谈的调查方式，偏量化研究。比如刘明芳等人的《有"问题行为"的学生现状的调查与思考》等，采取实证研究的方式，对有"问题行为"的学生的行为、心理、影响因素等进行调查研究。相比而言，国外越来越重视研究方法的多样化，比较具有代表性的是 Cicourel 的《高中学校的社会组织和越轨青少年》（1968）、Hargreaves 等的《教室里的越轨》（1975），采取现象学、解释学的方法论对问题进行探讨。需要指出的是，我国研究者郑淮的博士学位论文《场域视野下学生社会性发展研究》将理论与实证结合起来，并以田野调查作为一定佐证，在一定程度上较好地对学生社会性发展问题进行了研究。但是，采用多样化的尤其是非量化的研究方法来对课堂教学中学生社会化问题进行研究的并不多见。

综上所述，当课堂教学实现学生社会化面临一定挑战时，我国课堂中的"问题行为学生"逐渐凸显，对美国课堂中"问题行为学生"的研究具有一定借鉴意义，而已有相关研究虽涉及部分问题，但仍存在一些不足。所以，本文所要解决的问题是：通过从比较的视角研究中美课堂中的"问题行为学生"，揭示课堂教学实现学生社会化所面临的困境及其出路。

二、研究设计

（一）核心概念

1. 课堂中"问题行为学生"

（1）社会建构的结果：课堂中"问题行为学生"是在课堂教学实现学生社会化过程中建构而成的❶。

从研究者的研究经历来看，为什么在第一次观察课堂时小付就会引起"我"的注意？因为"我"的潜意识里认为课堂上的一个基本规范就是：学生在课堂上应该认真听老师讲课，积极参与课堂。在课堂上画画的小付已经偏离了这一规范，所以他作为"特殊"的学生引起了"我"的关注。显然，小付的老师们与"我"有着同样的评判标准。而且，这一标准几乎是中国教师评价学生的一个基本、不言而喻的前提，偏离或者违背这一标准的学生，可能会被视为课堂中"特殊学生"甚至是"问题行为学生"。但是，美国教育研究者对小付是课堂中的"问题行为学生"感到质疑，美国课堂上被"我"视为存在"问题"的学生在美国老师眼中不是。

中美两国对课堂中"问题行为学生"的具体内涵有着不同的理解。由此可以推出：其一，不同文化不同国家甚至同一国家不同历史文化背景下的教师对课堂中"问题行为学生"的理解不同，所以，对这一概念具体内涵的界定可能仅仅适用于某一相对的历史文化范围。其二，课堂中的"问题行为学生"并不是一个既定的客观事实。同一个学生，可能被中国教师视为"问题行为学生"而被美国教师视为"正常"。其三，课堂中的"问题行为学生"作为特殊的越轨者，是教师在短期内做出判断进而贴上标签的学生。教师做判断的根

---

❶　学生社会化的途径是多种多样的，因此，作为课堂中的"问题行为学生"也并不仅仅受课堂教学中学生社会化的影响。但是，课堂教学毕竟是实现学生社会化的一条重要途径，就本文而言，只关注"问题行为学生"在课堂教学实现学生社会化过程中的问题。

据是课堂中的互动情况，贴标签的过程也是通过人际互动得以实现的。所以，课堂中的"问题行为学生"是课堂中人际互动的产物。这三个结论在一定程度上与社会建构论的基本立场相吻合。格根曾将社会建构论的基本立场概括为四个假设：①我们用于理解这个世界和我们的术语（terms）并不是由存在或现实（what there is）所要求或决定的；②我们用以描述、解释或表征的模型导源于关系，是社会的人造物，是特定历史条件下人们互动过程的产物；③一种特定的理解世界的方式跨时空的流行或被支持的程度，主要不是因为其观点的经验主义的合法性，而是取决于社会过程（包括话语的修辞、传播、沟通、协商、冲突等）的变化；④在我们描述、解释或表征的同时，也在塑造着我们的未来。对它们的反思对于我们未来的幸福具有极其重要的意义。❶ 与此同时，有研究者指出，社会建构所遵循的一般逻辑中的重要一点是：X 并非必定要存在，或者根本不存在。X 或 X 的表现方式，并不是由其所谓的本质决定的，它是可以避免的❷。课堂中的"问题行为学生"并非一个既定的客观事实，当课堂中某些规范被取消时，因为违反这些规范而被教师视为课堂中的"问题行为学生"也将消失。由此可见，关于对课堂中"问题行为学生"所推测的三点与社会建构论的基本逻辑和假设具有一定程度的一致性。所以，课堂中的"问题行为学生"是一个社会建构的结果。而这一社会建构是通过课堂教学中学生社会化的过程得以实现的，因此，课堂中的"问题行为学生"并不是一个客观存在的社会事实（social fact），而是在课堂教学实现学生社会化的活动和过程（activity and process）中建构起来的。对课堂中"问题行为学生"的探讨，究其本质是对课堂教学实现学生社会化中相关问题的分析。

（2）特殊的"越轨者"：课堂中的"问题行为学生"是课堂中违反了一定社会化标准的学生。

"问题"的出现，往往是根据一定的标准把"正常"与"非正常"进行划分的结果，"非常态"的通常被视为"问题"。所以，就本质而言，"问题"往往违背了某种衡量常态的标准。这种标准在人类社会中经常表现为一种人们必须遵守的社会规范。课堂中的"问题行为学生"可能会表现为不同的"问题

---

❶ K. J. Gergen. The Social Constructionist Movement in Modern Psychology [J]. American Psychology, 1985, 40 (3)：266 –275. 及 K. J. Gergen. An Invitation to Social Construction [M]. California：Sage Publication, 1999：47 – 50.

❷ Ian Hacking. The Social Construction of What [M]. Cambridge：Harvard University Press, 1999：27.

行为"，但从本质上说，他们一般都偏离或者违背了一定的标准。当课堂教学被视为实现学生社会化的重要途径时，课堂中的"问题行为学生"也就偏离或者违背了课堂中被认可的学生社会化标准。越轨的实质是"违反某个群体或社会的重要规范"，❶越轨者通常"违背了某种社会规范，偏离了社会期望，扰乱了系统平衡"❷。从这个意义上说，课堂中的"问题行为学生"是"越轨者"。但是，课堂中的"问题行为学生"不同于一般的社会"越轨者"，有着一定的特殊性：

其一，课堂中的"问题行为学生"所违背的社会化标准比较模糊不确定。"越轨者"的一个本质特征就是违背了一定的社会规范。一般的社会"越轨者"，比如犯罪者，通常违背了某些正式的、公众所认可的法律条文规定，有着非常明确的内容和清晰的范围。对于学生而言，虽然每个社会都有一个大概的社会化标准，但具体到课堂中，社会化标准成为一定的课堂规范，这种课堂上的规范更具有"情境性"，与授课教师、所学科目、具体教学活动以及学生的状态等有着密切联系。虽然在一定情境范围内可能会约定成俗，但并不稳定；其内容也因"不成文"而更加模糊不定。所以，这种"情境性"使得课堂中"问题行为学生"的社会化标准更具有随意性，不够正式、稳定和明确。

其二，教师是课堂中"问题行为学生"的唯一重要的"审判者"。一般而言，确定"越轨者"的身份通常要经过比较正式的程序，比如犯罪者，对其审判的过程涉及警察、法官、证人和律师等。但是，对课堂中的"问题行为学生"而言，虽然同辈群体也发挥着重要的作用，但"警察""法官""律师"等角色全部由教师一人承担，教师是唯一重要的"审判者"。因此，教师对学生的看法有着极为重要的影响。

其三，对课堂中"问题行为学生"身份确立的时间短。如前所述，一般社会"越轨者"身份确定是一个很正式的过程，因此需要的时间比较长。以犯罪者为例，由于他人（尤其是法官）对犯罪者的行为并不了解，所以需要花费一定的时间、人力、物力去收集精确的罪证，通过一套严格的程序加以论

❶ ［美］戴维·波普尔. 社会学（第 10 版）［M］. 李强，等译，北京：中国人民大学出版社，London：Prentice Hall，1999：205.

❷ H. Reading. Dictionary of the Social Science ［M］. RKP：Royal Anthropological Institute of Great Britain and Ireland，1977：231.

证定罪。但是，课堂本就是受一定时间和教学任务的限制，而且，由于教师相对而言对学生比较了解，且又是唯一重要的"审判者"。所以对"问题行为学生"身份确立的过程往往取决于教师在极短时间内做出的判断。

其四，课堂中"问题行为学生"的行为结果严重程度较轻微。曾有研究者把青少年越轨行为按严重程度分为六类：不适当行为、异常行为、自毁行为、不道德行为、反社会行为、犯罪行为❶。很显然，课堂中的"问题行为学生"虽然也是越轨者，但他们通常只是违背一定的社会化标准，其行为只能归为不适当行为，是越轨行为分类中程度最轻的一种，行为结果相对而言比较轻微，并不严重，只是违反了特定场合（课堂）的特定行为标准，但对社会并无重要损害行为。

因此，相对于一般社会"越轨者"，课堂中的"问题行为学生"具有一定特殊性，他们的身份是教师在短时间内根据并不明确的社会化标准所确定的，其行为结果程度比较轻微。但是，课堂规范的模糊和不够明确，导致学生在不明其内容的情况之下容易违背或偏离规范；教师作为唯一的"审判者"在短时间内对学生做出判断，说明"问题行为学生"身份确立与教师密切相关，极容易受到教师个人的主观意见的影响，具有一定的随意性和不准确性；课堂中"问题行为学生"行为结果的轻微，使他们并没有真正引起他人的关注和重视。

（3）被教师贴上标签的学生：课堂中的"问题行为学生"不同于有"问题行为"的学生

不管是什么样的"问题"，一般都会反映到个人的行为中。当前国内研究偏重于课堂中的"问题行为"❷，而较少直接涉及课堂中的"问题行为学生"。课堂中的问题行为是指"在课堂中发生的，违背课堂规则、妨碍及干扰课堂活动的正常进行或影响课堂效率的行为"❸。曾有研究者认为"与（问题行为）相近的概念有：反社会行为、行为失常、不当行为、不良适应、破坏行为、偏差行为、违纪行为、异常行为等；而从称呼有问题行为的'学生'的角度则有：差生、后进生、落后生、补偿生、问题学生、行为偏差儿童、行为不良儿

---

❶ 董金权. 社会学视野中青少年越轨现象的整合研究 [J]. 山东省团校学报, 2007 (3)：26 – 31.

❷ "问题行为"不同于"行为问题"。前者指带来麻烦的行为，后者一般从心理学角度探讨，可视为发育过程中出现的行为变异，如退缩行为、过度焦虑和恐惧等。

❸ 郭朝阳. 城市初中生课堂问题行为及管理策略 [D]. 武汉华中师范大学, 2004：17.

童、难教学生等"❶。但本文研究者认为，课堂中有"问题行为"的学生不一定是"问题行为学生"。一般来说，课堂中的"问题行为学生"都是有某些"问题行为"的学生，因为无论是学习问题、心理问题还是品德问题、行为问题，都可以通过某些行为表现出来。但是，课堂中并非所有的有"问题行为"的学生都是"问题行为学生"。可能每个学生都曾经在课堂上有过不同程度的"问题行为"，但只有极少数人被视为课堂中的"问题行为学生"。两者的区别是什么呢？

如前所述，课堂中"问题行为学生"是教师在短时间内做出判断的结果，这一"身份确立"的过程实际上正是一个教师给"问题行为学生"贴标签的过程。社会学研究者在引入标签理论来解释越轨现象时曾指出，"越轨者"和"正常人"的最大区别不在于越轨者有越轨行为，而在于即使越轨者和正常人做出了相同的行为，前者被正式机构（比如法庭、医院等）所发现，后者却没有被察觉。❷ 正如 Becker 所说，"社会群体造就的越轨者，其方式是社会群体指定某些规则，违反这些规则就构成越轨者，同时，把这些规则运用于特殊的人，并把他们标定为局外人。就此而言，越轨不是个人特质，而是他人对'越轨者'运用规则的结果。越轨者是人们已经对其成功的运用标签的人，而越轨行为则是人们所标定的行为。"❸ 所以，教师作为唯一的"审判者"正是所谓"正式机构"的代表，课堂中的"问题行为学生"正是教师对其成功运用标签的结果。课堂中的"问题行为学生"作为特殊的越轨者，与课堂中有"问题行为"学生的不同之处在于，前者被贴上了标签而后者没有。所以，从范畴上看，课堂中的"问题行为学生"是课堂中被教师贴上标签的有"问题行为"的学生。

综上所述，课堂中的"问题行为学生"是指在课堂教学过程中被教师贴上标签的、违反一定社会化标准的学生，是在课堂教学实现学生社会化过程中社会建构的结果。

2. 学生社会化

"社会化"本身是一个多种含义的概念，中华书局 1936 年出版的《辞海》

---

❶ 雷爱华. 论课堂问题行为 [D]. 桂林：广西师范大学，2001：2.

❷ Hugh Mehan, Alma Hertweck and J. Lee Meihls. Handicapping the Handicapped [M]. Palo Alto：Stanford University Press, 1986：160.

❸ Howard Becker. The Outsiders [M]. Chicago：University of Chicago Press, 1963：9.

曾对"社会化"做过这样的解释,"社会化(socialization):(1)人类互相接触,其思想、感情、信念等逐渐趋于同化,而协力合作之事起,是为社会化。即由分离之个人,递演结合而成社会,个人生活转化为社会生活之一部分。(2)社会主义者谓一切产业应从个人所有转变为社会全体所有,由社会公共团体管理之,亦称社会化。"这一定义虽然仍有模糊和争议之处,但将社会化分为两种含义已经很有意义。在本研究中,"社会化"主要指前一种,即个体的社会化。

即使是针对"个体"而言,不同的学科对"社会化"有着不同的理解。在人类学界,社会化被理解为使个体适应社会现存文化类型的过程,强调文化的获得、个体与文化的一致。心理学界解释的重点在于同社会行为有关的个人特点的发展及行为倾向的形成过程,精神分析学派认为社会化就是要驯服那些具有破坏作用的冲动和内驱力,将它纳入社会可接受的渠道;行为主义学派把社会化理解为个体社会行为的学习过程;认知学派把个体的社会化过程与认知发展过程联系起来。社会学界偏重于人与社会的相互作用以及这种相互作用与解决实际社会问题的关系。尽管对社会化的理解因学科而异,但其实具有一个共同的基本点,即个体的社会化是反映个体与社会之间关系的一个概念。

由于本研究力图立足于社会学角度探讨相关问题,因此,"社会化"更多被视为一个社会学概念。但就"社会化"的具体内涵而言,又可以分为两类:第一,只强调社会对个人的要求,个人对社会的知识、技能和规范的掌握。我国著名社会学家费孝通教授认为"社会化就是指个人学习知识、技能和规范,取得社会生活资格,发展自己的社会性的过程"❶。而《中国大百科全书》也明确指出,社会化是指"自然人成长为社会人的过程。从一定的意义上讲,刚出生的婴儿是同其他动物无多大差别的生物人或自然人。社会通过各种教育形式,使自然人逐渐学习社会知识、技能和规范,从而形成自觉遵守与维护社会秩序的价值观念和行为方式,取得社会人的资格"❷。第二,虽然关于社会化的概念同样认为是自然人成长为社会人的过程,但是,这个过程是一个人与社会之间相互作用的过程,特别是"人对社会的适应、改造和再适应、再改造的复杂过程"❸。苏联著名的社会心理学家安德列耶娃指出,"社会化——这

---

❶ 《社会学概论》编写组. 社会学概论 [M]. 天津:天津人民出版社,1984:54.

❷ 中国大百科全书 [M]. 北京:中国大百科全书出版社,1991:303.

❸ 郑杭生. 社会学概论新编 [M]. 北京:中国人民大学出版社,1992:99.

是一个两方面的过程。一方面，它包括个体通过加入社会环境、社会联系系统的途径掌握社会经验；另一方面（这是研究中常常不被强调的一面），它是个体对社会联系系统积极再生产的过程，这是个体积极活动和积极进入社会环境的结果。"❶

从前文分析可知，个体的社会化反映的是个体与社会之间的关系，它是一个个体与社会相互作用的双向过程，而不仅仅是一个社会作用于个体的单向过程。所以，只强调个人对知识、技能和规范的掌握难免偏颇。对社会而言，个体的社会化是社会得以存在的基本条件。一方面，社会在不断塑造着人类个体，因为若没有成员之间在社会行为、态度与价值标准等方面的基本一致，任何社会和群体的存在都是不可能的。另一方面，个体也在改造着社会，因为若没有社会成员在社会行为、态度与价值标准等方面的生成与创造，任何社会和群体都是不可能进步的，不能得到发展的社会最终会在故步自封中走向灭亡。对个体而言，个体生活于一定的环境之中，当然要受制于环境、被环境所影响，但个体并不是被动地受制约，而是主动地接受制约并在此过程中发挥其主体性，进而创造着新的环境。所以，在本研究中，"社会化"的具体含义是前文中的第二种理解，即个体学习他所生活其中的那个社会长期积累的知识、技能、观念和规范，并把这些知识、技能、观念和规范内化为个人的品格和行为，并加以再创造的过程。

"学生社会化"是"社会化"概念的进一步明晰，它强调了社会化的特定主体——学生。根据前文的分析，就基本内涵而言，学生的社会化同样应该包括两个方面：一方面，学生应该学习社会或群体的规范，掌握其社会成员都应具备的知识、技能和观念，取得社会生活的资格；另一方面，学生对社会知识、技能和规范的学习不是消极的，而是积极主动的。学生不仅接受了社会经验，使之成为自己的价值、定向和目标，还把这种经验进行改造，把它推向一个新的阶段。扩展而言，学生的社会化应该包括以下几个方面：

（1）学生社会化的根本目标是将学生培养成一个"社会人"，成为社会的主体。"社会人"是相对"自然人"而言的，仅仅掌握了社会成员应具备的知识技能和规范的个体还不能被视为"社会人"，只有在取得了社会生活资格的

---

❶　［苏联］安德列耶娃. 社会心理学［M］. 南开大学社会学系，译. 天津：南开大学出版社，1984：283.

基础上创造生成新的社会经验的个体才是真正的"社会人"，尽管这种"创造"与"生成"并非都是相对于人类社会整体的经验而言的。

（2）学生社会化的基本内容主要包括两个方面：知识技能与规范。有学者曾指出，社会化的主要内容包括五个方面：一是生产、生活和学习的基本方法、知识和技能；二是社会规范的学习与掌握；三是生活目标和人生理想的确立；四是社会角色的学习和培养；五是个性的发展。❶ 但对于学生而言，前面两项是后面三项的基础。学生正是在学习掌握知识技能和社会规范的过程中，确立了生活目标和人生理想，逐渐胜任社会角色并实现个性的发展。所以，知识技能和社会规范是学生社会化的最基本内容。

（3）学生社会化的途径是社会互动与社会实践。社会互动是个体社会化的必由之路，是人与人之间的动态联系，其基本内涵是人与人之间的相互交往和相互作用，它由一系列行动（单向与双向，直接与间接，合作、对抗与竞争的行动等）组成，通过互动社会关系获得现实意义。个体社会化的根本途径是实践，实践是人特有的改造客观世界的能动的物质性活动。"社会生活在本质上是实践的"❷，人是通过"社会互动"在实践中实现社会化的；同时，实践还是检验个人社会化成效的根本标准。虽然从本质上看，社会互动就是一种群体性的、社会性的实践活动。在本研究中，社会互动强调的是学生与他人之间的相互作用，社会实践更强调学生改造客观世界的物质活动❸。

（4）学生社会化的过程是教化—内化—生成。教化是指社会通过社会化的机构及其执行者对学生实施社会化的过程，既包括有系统的、正规的教育，也包括非系统、非正规的教育。内化是社会化的主体——学生经过一定方式的社会学习，接受社会教化，将社会目标、价值观、行为规范和行为方式等转化为自身稳定的人格特质和行为反应模式的过程。生成是指学生在内化知识技能和规范的基础上进行创造，产生新的知识技能与规范（这里的"新"并不是相对于人类社会而是相对于学生已内化的知识技能和规范而言的）。需要强调的是，教化、内化甚至生成往往贯穿于社会互动的过程中，很难从外显行为做出明确的阶段划分，只是对学生来说，其社会化的过程大体经过了教化、内化

---

❶ 谢维和. 教育活动的社会学分析 [M]. 北京：教育科学出版社，2000：140－142.

❷ 马克思，恩格斯. 马克思恩格斯选集（第1卷）[M]. 北京：人民出版社，1995：18.

❸ 或许这里用哈贝马斯关于三个世界的论述更易说明。社会互动指向的是"社会世界"，社会实践指向的是"客观世界"。而学生社会化过程中的内化与生成，更多的是指向内部的主观世界。

至生成的三个阶段。

（5）学生社会化的结果是学生社会性与个体性❶的发展。在社会化过程中，学生通过学习和内化知识技能与规范，"逐渐形成适应社会的行为方式，履行该社会所期望的角色行为，发展自身社会性"❷，转变为社会性质和状态的人。但与此同时，学生又通过自己的总结和反思不断创造生成新的知识技能与规范，在丰富着社会内容的同时确立自己的生活方向，找到一个属于自己，适合自己特性、需要和抱负的位置，与他人区分开来，成为独特的个体。因此，学生社会化的结果包括学生个体性的发展。

综上所述，学生社会化可以被定义为：学生通过社会互动与社会实践学习社会的知识、技能与规范，并加以内化和创造，进而实现社会性和个体性的发展。由此，可以得出课堂教学中学生社会化的分析模型，见表1：

表1　学生社会化的分析模型

学生社会化目标	学生社会化机制			学生社会化结果
	学生社会化内容	学生社会化途径	学生社会化过程	
社会人	1. 知识 2. 技能 3. 规范	1. 社会互动 2. 社会实践	1. 教化 2. 内化 3. 生成	1. 社会性发展 2. 个体性发展

（二）研究目的

课堂中的"问题行为学生"，在一定程度上可被视为特殊的"越轨者"。从社会学中关于越轨的研究来看，主要有两种目的。实证主义研究范式下强调通过因果分析以提供相应的对策和建议。从社会的角度来看，是为了更好地对"越轨者"进行"控制"；从个人的角度来看，按照 David Matza 的说法，是为了"矫正（Correctional）"。❸ 因此强调社会对越轨者进行再社会化，使不遵守社会规范的人重新接受再次的教育，使之接受社会所规定的规范。以标签理论为代表的人文研究范式认为人的社会行为具有一种"内在可理解性"，强调

---

❶　需要强调的是，个体性并不等于个性。个性是一个人在其内在的生理素质的基础上，在一定的历史条件下，通过社会实践活动所形成的观念、态度与习惯等。因此，个性包括社会性和个体性。

❷　向海英. 幼儿社会性发展评价方法初探 ［J］. 幼儿教育，1998（3）：37–38.

❸　David Matza. Becoming Deviant ［M］. Inc. Upper Saddle River：Prentice–Hall，1969：2.

"越轨"是社会权威机构贴上标签的结果，因此，要尊重社会文化的多样性，接受人们发自自己意愿的各种行为。研究的目的是为了更好地"理解"越轨者，对其做出"正确评价（appreciative）"。❶ 从前文已有分析可以看出，课堂中"问题行为学生"不是一个既定的、不变的客观事实，所以，若研究的目的是为了对他们的行为进行矫正和控制，并不合理，因为无法得知按什么标准去矫正；但若只是为了去"理解"他们，无限制地尊重其存在的多样性，显然更不利于课堂教学，也并不能促进学生个人的良好发展。所以，对于作为特殊越轨者的课堂中"问题行为学生"，既不能仅仅为了对其进行"控制"和"矫正"，也不能无限度的因为"理解"而"放任自流"。所以，正确地理解和评价课堂中的"问题行为学生"，是本文研究的目的之一。

课堂中"问题行为学生"只是一种现象。美国社会学教授科尔曼在《社会理论的基础》一书中，详细解释了"社会科学的核心问题是解释社会系统的活动，而不是解释个人行为"。对课堂中"问题行为学生"的理解并不是本论文的唯一目的。课堂中"问题行为学生"是社会建构的结果，在一定程度上反映了课堂教学实现学生社会化过程中所面临的"问题"。因此，对课堂中"问题行为学生"的研究，尤其是对课堂中"问题行为学生"是如何被社会建构的分析，最根本的目的是为了揭示学校教育扩张背景下课堂教学实现学生社会化过程中所面临的问题。只有对问题明晰，才能进一步对问题的解决做出相应的回答。所以，揭示学校教育扩张背景下课堂教学实现学生社会化过程中所面临的问题及出路，这是本文研究的重要目的。

从比较的角度来看，不同群体有不同的目的。Bray 将比较研究者的群体分为三类：政策制定者、国际组织和研究者。❷ 一般说来，政策制定者，其目的是"借鉴"他国经验制定相关政策，为本国教育服务，这也几乎是所有比较教育研究者都认可的一个重要研究目的。但对学术研究者而言，存在着一定的分歧。"比较教育之父"朱利安认为，比较教育研究目的在于"从中演绎一定的原则和明确的规则，使教育成为近乎实证的科学"❸，发现教育的"规律"及

❶ David Matza. Becoming Deviant [M]. Inc. Upper Saddle River: Prentice - Hall, 1969: 2.

❷ Mark Bray, Bob Adamson and Mark Mason. Comparative Education Research [M]. Hong Kong: Spinger, 2007: 15 - 38.

❸ 赵中建，顾建民. 比较教育的理论与方法——国外比较教育文选 [M]. 北京：人民教育出版社，1995: 10.

"理论"成为比较教育的基本任务。但近年来，国际上的教育研究呈现出以因果关系探究为代表的量性研究与以解释、理解为目的的质性研究并存的趋势。英国比较教育学家霍尔姆斯认为，比较教育研究的精确性无法以科学方式建立，认为人类事件一定要从参与者的独特观点来判断，因而提出以解决教育问题为比较研究的中心，认为按特定的环境及特定的主题更容易做出实质贡献。❶ 我国也有研究者提出，"理解"和"解释"是比较教育的重要目的。❷ 对本研究而言，"理解"和"解释"更甚于对一般教育规律的归纳，但最终目的是为了通过反思促进我国课堂教学的发展。

综上所述，本文研究的目的在于：通过比较研究中美课堂中的"问题行为学生"，揭示课堂教学实现学生社会化过程中所面临的问题及出路，并对我国的课堂教学进行反思，提出相应意见和建议。

（三）研究内容

如前文所述，本书涉及两个方面的主要问题：课堂中"问题行为学生"与学校教育扩张背景下课堂教学实现学生社会化的问题。这两个问题并非完全脱节、各行其是，而是有着密切的联系。这是因为，对课堂中"问题行为学生"的比较研究最终是为了回答学校教育扩张背景下课堂教学实现学生社会化过程中所面临的问题及出路。如果说，中美课堂中的"问题行为学生"是一种既定的教育现象，那么它所揭示的本质将是课堂教学实现学生社会化的问题。如果说，中美课堂中"问题行为学生"是本研究的"明线"；那么，课堂教学实现学生社会化的问题则是本研究的"暗线"。所以，课堂中"问题行为学生"与课堂教学实现学生社会化并不是两个毫不相关的主题，而是一个硬币的两面，反映了同样的问题。但是，如何将课堂中"问题行为学生"这根"明线"与课堂教学实现学生社会化这根"暗线"清晰而逻辑地结合，形成一根明晰的主线？这是本文的一个基本思路。

本文是关于中美课堂中"问题行为学生"的比较研究，研究的根本目的在于回答学校教育扩张背景下课堂教学实现学生社会化过程中所面临的问题及出路。比较教育的一般分析模式是事实—原因—借鉴。比较典型的代表是坎德

---

❶ B. Holmes. The Positivist Debate in Comparative Education and Anglo-Saxon Perspective ［J］. Comparative Education，1977，13（2）：N/A.

❷ 张蹯，马慧. 解释学视角下的比较教育目的论［J］. 教育与职业，2005（26）：13-15.

尔的《比较教育》,书中提出一些问题,分析各问题产生的原因,比较各种制度的异同,寻求其究竟,并考察解决这些问题的经过。是一种"提供事实,发展教育思想""了解教育问题在特定民族背景下的原因""借鉴别国经验"的思路。从整体上说,本研究将遵循这种基本的分析模式。具体内容如下:

1. 对中美两国课堂中"问题行为学生"进行现象描述与比较

本研究在预测和借鉴之前,必须对本研究的主题——中美课堂中的"问题行为学生"进行一个现象描述。

从社会学视角来看,对于作为特殊越轨者的课堂中"问题行为学生",一般有两种研究范式:实证主义研究通常从是什么、为什么和怎么办三个维度对此进行分析。研究的主要任务是找出这些越轨者并对其成为越轨者的原因进行解释。通过因果分析提供相关的对策与建议。具体而言,实证主义研究范式对课堂中"问题行为学生"的分析如下:(1)谁是课堂中的"问题行为学生";(2)他如何成为一个课堂中的"问题行为学生";(3)什么样的社会文化环境容易产生课堂中的"问题行为学生";(4)如何对课堂中的"问题行为学生"进行更好的控制?❶ 这种研究范式能够比较简洁有效地分析问题、找到对策,但是,任何人成为越轨者都是经过了一个过程。这种研究范式对于"如何成为越轨者"的问题,只是从原因方面进行探讨,实质是从一个静态的角度探讨一个动态的过程,并不能真正回答"how"的问题。人文研究范式强调人的社会行为具有一种"内在的可理解性"。对于越轨,以标签理论为代表的人文研究范式重视的是对"越轨者"的理解和解释,研究关注的重点是"谁为谁贴上了'越轨者'的标签"。从这种视角出发,对越轨者的分析如下:(1)谁对他们运用了越轨标签?(2)哪些人制定了规则或者规范并得以实施?(3)对人们的行为是否遵守规则应该如何解读?(4)对那些被解读为越轨行为的人来说,这样解读的后果是什么?这种分析对"过程"有着足够的重视。

从前文对课堂中"问题行为学生"这一核心概念的界定中可知,"问题行为学生"是教师对违反一定社会化标准的学生贴上标签的结果。虽然课堂中"问题行为学生"并非一个客观存在的事实,而是社会建构、课堂教学实现学生社会化的结果;但教师眼里的课堂中"问题行为学生"是一个事实。因此,

---

❶ E. Robington, M. S. Weinberg. Deviance: The Interactionist Perspective [M]. London: Macmillan (2nd), 1973: 2.

在对中美课堂中"问题行为学生"进行现象描述时，必须强调的是，课堂中的"问题行为学生"实际上是教师眼里课堂中的"问题行为学生"，是由教师所确定的"问题行为学生"。教师并不一定完全意识到"问题行为学生"是社会建构的结果。所以，在对教师眼里课堂中"问题行为学生"进行描述的时候，更多是从"是什么"和"怎么做"的角度去分析。首先，研究将从"现象"角度进行分析，描述教师眼里课堂中"问题行为学生"的具体表现与分类。其次，超越"问题行为学生"的"现象"，对课堂中"问题行为学生"的具体特点进行归纳，这一点十分必要，否则研究只能是空中楼阁。虽然不同文化不同国家教师对课堂中"问题行为学生"可能具有不同的理解，但在同一文化范围之内，教师对此的理解相对而言具有一定的共性。❶ 最后，在教师眼中，"问题行为学生"是一种客观存在的事实，因此，教师必然针对课堂中的"问题行为学生"采取一系列的应对方式，学校也必然存在对课堂中"问题行为学生"的处理程序。作为一种既存的教育现象，对中美课堂中"问题行为学生"的描述主要通过表现—基本特点—应对方式与处理程序三个部分进行。

在对现象进行描述的基础上进行比较时，是研究者"我"的分析。如前所述，当研究者已经意识到课堂中"问题行为学生"是社会建构的结果时，对中美课堂中的"问题行为学生"的比较分析将采用人文研究范式。作为特殊的越轨者，课堂中"问题行为学生"是被教师贴上标签的结果。现有研究一般认为，越轨者从违规到被贴上标签的过程有三个连续的环节：首先，权威者（如警察、学校的老师）或关系密切的人（如父母、朋友）等对越轨行为的觉察；其次，对越轨者贴上违规的标签；最后，越轨者加入越轨群体或越轨亚文化，他的越轨行为在群体和亚文化中得到支持和认可。❷ 虽然这三个环节针对一般的越轨者有一定的普遍性，但是有两点需要注意：首先，对越轨行为察觉的重要前提是存在一个对行为进行评价的标准，这一标准表现为一定的社会规则和社会规范。标准不同，社会规则或规范的具体内容不同，对越轨行为

---

❶ 需要指出的是，有研究者曾说明不同教师、不同学校对越轨者有着不同的解释（见 Roland Meighan, Len Barton. Schools, Pupils and Deviance ［M］. Chester: Bemrose Press, 1979: 7 - 12）。但本文的研究者认为，同一文化背景下教师的解释有着一些共同的特点，不同文化背景下教师的解释差异更大。因此，在本研究中，对同一文化背景下教师对课堂中"问题行为学生"解释的差异不作为研究重点。

❷ ［美］戴维·波普尔. 社会学（第10版）［M］. 李强，等译. 北京：中国人民大学出版社，1999: 208.

的理解就不同，所以首先应该明了对学生课堂行为进行评判的标准。其次，课堂中的"问题行为学生"是某一班级或某一课堂内的"特殊越轨者"，是一个小型群体内的极少数个别学生。虽然也存在这样一个群体或者亚文化，但本研究不把这点作为关注的重点。因此，本文在进行比较时的重点是探讨中美教师在给课堂中"问题行为学生"贴标签时所依据的社会化标准。

2. 对中美两国课堂中"问题行为学生"所存在的异同进行解释分析

课堂中"问题行为学生"是社会建构的结果。因此，在对中美两国课堂中"问题行为学生"的异同进行解释分析时，其关键是分析中美两国课堂中的"问题行为学生"是如何在课堂教学实现学生社会化过程中被建构起来的。"社会建构"最初应用于知识社会学中，"知识社会学热衷于对实在的社会建构"❶。"建构"与维特根斯坦对语言游戏（Language Games）和生活形式（Forms of Life）的分析是一脉相承的，在维特根斯坦的分析中，意义和意向是社会地组织起来的，它们镶嵌在共享的语言和文化的联系中，从而把行动纳入有意义的模式，进而也就成为行动以及与之相关的心灵状态（意向）能够表示意义的社会情境脉络。正如知识社会学中认为"科学理论在内的一切知识的内容归根结底都是由社会和文化因素的参与和作用而形成的"❷那样，课堂中的"问题行为学生"也是在课堂教学实现学生社会化过程中由社会结构因素和文化因素作用形成的。社会结构，作为一个系统（整体）是按照一定的模式（秩序、规则）由许多成分（要素、单元）组成，其中任何一个成分的变化都在不同程度上引起其他成分的变化❸。学校教育扩张，其规模上的变化必然影响到学校与家庭、学校与社会其他机构等各方面的变化。因此，学校教育扩张是一种重要的结构因素变化，这种变化直接作用于课堂教学。因此，对于课堂教学实现学生社会化过程中的结构因素分析，主要是指学校教育的扩张。

虽然由于中美两国政治、经济、文化以及历史方面的不同，中美两国的教育也存在着巨大的差异。但是，教育运作的共同规律使得两国教育仍然具有一

---

❶ P. Berger T. Luckmann. The Social Construction of Reality：A Treatise in the Sociology of Knowledge [M]. Garden City, New York：Doubleday, 1966：101.

❷ 苏国勋. 社会学与社会建构论 [J]. 国外社会科学, 2004 (1)：4 – 13.

❸ 刘放桐, 等. 新编现代西方哲学 [M]. 北京：人民出版社, 2000：412.

定的相似之处。中美两国课堂中的"问题行为学生",既然是在课堂教学实现学生社会化过程中由社会结构和文化因素作用形成的,而两国文化因素存在显著差异,因此其共同之处必然与中美两国课堂教学所面临着相同的结构因素变化——学校教育的扩张密切相关。因此,中美两国课堂中"问题行为学生"的相似之处,在一定程度上反映了学校教育扩张背景下课堂教学实现学生社会化所面临的问题——无论国别差异,这些与教育本身相关的问题定然共同存在。

中美两国课堂中的"问题行为学生"之间的差异,与课堂教学实现学生社会化的文化因素和结构因素相关。就文化因素而言,中美文化差异使得课堂教学实现学生社会化的模式不同,必然直接影响到社会化标准,进而影响到教师对课堂中"问题行为学生"的评判标准不同;就结构因素而言,虽然中美学校教育都面临着相同的结构因素变化——学校教育扩张,但两者根本的区别在于时间上的差异。美国比中国早至少半个世纪遇到学校教育扩张,这意味着,美国比中国更早地采取相关策略以解决学校教育扩张背景下课堂教学实现学生社会化所面临的问题。因此,今时今日美国课堂中的"问题行为学生"所反映的正是美国课堂教学在针对学校教育扩张背景下课堂教学实现学生社会化的问题采取一定措施之后的结果,而中国正开始意识到这个问题并逐渐采取一定措施。两者的差别在于是否对学校教育扩张背景下课堂教学实现学生社会化的问题采取一定的应对策略。

3. 对中国课堂教学的反思

比较研究的最终目的是为了"借鉴"他国经验,更好地了解并促进本国教育的发展。但这种借鉴并非完全的"照搬",与其说是借鉴,不如说是在对比的基础上对本国教育实践进行理性反思。尤其是当今中国面临社会转型,课堂教学实现学生社会化的结构因素和文化因素都面临着挑战和变化,我国课堂中"问题行为学生"的内涵是否应该变化,我国课堂教学又该何去何从?这是我们不得不思考的问题。

(四) 研究方法

1. 研究的方法论思考

方法论不是方法本身,而是关于研究过程的哲学,涉及对研究过程中所使用的方法体系的整体理解。艾尔·巴比认为,在社会科学中,范式作为我们观察世界的方式没有对错之分,而只有用处上的大小之分。每一种范式,都为关注人类社会生活提供了一种不同的方式,都有独特的关于社会事实的假定。所以,都能够敞开新的理解,带来不同类型的理论,并且激发不同类型的研究。❶ 因此,研究范式的选择为整个研究奠定了基调。

一直以来,"实证主义研究范式"与"人文研究范式"都在方法论上存在着争论。实证主义研究范式在本体论方面属于实在论,相信存在着受自然规律所支配的"客观事实",因而在认识论上属客观主义,认为不受研究者价值观以及时间、场景影响的研究是可能实现的。以实证主义为基础的定量研究方法范式属于演绎性质,倾向于揭示事物之间的因果关系,确定一个变量是否或多大程度上引起另一变量的变化,从而获得可以推而广之的解释和预测。在定量研究中,研究者从事的是中立的观察与测量,避免介入或影响研究对象,最大限度地追求研究的"客观性"。而人文研究范式在本体论上根源于相对主义,相信在人的心理结构中存在着多样的主观事实,强调人在某一特定情景中的意义建构及其联系;在认识论上以主观主义为特点,相信认识的主体与客体不可两分,研究发现是主客体交互作用的结果,研究者的价值观在研究中扮演着重要角色。以此为理论基础的质性研究方法范式属于归纳性质,强调通过具体的观察并逐渐建构出一般模式与概念,价值介入是其研究过程的主要特点,因而"主观性"取代了客观性成为质性研究的重要特点。

本研究是关于课堂中"问题行为学生"的比较研究。作为特殊的越轨者,课堂中"问题行为学生"是社会建构的结果。本研究的主要任务并不以对课堂中"问题行为学生"形成的原因分析为重点,而是强调课堂中"问题行为学生"在课堂教学实现学生社会化过程中的社会建构,因此本研究更倾向于采用"人文研究范式"中的质性研究方法,通过对所观察和访谈的情况进行归纳。不可避免,作为研究者,"我"的价值观将对研究有一定的影响。但是,范式与方法之间的联系并非是固有的、不可变更的,多数情况下研究者都是根据研究问题选取有效的研究方法,很少考虑到方法背后的范式及哲学基础问题。❷ 所以,本文将采取"人文研究范式"中质性研究方法,具体将根据研

---

❶ [美]艾尔·巴比. 社会研究方法 [M]. 丘泽奇,译. 北京:华夏出版社,2005:34.

❷ A. Tashakkori. Mixed Methodology:Combining Qualitative and Quantitative Approaches [J]. Contemporary Sociology,1998,55(28):539-540.

究问题做出适当调整。

2. 研究的具体方法

（1）文献研究法

文献分析是通过收集和分析现存的，以文字、数字、符号、画面等信息形式出现的文献资料，来探讨和分析各种社会行为、社会关系及其他社会现象的研究方式。通过对各种资料的收集和整理，可以为研究提供扎实的基础和一个可供深入研究的起点。在本研究中，文献法主要用于分析"问题行为学生"的理论梳理中。

（2）调查研究法

调查研究法是指在教育理论指导下，通过运用观察、访谈等方式对选定的个案进行考察，以收集教育问题的资料，从而对问题的现状做出科学的分析认识并提出具体工作建议的一系列实践活动。在本文中，调查研究法主要运用于对中美课堂中"问题行为学生"的现象描述中。对于具体的研究过程，在后文会有详细的介绍。

观察法是指带着明确的目的，用自己的感官和辅助工具去直接地、有针对性地了解正在发生、发展和变化着的现象。根据本研究的特点，研究者将进行实地观察，即对课堂教学这一现实场景进行观察；研究者将尽量不对课堂教学中师生群体和教学环境产生影响，处在所观察的师生群体之外，基本不参与其活动。但是，研究者将把结构观察与无结构观察结合起来运用，既根据已确定的分析框架明确观察的基本内容和结构，又争取抓住现实场景中发生的真实内容（尤其是未被纳入观察结构中的内容）进行自然观察。

访谈，就是研究性交谈，是以口头形式，根据被询问者的答复搜集客观的、不带偏见的事实材料，以准确地说明样本所要代表的总体的一种方式。本研究中以个体访谈为主，主要用于了解教师对课堂中"问题行为学生"的真实看法，是对观察法的一种补充。

第一章 课堂教学实现学生社会化的历史审视

课堂中"问题行为学生"所涉及的实质问题是课堂教学实现学生社会化的问题。纵观人类历史，课堂教学自产生之日起，就影响着学生的社会化。这表明，就教育实践而言，课堂教学实现学生社会化的历史始于课堂教学的产生之日，因此，对课堂教学实现学生社会化的"史实"分析主要从教学发展历史阶段去把握。另外，现有研究从课堂教学层面去分析学生社会化的并不多见，对于作为"研究对象"的课堂教学实现学生社会化的问题，更多的是放在社会化理论的视角下加以探讨。

一、课堂教学实现学生社会化的历史脉络

虽然将课堂教学与学生社会化直接联系起来的研究并不多，但并不能否认课堂教学作为实现学生社会化的重要途径的存在。自班级教学产生之日起，课堂教学就成为个体社会化的重要影响因素。但是，在不同的历史阶段，由于社会背景不同、教育理论所关注的重点不同，对课堂教学实现学生社会化过程的强调也不相同。具体而言，按时间可以划分为三个阶段。但需要注意的是，这三个阶段的划分只是对不同时期课堂教学实现学生社会化特点的一个总体把握，并非绝对的限制。因此，在不同阶段，也会有不同特点的教学理论或实践的存在，但这并不影响对总体特点的把握。

（一）16 世纪[1]至 19 世纪末：强调"教化"的课堂教学

16 世纪至 19 世纪末，适应新兴资产阶级对人权及发展生产的迫切要求，

---

[1] 就教育实践而言，课堂教学实现学生社会化的历史始于课堂教学的产生之日。研究者认为，课堂教学是伴随着班级授课制的产生发展起来的。虽然一般认为班级授课制是由 17 世纪的夸美纽斯提出的，但事实上，班级授课制起源于 16 世纪欧洲的一些国家。所以，对于课堂教学实现学生社会化历史脉络的分析，从 16 世纪开始。

随着以批判经院哲学、提倡人文主义与自然科学为要旨的文艺复兴运动以及新思潮运动，在教学领域出现了两个典型特点：第一，人文主义思潮兴起，从至高无上的神转向人。中世纪的宗教教育，极度压抑人本身的智慧、理智、才能和美德。文艺复兴运动作为一种思想启蒙运动，抨击经院哲学，反教会、反奴役，提倡人文主义和科学，为人类社会发展提供了新的思想启迪；第二，自然主义思潮兴起，从对事实经验的描述转向对内在规律的研究。16—19 世纪近代科学的发展，从天文学、力学、光学等学科扩展到化学、电学、热力学、地质学等十分宽广的领域，并紧密联系生产领域形成了一系列新的理论。其结果是导致自然科学从"自然哲学"中分化出来，引起了思维方式的变革，从经验描述上升到理论概括；从以搜集经验材料方法、分析方法为主，到关注事物的内部联系并对自然现象进行综合研究。

相对于欧洲中世纪封建教育压制和摧残学生个性的严重弊端，这一时期的教育日益关注学生的主体；但是，由于自然科学的迅速发展，使得教育研究者深受自然科学的影响，经验主义哲学和自然主义哲学成为教育研究的重要理论基础。人被视为一种"自然人"，是自然的一部分，与其他自然实体一样，人的发展也应该与自然发展规律一致，受到自然规律的制约与影响。所以，这一时期的教育思想虽然关注学生的主体性，将学生与自然类比，但却没有看到学生作为人不同于自然界的本质，因此不自觉地陷入了自然机械规律的控制之中，反过来又使人成为没有主观能动性、受自然机械规律制约的人。这也具体反映在那一时期的教育家的思想之中，尤其以夸美纽斯与赫尔巴特为代表。

夸美纽斯强调教育的自然适应性、自由教育和儿童的自发学习，但其创立的班级授课制度和教育原则乃是适应近代工业化革命对教学秩序和教学效率的社会要求的产物，在客观上也产生了方便课堂控制、促进"教化"过程的结果。所以，夸美纽斯赋予了纪律非常重要的意义，认为凡是愿意在学校里求学的人必须服从学校的纪律，而犯了过错的人应当受到惩罚，特别是对道德方面的过失更要采取一种严格的纪律。"学校没有纪律犹如磨盘没有水"。❶ 夸美纽斯同时指出，纪律有三种形式：一是不断的监视，因为我们决不能全然相信孩子们的勤勉与天真。二是谴责，凡是越出了正轨的学生都应该通过谴责将其唤回理性与服从的大道。三是惩罚，如果劝告没有效力就必须惩罚。不过一切纪

---

❶ ［捷］夸美纽斯. 大教学论［M］. 傅任敢，译. 北京：人民教育出版社，1984：198.

律都必须谨慎地使用，除了诱导学生完全做好工作以外，没有别种目的。❶

赫尔巴特也注意到儿童的多方面兴趣和自我活动，但其教育目的的实质就是要把学生培养成为社会的"驯服者"。虽然教育是要培养"真正善良的人"。但这种人应该是安分守己，唯命是听，既不怀疑现存社会秩序，又能遵守并服从既定法制的人，实际上也就是完全符合五种道德观念要求的人。❷ 实际上，这种"善良的人"也是社会的驯服者。赫尔巴特十分强调教学管理对于儿童自我活动的优先性。他说，"管理并不是要在儿童心灵上达到这个目的，而是要造成一种守秩序的精神"，❸ 管理是为顺利进行教学创造"外界"条件。赫尔巴特特别强调，"如果不坚强而温和地抓住管理的缰绳，任何功课的教学都是不可能的"。❹ 在他看来，儿童生来就有一种"盲目冲动的种子"，"处处驱使他的不驯服的烈性"，❺ 以致经常"扰乱成人的计划，也把儿童的未来人格置于危险之中"，这种"烈性"如果不从小时加以"约束"，将来就有可能发展成为"反社会的方向"。为了避免"将来的危害"和"罪恶的斗争"，必须从小就注意着重地加以"管理"，以便"造成一种守秩序的精神"。❻具体的管理方法包括运用惩罚的威胁、监督、命令和禁止以及包括体罚在内的惩罚。❼

教育研究者的这些教育思想也反映到课堂教学实践中，在16世纪至19世纪，许多教育家进行了教育实验，通过教育实验来验证他们的教育观念，如裴斯塔洛奇的新庄孤儿院试验、福禄贝尔的幼儿教育实验、欧文的"工厂学校"以及赫尔巴特建立的教育理论研究班等；但就具体的课堂教学，在大的社会环境的影响之下，虽然也日益关注学生的主体性，但仍然强调学生社会化过程中的"教化"，重视学生对纪律的服从，注重课堂控制与教师的绝对地位。

（二）19世纪末至20世纪80年代：强调"内化"的课堂教学

19世纪末20世纪初，随着相对论和量子力学的产生，现代科学发展将人类带入了强调理性的新时代。以美国实用主义哲学和进步主义教育哲学主要创始人杜威以及人本主义代表罗杰斯、马斯洛等研究者为代表，掀起了新一轮的

---

❶ [捷] 夸美纽斯. 大教学论 [M]. 傅任敢，译. 北京：人民教育出版社，1984：234.
❷ 王天一，等. 外国教育史 [M]. 北京：北京师范大学出版社，2002：320.
❸❻ 张焕庭. 西方资产阶级教育论著选 [M]. 北京：人民教育出版社，1999：258.
❹❺ 张焕庭. 西方资产阶级教育论著选 [M]. 北京：人民教育出版社，1999：257.
❼ 王天一，等. 外国教育史 [M]. 北京：北京师范大学出版社，2002：322－323.

教学理论的思潮，这也直接影响着课堂教学在实现学生社会化过程中关注重点的转移。

杜威认为，传统教育的主要弊端在于"消极地对待儿童，机械地使儿童集合在一起，课程与教法划一"。"学校的重心是在儿童之外，在教师，在教科书以及在其他你所高兴的任何地方，唯独不在儿童即时的本能和活动之中。"❶ 杜威明确提出"儿童是起点，儿童是中心，而且是目的。儿童的发展，儿童的生长，就是理想的所在。只有儿童提供了标准"❷。因此，必须彻底改变传统教育的弊端，实现中心的转移。"现在，我们教育中将引起的改变是重心的转移。这是一种变革，这是一种革命，这是和哥白尼把天文学的中心从地球转到太阳一样的那种革命。这里，儿童变成了太阳，而教育的一切措施则围绕着他们转动，儿童是中心，教育的措施便围绕他们而组织起来。"❸ 杜威虽然强调儿童中心，主张教育要尊重儿童的心理发展水平和兴趣、需要的要求，但同时也认为这种尊重绝非放任自流，任由儿童率性发展。他明确地说："如果你放任这种兴趣，让儿童漫无目的地去做，那就没有生长，而生长不是出于偶然。"❹ 杜威要求尊重儿童但不同意放纵，认为生长是机体与外部环境、内在条件与外部条件交互作用的结果，是一个持续不断的社会化的过程。

以马斯洛与罗杰斯为代表的人本主义教学论认为，传统课堂教学被看作是以教师为中心的知识传授，教学方法是注入式的，对儿童的生活指导则是行为控制的；儿童被放在依附的、被管制的位置上，没有自我，没有发展的探索权和主动权，因而主张用一种整体论的视野来研究人性和教学，关心人的潜能和价值，探究解决课堂教学问题和困境的出路。人本主义认为，教学目的就是人的自我实现、完美人性的形成以及人的潜能的充分发展。首先，这样的人是整体的人，即他们不仅在身体、精神、理智和情感各方面达到了整体化，而且在人的内部世界与外部世界的联系方面也达到和谐一致。其次，这样的人是形成过程中的动态的人，即他们具有内在的成长需要，能不断获取新经验和探求新事物。最后，这样的人是具有创造性的人，即他们具有一种创造性做事的倾

---

❶❷ 赵祥麟，王承绪. 杜威教育论著选［M］. 上海：华东师范大学出版社，1981：158.

❸ 杜殿坤. 原苏联教学论流派研究［M］. 西安：陕西人民教育出版社，1993：20 – 21.

❹ ［美］杜威. 学校与社会·明日之学校［M］. 赵祥麟，等，译. 北京：人民教育出版社，1994：40.

向、一种创造性的人格，并总是处于创造过程之中。由此出发，人本主义认为，传统的课程模式、固定的教学大纲以及严格的考核标准和单一的考试制度都不利于学生的发展，其实质是忽视了学生作为整体的人的本性以及个性潜能的不断实现的基本事实，也就导致了对学生主体价值的漠视。因此，他们倡导一种统合化的课程，主张课程内容应建立在学生的需要、生长的自然模式和个性特征的基础上，应体现出思维、情感和行动之间的相互渗透和相互作用，应与学生的生长过程有机地联系起来。

相对而言，这一时期的教学理论更强调学生的主体性。需要注意的是，虽然部分教育研究者（比如杜威）的初衷并非要从一个极端走向另外一个极端，但是在教育实践中，对新理念的追捧往往矫往过正，导致对理论的误读，从而使课堂教学实现学生社会化从对课堂控制的强调转向对学生自主的重视，从"教化"转向"内化"。

（三）20 世纪 80 年代以来：关注"教化—内化—生成"的课堂教学

20 世纪 80 年代以来，社会经济得到快速发展，也是各国的教育改革如火如荼的一个时期。在这一时期内，教育研究者们对以往教学理论与实践进行反思，更为理性地看待课堂教学实现学生社会化问题，比较有代表性的是建构主义教学理论。

建构主义教学理论不仅是教学认识论上的飞跃，也是对传统课堂教学的一场革命。首先，就认识论而言，建构主义认为人作为认识的主体不是对现实进行"复制"，而是在认识的过程中根据已有经验，以自己独特的方式对现实进行选择、修正，并赋予现实特有的意义。因此，认识不是来源于现实本身，而是来源于主体与客体的相互作用。这一点正是建构主义在认识论上的飞跃。相对于客观主义认识论而言，建构主义认识论是能动的反映论，它对认识个体的自主能动性和主体价值给予了极大的关注。反映到课堂教学领域，建构主义突破了以往传统的被动的教学认识论局限，也对"符合论"的知识观提出了挑战，从而把课堂教学过程理解为学习者在已有经验基础上通过师生之间的合作交流而主动建构意义的能动过程，这就为科学地处理教学过程中的师生关系，充分发挥学生的自主性以及实现学生个性的完整发展等问题提供了认识论方面的理论依据。其次，建构主义教学论强调自主、合作、先前经验和意义建构等学习要素，主张课堂教学要为学生的意义建构创设适宜的学习环境，以及教学模式要突出学生的主体价值，在客观上为学生自主学习提供了现实的学习资源、学习工具和人际方面的支持。而没有自身对其学习资源和学习方式的独立占有和同一，学习者就不可能得到真正的自主。最后，建构主义教学论不但从教学认识论这个突破口去瓦解被客观主义知识观所支配的课堂教学基本格局，而且从课堂教学的社会属性着手，主张通过建立新的"学习共同体"去动摇传统课堂教学的框架结构，打破了以往教师垄断课堂教学的局面，赋予学生空前的教学决策权力和话语权力，无疑增大了学生的自由度和拓展了学生的自主活动空间。因此，建构主义教学理论提出了在教学过程中应尊重学生的个体差异、注重互动的学习方式等主张，关注学生在学习过程中的自主性、能动性与创造性。同时，建构主义认为，课堂教学的基点不是别的，而是创设一个以学习者为中心的学习环境，课堂教学的过程其实就是为学生设计学习环境的过程，也就是在学生已有学习经验的基础上，对学生完成学习行为提供学习资源、学习工具和人际方面的支持。

建构主义教学理论也进一步影响到课堂教学实践。课堂教学实现学生社会化实际也是一个主客体相互作用的过程。一方面，学生必须在自己先前经验的基础上主动地建构自己对知识和意义的理解，努力使自己成为一个主动的意义建构者；另一方面，教师则不再是知识的灌输者，应该是教学环境的设计者、学生学习的组织者和指导者、课程的开发者、意义建构的合作者和促进者、知识的管理者，是学生的学术顾问。一句话，学生从被支配者转变为主动建构者，而教师则从前台退到幕后，从"演员"转变为"导演"。❶ 所以，对于具体的学生社会化过程而言，课堂教学既是一个"教化"过程，也是一个"内化"与"生成"的过程。

二、课堂教学实现学生社会化的理论考察

直接将课堂教学与学生社会化联系起来的研究并不多见，因此，研究者对课堂教学实现学生社会化的分析，更多的是在对社会化问题的探讨下进行。与此同时，需要注意的是，自 20 世纪 60 年代以来，学校中有社会化问题的学生

---

❶　顾明远，孟繁华. 国际教育新理念［M］. 海口：海南出版社，2001：282.

逐渐成为教育研究者关注的重点❶。虽然前文曾指出，对社会化的研究视角包括社会学、人类学与心理学，但由于本研究主要从社会学视角对课堂教学中学生社会化问题进行分析，因此，以下将从功能主义、冲突论和互动论三种取向进行分析。

（一）功能主义视角下的相关研究

19 世纪末至 20 世纪 50 年代，结构功能主义占据着社会化理论的统治地位。这一学派通常认为，社会体系是由许多在结构上相互独立又相互联系、在功能上相互区别又相互协调的部分组成，强调社会制度、规范、角色等功能的发挥有助于维护社会的均衡，促进社会的发展。因此，结构功能主义学派多从教育机构以及各种各样的组织性构成部分满足更大的社会需要来分析教育问题。就社会化理论而言，他们主要以儿童为研究对象，考察社会环境对儿童的作用和影响，强调社会化过程中个体对社会的适应过程。具体代表有迪尔凯姆与帕森斯。

法国社会学家迪尔凯姆把社会当作一种自然现象来研究，认为社会事实是社会学的研究对象，社会事实是对个人而言的一种社会的外在性，社会与个人的关系是整体与部分的关系。因而他认为，社会是通过个人来实现的各种思想、信仰和感觉的组成物。他提出的社会化理论，就是建立在这个整体理论的基础之上的。迪尔凯姆的社会化理论主要是道德内化理论。道德在迪尔凯姆眼中也是一种离开人而独立存在的社会事实，作为社会道德的基本内容的道德规范和理想等，实际上是通过社会上的团结关系产生一种社会的道德权威和社会的期待，成年人通过教育把道德灌输给还未准备好社会生活的人，以达到培养适应社会发展需要的人、开发智力、形成个人品质和个性特征的目的。这种道德内化的过程，就是人从他律到自律的复杂过程，是一个人进入社会、适应社会生活的必要条件。社会化就是根据社会结构稳定和发展的需要，培养个体的社会同质性和差异性的过程。社会同质性就是作为社会成员的基本特征，而差

---

❶　需要指出的是，虽然研究者研究的具体对象不同、称谓不同，如有 "问题行为" 的学生 "越轨学生（deviant students）" "困难学生（difficulty students）" "不适应（maladjustment）学生" "破坏者（disruptive）" "逃课（truant）学生" "暴力（violence）学生" "无纪律（indiscipline）学生"，但实质上这些学生的行为或习惯都已经超出了人们一般所接受的 "常规" 范围，违背了社会对学生的期待和为学生界定的 "标准行为"。所以，从某种程度上说，这些研究都可被纳入有 "社会化问题" 的学生的研究范围。

异性则是人的个性，每一个社会要延续下去都需要其成员的思想、价值准则、规范基本相似，教育的功能就是通过向人们提供他们所具备的规范和认识框架，来维持社会秩序。教育的作用在于一方面以强迫方式让儿童接受现存社会的价值观念和行为规范，培养其同质性来稳定社会；另一方面又根据社会分工的要求对个体实施专门的教育，使其具有一定的差异性，成为社会结构的一个专门器官。因此，教育是最有效的社会化手段。

帕森斯认为，一个社会系统是通过行为的有机体、社会系统（社会行动的制度化模式）、文化系统（社会的复杂的价值观、信仰规范及其他观念）和人格系统（动机与角色扮演得结构）来维持生存的。在帕森斯看来，社会化实际是一种手段。他认为，要实现社会控制，就必须保证社会化与制度化。制度化是不断调节人们的角色行为，从而反映社会的一般价值观念和文化信仰；而社会化则是把社会的文化价值观念和其他文化模式内化于人格系统中，从而影响人们的需要结构，而这种需要结构反过来又决定了行动者在社会行动中扮演角色的意愿。所以，社会化作为一种实现社会控制的手段，是把文化模式，包括一定的价值观念、信仰、语言和其他符号内化为个人的人格系统，并制约它的需要结构。帕森斯的社会化理论从根本上说是建立在社会本位之上的。他认为，虽然不必将人性陶冶得完全符合社会的要求，但也需要让他们知道对角色的特定要求。因此，帕森斯认为角色内化和形成是社会化的重要内容。他指出，个人的社会化常常是在个体自我与他人之间的关系中形成的。在这种关系中，一定的价值观念通过认同被内化到自我的个性中。通过内化，基本的、比较稳定的个性结构就形成了。但除此之外，还需要有比较具体的个性结构来适应不同社会情境的要求，这些具体的个性结构被称为情景性角色的形成，帕森斯认为它主要应该通过学校的一系列学习过程来实现。班级在帕森斯看来是社会化的一个重要代理者，传递着社会文化并使之内化于学生，发展个人的责任感与培养个人的能力，以便将来能扮演适当的成人角色。

按照功能主义学派的社会化理论，教育是实施学生社会化功能的最有效手段，课堂教学以和谐的方式在教师循循善诱下，使学生的行为与社会基本相一致，把他们塑造成一个接受了现行规范的社会人，掌握统一的知识技能、价值观念和行为规范，为后一阶段的社会化打好基础，从而维持着现行社会的运转，推动着社会的整体和谐发展。但是，正如夫劳德和哈尔西所指出的，功能主义者强调建立在共同价值上的社会统合，并认为教育是促使个人表现出一定的行为，以维持社会平衡，这仅是根据个人的动机行为从事分析。❶ 一方面，结构功能主义的社会化理论在强调社会化对于社会的作用之时忽略了个人的能动作用，个人完全成为服务于社会的一个分子，个人对社会的影响被忽略；另一方面，结构功能主义的社会化理论只看到了和谐稳定的社会，在今天这个复杂多变的社会，如不能清楚地认识到社会中的冲突矛盾，理论将无法真正地指导实践，只能是虚无缥缈的空中楼阁。

结构功能主义最显著的特点是把社会视为一个整合和有序的系统，从而假设社会中存在着高度统一的价值观和非常一致的目标，而社会结构则实现和维持这些价值和目标。在这样一种基本假设之下，结构功能主义就有充分的理由把对有社会化问题学生的研究集中在一个最主要的问题上：学校中学生出现社会化问题的社会原因是什么？研究者主要关注的是行为产生的宏观原因，他们把社会秩序的瓦解，特别是社会结构功能的失调作为产生的根本原因。

具体而言，功能主义研究者认为，虽然对学校中有社会化问题的学生的概念缺乏明确而统一的界定，但这一问题跟学生个人相关的低智商、破碎家庭、较差的学业成绩和较低社会阶层等密切相关。不同研究者对这些因素的关注点不一样，但无论哪种因素，研究者都很强调精确的定义和准确的测量。如果这些相关因素能够被准确测量，那么学校中有社会化问题的学生必然能够被量化，这一过程是大部分实证主义研究关注的重点。一般来说，研究者研究的对象主要是学校中三类有社会化问题的学生：逃课学生、干扰课堂学生和暴力学生。逃课学生一般很容易测量，但干扰课堂学生和暴力学生并不太容易通过标准化测量方式直接测出。所以，很多研究者在做课堂干扰和校园暴力研究时，采用教师等级测量（Teachers' Rating Scales）的方式。通过教师对这些越轨行为频率的估算来获得测量结果。比较典型的是 Rutter 测量表。这个测量表包括对学校学生行为的 26 种描述，比如"非常活跃，经常跑来跑去或者跳上跳下"，这些描述几乎囊括了学生在学校的所有行为，每一个描述后面有三个表示不同频率的选项：从来不、偶尔和经常。教师被要求在对学生行为进行描述的时候对这些频率选项做出选择。

虽然对学校中有社会化问题的学生的精确定义与测量并不容易，但大多数研究者仍然采用 Rutter 的问卷试图通过相关的统计进行因果分析。因果分析主

---

❶ 鲁洁. 教育社会学 ［M］. 北京：人民教育出版社，2000：616.

要关注以下三个方面❶：（1）对社会因素的调查。研究者关注学校中越轨与学生年龄、性别之间的联系。例如，研究者发现，当学生越接近结束义务教育的年龄时，越容易逃课，在这一过程中，男孩比女孩更容易逃课或者干扰课堂。❷ Rutter 等人在对被教师视为"问题"学生的研究中也得出了同样的结论。另一个持续研究是关于课堂出勤率与社会阶层的。多项研究表明，来自工人阶级的学生要比来自中产阶级的学生更容易逃课。最权威的调查来自 20 世纪 70 年代英国国家儿童发展研究的 16 000 个样本，这些样本证明了不同年龄学生的课堂出勤率均与阶层密切相关。有些研究还考察了学校越轨与其他社会因素的关联，比如 Mitchell 认为家庭规模与学生逃课之间存在一定联系，而 Tibbenham 则指出，即使是考虑社会阶层因素，家庭环境与学生逃课仍然存在密切联系。（2）对家庭关系的关注。来自破裂家庭或者不幸福家庭的学生在学校更容易出现越轨行为，一般说来，破碎家庭的父母会起到一个"坏榜样"的作用，他们很容易对周围环境抱怨，这样的父母也经常忽视他们的孩子，很少去教导和关注自己的孩子。所以，"可以确定的是，许多有越轨行为的学生都出生在一个比较糟糕的环境之中"❸。（3）对教育因素的分析。这里一般是指对学生成绩与学生课堂出勤率之间关系的研究，虽然其间会涉及社会阶层问题。Fogelman 在 1978 年关于英国国家儿童发展研究的报告中指出，学生课堂出勤率与学生学习成绩有着直接的联系。高出勤率的学生能在阅读、理解和数学等科目考试中取得更好的成绩，教师认为这些学生更少出现越轨行为。虽然并不能确定学生学业失败是逃课或者干扰课堂的原因还是结果，但多项研究结果表明，学校中学生的违规越轨行为一般与其教育失败密切相关。也许关于学生违规越轨与学校因素之间联系最有说服力的研究结论是，有社会化问题的学生都不喜欢学校。在 Mitchell 和 Shepherd 的研究中，41% 的男生不喜欢学校，他们课堂出勤率的记录要低于其他学生；但只有 6% 的女生表示不喜欢学校，出勤率也不高。有研究者认为，由于教育系统不能提供某些学生能够实现的目标和

---

❶　个人实证主义的研究对象主要包括逃课学生、干扰课堂学生和暴力学生，由于对这三类学生的研究较多，所以在对影响因素做分析的时候，主要以逃课学生（truancy）的相关研究为例。

❷　Mitchell S. and Shepherd M. Reluctance to go to School［M］// nL. Hersow and I. Berg. Out of School, New York: Wiley, 1980: 263 – 279.

❸　Tyerman M. A Research into Truancy［J］. British Journal of Educational Psychology, 1958, 28 (3): 217 – 225.

价值，所以这些学生不愿意留在学校里，他们更容易逃课。❶ 很明显，在使用这些关于因素分析的结论时应该慎重。一方面，是因为功能主义研究者所采用的标准化测量本身就存在一定的问题和困难；另一方面，某些因素究竟是"原因"还是"结果"并不明晰。例如，很多研究者指出，来自工人阶级家庭的男生更容易越轨，但是"工人阶级家庭"究竟是导致学生越轨的原因，还是其他因素导致工人阶级家庭的学生更容易越轨，这点并不明确。

总体说来，功能主义视角下的社会化研究更突出社会对个体的作用，力图通过因果分析去解决有社会化问题的学生，尤其是通过原因分析提出各种策略，有利于满足实践者、管理者和政策制定者的需要。但也受到很大质疑，尤其是该取向下的研究对学生主体性的忽视。由于对自然科学的模仿使得决定论成为实证主义的一个最大前提，所以实证主义强调行为的确定性。在对有社会化问题的学生进行原因分析时，实证主义研究者忽视了对个体学生主体性的关注。在研究者眼中，有社会化问题的学生只是被动地为外界因素比如学校、社会和家庭所影响，他们只是环境的产物，没有对环境做出判断进而决定自己行为的权利。这种观点否定了人最基本的主体意识。学生并不是简单而被动地去适应环境。学生对周围环境有着一定的主观意义，这种主观意义决定了他们如何行动。在实证主义研究者眼中，学生之所以会出现社会化问题，只是简单地被视为学生社会化不足的结果，但他们低估了学生的创造性。

（二）冲突论视角下的相关研究

冲突理论是 20 世纪 60 年代后期兴起的、具有较大影响并与功能理论相抗衡的西方社会学理论。冲突学派的主要代表有美国的柯林斯、科塞，他们属于功能冲突理论派别；德国的达伦多夫为辩证冲突理论派别。冲突学派最早可以追溯到马克思的阶级斗争学说。

冲突学派认为，社会是处于不断变化之中的，同时，每个社会的每一方面每时每刻都会出现分歧和冲突，社会冲突是普遍存在的、正常的、不可避免的，社会结构内部的冲突和斗争导致社会变迁，冲突是社会变革的主要推动力量。在冲突理论中，个人的社会化往往被视作个人与社会之间辩证冲突和强制的结果。但一般在对社会化的理论探讨中，很少提及冲突学派的社会化，似乎

---

❶ Mitchell S. The Absentees [J]. Education in the North, 1972 (9)：8 – 22.

冲突不利于社会化。事实上，根据科塞和其他冲突主义学者的观点，冲突作为一个社会过程，在一定的条件下能够维护社会或社会的某些重要部分，甚至能够促进社会的协调和整合。齐美尔认为，冲突并不是对和谐的否定，它是与社会生活中各种和谐交织在一起的，甚至可以将冲突与和谐视为两种交替采用的社会交往形式。❶ 冲突可以推动社会变革，也可以在一定程度上促进人的社会化。具体体现在：

首先，冲突有利于个人对社会群体的认同。"冲突有助于建立和维护社会群体的身份和边界线"，"当社会群体间发生冲突时，可以对群体身份的建立和重新肯定做出贡献"。❷ 因为群体之间的冲突使群体对内部的纠纷与分类的容忍可能减少，而对于遵从与一致的强调可能增强。因此，社会群体之间的冲突恰恰有助于人们认识自己所在的群体与其他群体之间的界限，进而有助于人们形成自己的群体意识。而在某种意义上说，对自身群体成员资格的意识、对群体边界的认识与对社会群体的认同是同一的，个人对一定社会群体的认同又是社会化十分重要的环节和部分。所以，冲突在个人对社会群体的认同意义上是有利于个体社会化的。

其次，冲突有助于社会关系建设。社会互动是个体社会化的重要途径，而社会关系是影响社会互动的重要因素。所以，个体社会化不可避免地与社会关系有着密切的联系，良好的社会关系有助于个体社会化的顺利实现。冲突对社会关系具有重新统一的功能。科塞指出"冲突可能有助于消除某种关系中的分离因素并重建统一。在冲突能够消除敌对者之间紧张关系的范围内，冲突具有安定的功能，并成为关系的整合因素"，"对立群体的互相依赖和这种社会内部冲突的交叉，有助于通过互相抵消而'把社会体系缝合起来'，这样就阻止了沿着一条主要分裂线的崩溃。"❸ 因此，冲突在一定程度上使群体成员之间的关系变得更为协调，维护了良好的社会关系。

最后，冲突有助于扩大社会化范围。冲突不仅仅有助于个人在一定范围的群体中社会化，还因为能促进新群体与社会的形成而扩大社会化的范围。科塞指出，当一个人往往有限地或部分地投入几个不同利益群体或有限数目的组织时，群体间的冲突，就具有了互相交叉与混合的性质。结果，通过互相交叉的

---

❶　周晓虹. 西方社会学历史与体系（第一卷）［M］. 上海：人民出版社，2002：328.

❷　［美］L. 科塞. 社会冲突的功能［M］. 孙立平，译. 北京：华夏出版社，1989：23.

❸　［美］L. 科塞. 社会冲突的功能［M］. 孙立平，译. 北京：华夏出版社，1989：67.

有限的冲突，使社会更紧密地结合起来。与共同敌人的对抗可以在两方面成为联合的因素，一是导致带有不同边界线、意识形态、忠诚和公共价值观的新团体的形成；二是为了终止这种对抗，导致对付共同威胁的、暂时的工具性联合。这样在无形中促进社会化范围的扩大。科塞还认为，冲突可以成为一种激发器，使冲突各方结合在一起，甚至使过去没有关系的双方联系起来；而且，正是由于各种各样的冲突才使得社会的公共组织得以建立起来。另外，在实际生活中，不同群体之间的联合常常也是通过他们在冲突中形成的利益共同体而产生的。

需要指出的是，冲突的社会化功能的实现是有条件的，这种条件就是，它必须以个体社会化已经达到一定阶段为基础和前提。因为只有在个人已经对一定的社会群体有了初步的认同之后，冲突所具有的这些功能才能起作用。对于学校教育而言，冲突论认为学校教育是统治集团的工具，其核心功能就是复制统治集团的意识形态、复制现存的阶级关系和结构，教育的复制功能主要反映在经济地位复制和文化复制方面，这也就是教育的社会化功能。

冲突理论主要是针对功能主义过于强调均衡、稳定、和谐，忽视社会中的强制和冲突现象而产生和发展起来的。其理论主张以冲突来考察和解释教育现象，包括学校中有社会化问题的学生。相对于功能主义研究者对社会原因的强调，冲突论将重点放在规范秩序上，强调权力的关键作用，认为正是社会权力决定了规范的确立与执行。冲突论并不关心社会化问题产生的社会原因，他们主要关注如何改变规范的制定和执行。冲突论否认所有社会成员共享一套相同的目标和价值。相反，他们认为社会上有权有势的人与那些没有权力和地位的人的价值观大不相同。由于社会规则和法律是在社会权势参与下制定的，因此无权无势的人越轨率更高。冲突论内部有其不同的侧重点和理论指向，对有社会化问题学生的具体研究可以分为三种理论取向：文化冲突理论、再生产理论与抵制理论。

文化冲突理论认为，一个复杂的社会包含许多亚文化群体，每个亚文化群体都有其独特的目标与价值。然而，较为强大的亚文化群体能够有效地将许多弱小的亚文化群体成员的行为界定为"问题行为"。科恩在《少年越轨人：帮伙文化》中提出青少年越轨亚文化论。[1] 他认为，因为学校是按照中产阶级的

---

❶ Cohen A. Delinquent Boys: The Culture of the Gang [M]. Glencoe: Free Press, 1955.

标准来评价学生的，工人阶级的学生一般都被排除在外。他们为了在学校这样一个社会环境中实现其社会地位，一个重要的方法就是坚持他们自己的价值观系统，按照他们能够获得成功的方式行事。根据米勒的研究，许多来自工人阶级家庭的学生之所以会出现违规的问题行为，不是因为他们的地位被剥夺，而是因为他们受着所属阶层文化烙印的影响。所以学生通常表现出对权威（统治阶级）的否定和反抗，但对自己所属群体（比如工人阶级）的文化价值观却持一种支持的态度。❶ 威尔斯在《学会劳动》中，主要研究了英国一所城区学校工人阶级男生的文化关系，他认为这些男生通过反抗学校所提供的教育形式来抵制主流的社会价值观与意图。❷ 他认为，学生对学校教学内容、教育实践的反抗是对"教学范式"一种创新性的文化反应，而这种"教学范式"的社会关系与文化形式体现了资本主义社会的本质。

美国的鲍尔斯和吉登斯是社会再生产理论的倡导者。他们指出，学校的关系结构与资本主义经济的关系结构存在着对应关系，学校是这些结构合法化的机构，它将社会统治者的价值观念内化于学生的意识形态中；学校知识的产生、传递等活动充分反映了社会阶级的权力结构与经济结构的特征，学校知识和生产领域的阶层结构有紧密的联系，这种联系反映了社会阶级的特性对知识分配过程的影响。同时，学校教育为资本主义制度的不平等现象提供了合法化的机制和结构，通过表面的一些标准，如学业成绩、智商以及其他能力而不是社会阶级来对学生进行分类与选择，而实际上是以社会阶级出身为基础对学生进行分层。而以布迪厄为代表的文化再生产理论主要关注的是社会阶级的文化差异。布迪厄认为，文化再生产是通过符号暴力实现的，而学校教育中的"符号"与社会结构中的权力关系是一致的。学校是文化传递的主要工具，学校在传递文化的同时，也再生产与维持了不平等的阶级关系和社会结构，实质上学校所传递的文化是社会中的优势文化，这种文化与中产阶级的文化有高度的关联性；而工人阶级的文化与其关联很少，这使得他们的子女在学校教育中处于明显不利地位。美国学者安扬则更关注文化再生产的方式，学校通过两种方式推动工人阶级学生进行文化再生产：第一，很少让这些学生对所处的环境进行批判性思考；第二，强调对学生的机械行为训练，以便于他们在以后的职

---

❶ Miller W. Lower Class Culture as a Generating Millieu of Gang Delinquency [J]. Journal of Social Issues, 1958（15）：5-19.

❷ Willis P. Learning to labor [M]. Farnborough：Saxon House, 1977.

业中能够较好的"服从"。"这些工人阶级学生并没有赋予能够发展自己兴趣、培养批判精神的文化资本。"❶

一旦教育被视为对社会结构或文化的再生产，那么学生在学校中的越轨就可被视为工人阶级学生对他们在学校所体验到的阶级控制的反抗。他们挑战着学校里试图把他们局限在被统治者地位的权威，他们挑战着那些试图把他们所属文化边缘化的主流文化，学生的越轨在一定意义上可被视为对霸权的抵制。自 20 世纪 70 年代以来，"抵制"成为对青少年学生社会学研究的关键词，不少研究者使用这一关键词来审视学校中的学生越轨现象。但是，对"抵制"的分析脱离不了社会阶层的框架，很多使用"抵制"的研究者直接利用吉登斯和布迪厄的再生产理论，但与后者不同的是，前者认为再生产是一个从不曾结束的过程，在这一过程中不断出现"对立"的状况。学校中不同阶层不同文化之间的张力使得课堂教学中的权威不断面临挑战。比较有代表性的是 Corrigan（克瑞刚）对两所工人阶级学校中 100 名 14 岁男生所做的研究。当他在研究中问及这些男生为什么来到学校时，有一半的学生回答他们不得不来学校。"50%的男生认为他们不得不到学校，因为学校是他们唯一能够去的地方，（学校）它提供的不是关于价值的东西，而是关于权力（Power）。"❷ Corrigan（克瑞刚）指出，教育虽然不是完全强迫的，但仍然会遭到像他所研究的那些男生一样的抵制。在学校教育中，代表权威的教师和学校不断尝试去改变这些工人阶级学生的价值观和行为，而这些学生又深受自己所在阶层价值观的影响，所以必然会产生冲突。工人阶级学生只会用他们所知道的方式去抵制和反抗这种强迫性教育，这些方式未必是"合法"的，所以他们在"抵制"过程中就会出现问题行为。哈姆弗瑞斯通过研究也得出了相似结论，他在《小流氓还是反抗者》一书中，采用口述史的研究方式，通过分析一些老人对他们所经历的 20 世纪初学校教育的感受，指出教育对工人阶级学生来说就是一种强迫，而学校中的问题行为是对这一强迫的挑战。❸

事实上，冲突论视角下的研究，在方法论上均有功能主义的痕迹，体现出与结构功能主义的连续性，但在意识形态倾向上与功能主义有实质性的不

---

❶ Anyon J. Social Class and School Knowledge [J]. Curriculum Inquiry, 1981, 11 (1): 31.

❷ Corrigan P. Schooling the Smash Street Kids [M]. Macmillan, 1979: 22.

❸ Humphries S. Hooligans or Rebels? An Oral History of Working Class Childhood and Youth 1889—1939 [M]. Baril Blackwell, 1981: 89.

同，它们把批评的矛头指向了社会系统和社会结构。但是，冲突论视角下的相关研究在试图解释学校在宏观水平上的结构性问题的同时，未能关注课堂中的日常生活，忽视了课堂中教师、学生在外部社会系统的干预下是如何进行抵制的。

（三）互动论视角下的相关研究

互动论在 20 世纪 60 年代开始兴起，互动论的兴起"与西方社会中自由主义的风行密切相关，它更关注早期被功能主义所忽视的'行动的意义'"❶。互动论关注微观社会学层面，研究人与人之间的交往和相互作用，探讨人际之间借以互动或沟通的符号与媒介以及人际互动的过程与性质等。在对人的社会化问题进行探讨中，比较有代表性的是库利的"镜中自我"理论和米德的自我理论。

库利认为，个人与社会本来就是统一的，"个人"和"社会"并不是两个不同的实质，而是研究人类相互作用这个生动过程的不同方面。不应该赋予本能以社会行为普遍动机的意义，因为人的行为动机是易变的，不存在能控制其行为的统一规律，人的本性是可塑的和可变的。因此，在库利看来，人作为一个名副其实的社会生物，其标志是能够把自己跟群体区别开来，能够意识到自我、自己的个性。但是，自我感觉的产生与发展过程，都是通过个人在社会环境中进行人际沟通与交往中而实现的。❷ 由此，库利提出了"镜中自我"的理论。"镜中自我"就是以其他人的看法为镜子而认识自己，即想象他自己是如何出现在他人的意识中的。这种自我感觉决定于对想象的他人的意识和态度。这种自我认识包括三种主要成分：（1）关于"我在别人看来是怎样的"观念；（2）关于"别人怎样评价我的形状"；（3）由此而产生的类似自豪或自卑的特殊自我感觉。库利在分析个人和社会的相互作用时，还提出了著名的"初级群体"的概念。所谓初级群体，是指直接发生面对面相互作用的各个个人的协作和联合的群体，是一个直接的、自然的关系环境，包括家庭、邻里、同伴群体等。初级群体的初级性，首先在于它们在个人的社会世界和社会理想的形

---

❶ Young J. Thinking Seriously about Crime ［M］//M. Fitzgerald, G. Mclennan and J. Pawson. Crime and Society: Reading in History and Theory: R. K. P. 1981: 286.

❷ ［美］查尔斯·霍顿·库利. 人类本性与社会秩序 ［M］. 包凡一，等，译. 北京: 华夏出版社，1989: 109.

成过程中起着决定性的作用，正是在这些地方，个人第一次感觉到自己是属于社会的并且了解到共同的理想。

米德承袭了库利的相互作用论，认为人离不开社会，因而人的行为必然是社会性的。他首先提出了"被概念化的他人"理论，从符号相互作用论的观点出发，认为社会就是人们之间用反应、手势、面部表情或一系列象征符号进行交流的信息、态度和印象的持续的混合。人的社会行为是靠行为者不断根据他人或社会的标准去调节来控制的。米德还提出了关于"自我"的复杂性、复合性的思想。他认为，"我"的体系包括两个要素："主格的我"（I）与"宾格的我"（Me）。主格的我，是指活动着的行动者在考虑当前的需求与计划时，对情境的一种直接的知觉与行为反应，是"非反思"的、自生的要素。宾格的我，是指人们对他人反应与他人定义的被动知觉，是内化了的他人的观点、"概化了的他人"和团体的规范的总和。米德认为，主格我与宾格我是相互依赖的动态关系。宾格我是一个人根据别人对他承担的角色要求而调整、塑造出的"我"，❶ 主格我是对这些要求的回答。主格我与宾格我处于一种内部对话的状态之中。个人的外在行动一般表现为宾格我，主格我受宾格我所下的定义的影响，但不完全由宾格我决定。主格我是"自我"中有自发与自由余地的一个方面。❷ 在米德看来，个人把别人的态度内化，并按照社会上其他人的一般期待来判断自己的行为的过程，也就是社会化的过程。人的行动是自主加反馈，但人的自控能力不是天生的，是儿童在社会（家庭）生活中渐渐的被迫形成的。

符号互动学派的社会化理论对分析学生社会化有着重要的启示。学生的社会化也是学生主动建构自我概念和实现学生角色目标的过程，师生互动、生生互动、概括化他人等对学生社会化有着重要的影响。但是，符号互动学派的社会化理论贯穿了主观主义原则，强调个人的主观理解，认为社会结构是许许多多的个人理解与行动的结果，社会过程是人把主观的意义赋予客体并做出反应的过程，过于强调个人的主观性而忽视了社会的客观制约，同样也是失之偏颇的。

作为一种反实证的主观社会学，互动论与功能主义在理论的前途假设上有

---

❶ 黄育馥. 人与社会——社会化问题在美国［M］. 沈阳：辽宁人民出版社，1986：224.

❷ ［美］米德. 心智、自我和社会［M］. 赵月瑟，译. 上海：上海译文出版社，1992：209 – 214.

着最基本的区别。功能主义强调同一，互动论注重多元；功能主义强调社会结构对个人的制约，着重研究越轨产生的原因，互动论贯穿主观主义原则，强调个人的主观理解，着重分析人类在相互作用过程中自己选择的行为。具体在对有社会化问题的学生的研究中，更强调理解与解释。

符号互动论是互动论视角下对学校中有社会化问题学生进行研究的理论基础。符号互动论把社会过程视为人把主观的意义赋予客体并做出反应的过程，强调个人的主观理解。因此，从这一视角来看，学生之所以会出现问题行为，不是因为内部的心理需要，也不是因为他们对地位剥夺所做出的反应，而是通过他们对世界的解释而有目的地选择自己行为的结果。在符号互动论中，"解释"这一概念是所有问题的关键。世界并不是由具有固定意义的事情或事件组成，而是由符号和对符号的解释构成的。教师通常把学生的某一种行为方式解释为问题行为，但是不同教师对行为的解释不同，对学生的同一种行为，也许某个教师会认为是"问题"而另一个教师并不赞同。学生也会解释教师的行为，教师的某些行为在有些学生眼中是公正合理的，而在另外一部分学生看来却是不公正有失偏颇的；有些课堂被学生认为是非常有趣的，而有些课堂则被学生视为相当无聊。互动者认为，世界没有客观事实存在，因为我们生活在一个"符号的环境"❶中，事物的意义不是给定的，而是通过解释所赋予的。由于不同人对相同的情境有着不同的解释，所以，社会生活是相当复杂的。在课堂中，存在着许多学生必须理解和解释的背景规则。如果学生对这些背景规则的解释与教师相同，那么课堂教学必然是顺利的；但如果学生的解释与教师不同，他们必然会挑战教师的权威，进而影响到课堂教学，这样的课堂对教师来说并不容易处理。

具体说来，符号互动论视野下关于学校中有社会化问题的学生研究主要包括三个方面：第一，"理解"越轨学生。研究者关注对越轨学生主观世界的理解和解释。在 Tattum 对 29 名上课违规学生的研究中，他发现，这些学生并不是要故意去违背规则或者破坏课堂，他们认为，有些事情是教师的责任，教师并没有尊重他们，或者并没有公平对待每一个学生，而学生在课堂上的有些行为不过是玩笑，并没有真正的恶意。❷ 这样的研究虽然以个案研究为主，但对

---

❶　Rosem A. A Syetematic Summary of Symbolic Interactionism Theory ［M］//A. M. Rose. Human Behaviour and Social Processes. R. K. P. 1962：5.

❷　Tattum D. Disruptive Pupils in Schools and Units ［M］. Chichester：Wiley, 1982.

于关注学生在学校生活中的真实想法、对学生做出正确的评价有着重要的意义。第二，"学生策略"（Pupil Strategies）研究。研究者关注学生如何通过越轨或者服从来确立自己的身份认同。麦哲和伍兹的研究表明，策略是由学生个人选择的，他们通过对情境的判断小心选择策略以实现自己的目的。他们发现，以初中生为例，学生初入中学学习，会有一个短暂的平和期，表现为对规则的遵守和对教师的服从。但两三个星期之后，学生开始展现出自己的优点或缺点，一些学生开始通过挑战学校的各种规则和权威重新确立自己在小学中的身份认同。❶ 第三，"教室中的互动"。研究者把师生之间或者生生之间的互动视为一个协商的过程。在这一过程中，师生以特定的方式对情境做出解释，既可能维持原有规则，也可能改变既定规则。以特纳的研究为例，他试图描述课堂中规则协商的过程。在协商中，学生可能会采用抱怨、退缩、拒绝等策略，每个学生都将根据情况使用不同的策略，教师努力"识破"学生的这些策略并采用自己的策略（坚持、威胁或者许诺等）。双方都努力影响对方使之赞同自己对情境的解释。无论教师还是学生，最重要的是在协商过程中获得支持。特纳认为，在课堂中有违规行为的学生所面临的困难是不能确定其他人对情境的理解是否与他们相同，所以不能确定在协商过程中能否获得支持。

虽然互动论对理解有社会化问题学生的主观世界有着重要的意义，但也存在一些问题。互动论的研究方法经常被质疑，实证主义批判互动论者对科学研究方法的绝对排斥，认为其缺乏一定逻辑，既没有基本的研究假设，也没有严谨的搜集数据方法。而现象学认为互动论对作为研究对象的教师和学生不够敏感，互动论所使用的有些概念是研究者强加的，而非研究对象真正使用的。此外，互动论所面临的最严峻的批判在于不承认互动论是一种理论。互动论既没有像功能主义那样对各方面原因做出解释，也不能像标签理论那样解释他人的反应。互动论往往只是展示了一个个具体案例中学生的感受、想法或者某些师生互动的细节。但是，无论互动论是一种描述抑或是一种理论，它确实提供了一个了解学校中有社会化问题学生的重要视角。

---

❶ Measor L. and Woods P. Changing Schools [M]. Open University Press, 1984.

表1-1 功能主义、冲突论以及互动论视角下的相关研究比较

	特点	代表人物	研究重点	研究目的
功能主义视角	强调社会化过程中个体对社会的适应过程	迪尔凯姆、帕森斯	原因分析	加强对具有社会化问题学生的控制
冲突论视角	强调个体社会化是个体与社会之间辩证冲突与强制的结果	科林斯、科赛	权力分析	关注如何改变规范的制定和执行
互动论视角	强调个体主动建构自我概念和实现角色目标的过程	库利、米德	解释	正确地评价和理解社会化问题学生

表1-1是对各理论流派对社会化与具有社会化问题学生相关研究的简单归纳。一直以来，对于个体社会化的研究，往往陷入二元论的矛盾之中，不是强调社会文化对个体社会化的决定作用，便是片面夸大个体社会行为发展过程中主体的能动作用，而争论的焦点主要集中于整体的"社会事实"与个体的"社会行动"之间。社会事实是由迪尔凯姆所提出来的，是"一切行为方式，不论它是固定的还是不固定的，凡是能从外部给予个人以约束的，或者换句话说，普遍存在于该社会各处并具有其固有的存在的，不管其在个人身上的表现如何，都叫做社会事实"❶，社会事实被看成物，具有客观性、强制性和普遍性；而韦伯则指出，个人的行动是一种社会行动，它的主观意义将其他人的行动考虑在内，并在进行过程中以此作为定向目标。❷ 可见，"社会事实"强调客观的制约，"社会行动"突出主观的意义。

功能主义关注社会环境对个体的作用与影响，强调社会化过程中个体对社会的适应过程，在一定程度上强调"社会事实"，突出社会对个体的客观性、强制性和普遍性。因此，有社会化问题的学生作为对社会规范违反的案例，研究者对此的关注强调于采用实证方法对其宏观原因的追寻，从家庭、学校和社会等各方面因素探讨其产生的原因。但是，研究的根本目的是为了通过原因分析对相关因素进行控制，保证社会化的顺利实施。

冲突论强调个体社会化是个体与社会之间辩证冲突与强制的结果，认识到冲突对个体社会化的积极作用。从个体社会化研究的常规"二元论"来看，

❶ ［法］迪尔凯姆. 社会学方法的准则［M］. 狄玉明，译. 北京：商务印书馆，1995：34.
❷ ［德］马克斯·韦伯. 社会科学方法论［M］. 李秋零，田薇，译. 北京：华夏出版社，1999：35.

并不能简单把冲突论归于其中一端。冲突论在方法论上有功能主义的痕迹，把批评的矛头指向了社会系统和社会结构，试图从宏观水平上对问题做出解释，但也并非完全忽略主观上的能动作用——否则个体只有顺从社会结构的安排，无法产生抵制进而出现冲突。但冲突论还是未能关注具体的日常生活，忽视了课堂中教师、学生在外部社会系统的干预下是如何进行抵制的。由此，冲突论视角下对有社会化问题学生的研究重点放在了规范秩序上，强调权力的关键作用，认为正是社会权力决定了规范的确立与执行。冲突论并不关心如何对有社会化问题的学生进行控制；相反，他们主要关注如何改变规范的制定和执行。

互动论毫无疑问更强调个体主观上的积极能动作用，所以社会化被视为个体主动建构自我概念和实现角色目标的过程。互动论认为，人类相互作用的特点在于人类不仅直接对彼此的活动做出"应答"，而且以自己赋予这种活动的意义为基础对彼此的活动做出反应，重视他人尤其是重视他人或群体所做出的否定性评价和处置措施对学生的重要作用。互动论研究目的既不是控制，也不是关注改变规范的制定和执行，而是进行解释，以促使人们正确地评价和理解学生。

第二章　中国课堂中的"问题行为学生"

谁是中国课堂中的"问题行为学生"？他们有什么样的具体表现和基本特点，教师是如何应对这类学生的？本章采用案例研究的方法，对中国教师眼中的 15 名课堂"问题行为学生"进行分析，从表现形态、基本特点和应对策略三个维度对我国课堂中的"问题行为学生"进行研究。

一、研究方法与过程

（一）研究方法的选择

一般来说，在决定采用任何一种研究方法之前都要考虑三个条件：（1）该研究所要回答问题的类型。通常所要回答的问题包括五个方面：什么人、什么事、在哪里、怎么样和为什么。❶ 实验法、历史分析法和案例研究法可用于回答"怎么样"和"为什么"，而调查法和档案分析法可用于回答"什么人""什么事""在哪里"和"有多少"。"什么事"之类的问题可能是探索性的（在这种情况下可以采用任何一种研究方法），也可能是关于范围、程度和频率的（在这种情况下，统计调查或档案分析会更适合）。"怎么样"和"为什么"的问题会更富有解释性，这类问题往往需要追溯相互关联的各种事件，并找出它们之间的联系，而不仅仅是研究它们出现的频率和范围。在对课堂中"问题行为学生"的研究中，首先是对其进行一个描述解释，而不是研究"问题行为学生"出现的频率和范围，以及他们如何就成了教师眼里的课堂中"问题行为学生"。究其实质，是要回答"怎么样"的问题。（2）研究者对研

---

❶　Hedrick T. Brickman L. & Rog D. J.. Applied Research Design ［M］. Newbury Park，CA：Sage，1993：23.

究对象及事件的控制程度。关于"怎么样"和"为什么"问题的研究，可以采用实验法、历史分析法和案例研究法。但是，当研究者可以直接地、精确地、系统地控制事件过程时，宜采用实验法。中国课堂中的"问题行为学生"，是一种既存的教育现象。研究者作为整个课堂教学的"局外人"，是无法对"问题行为学生"的产生和应对方式进行控制的，只能去观察了解教师和学生对课堂中"问题行为学生"的看法与观点；（3）研究的重心是当前发生的事，还是过去发生的事。能回答"怎么样"和"为什么"问题的研究，且研究者不能直接控制整个事件发生过程的可以采用历史分析法和案例研究法。历史分析法最突出的特色在于其可以用来研究已经成为历史的事件，也就是适用于没有相关人员能展示或者报告事情时以及研究者必须用原始资料、第二手资料或者传说、故事、历史文物作为主要依据时。而案例研究法适合用于研究发生在当代但无法对相关因素进行控制的事件，它比历史分析法多了两种重要的资料来源：一是直接观察事件过程；二是对事件参与者进行访谈。很显然，课堂中的"问题行为学生"是一个当前生活中的现实问题，研究者虽然无法对其进行控制，但可以对其进行观察并做相关访谈。综上所述，案例研究适合于研究的问题类型是"怎么样"和"为什么"，研究对象是目前正在发生的事件，研究者对于当前正在发生的事件不能控制或极少能控制。❶ 根据本研究的问题和特点，对课堂中"问题行为学生"采取案例研究的方法。

对于案例研究，需要指出的有两点：其一，案例研究经常受到质疑的一个基本问题就是"怎么能单从一个或几个案例中归纳出这个结论"。由于各方面的限制，在对课堂中"问题行为学生"个案选择不可能太多，既不可能遍布整个中国，也不可能有太多数量的"案例"（这样可以直接采用调查研究法）。从统计概率上，似乎难以得出一个能体现中国课堂中"问题行为学生"的相关结论。但事实上，进行案例研究的主旨并不仅仅在于某一个或者某几个"样本"，其目的"是归纳出理论（分析归纳），而不是计算频率（统计归纳）"❷。其二，案例研究是一种实证研究，但不能把案例研究与"质性研究"相混淆。案例研究是在不脱离现实生活环境的情况下研究当前正在进行的现

---

❶❷ Robert K. Yin. Case Study Methods. Handbook of Complementary Methods in Education Research [M]. Mahwah：Lawrence Erlbaum Associates，2006：112.

象，待研究的现象与其所存环境背景之间的界限并不十分明显。"质性研究"强调研究者近距离地、详尽地观察自然世界，并极力避免被任何事前设定的理论框架所束缚，"质性研究"并不都表现为案例研究。相反，案例研究可以基于定性材料，也可以基于定量材料，或者同时采用定性材料和定量材料。在本文中，对课堂中"问题行为学生"的研究主要通过访谈和观察来实现，而较少应用定量材料。

（二）研究过程

案例研究设计一般包括三个基本步骤：第一，界定案例的分析单位；第二，确定单案例研究或者多案例研究；第三，决定是否以某种理论视角为依据来进一步收集案例的相关数据。❶ 除此之外，还应对所收集的案例资料进行一定的分析。据此，对中国课堂中"问题行为学生"的研究具体步骤如下：

第一，界定案例分析单位——初中课堂中的"问题行为学生"。根据本研究的目的和问题，可以明确单个的个人——课堂中的"问题行为学生"是案例研究的分析单位。但是，仍需要对分析单位的具体条件做详细界定。学生作为一个广泛的称呼，包括从幼儿园、小学、中学到大学的所有受教育者。本研究认为，初中学生所处的阶段正是社会化的关键时期，是世界观、人生观和价值观形成的重要时期，这是一个从幼稚的童年期向成熟的成人期的过渡时期。学生在初中阶段逐渐产生一定的独立自主意识，开始有自己独立的思考和判断能力，但并没有完全形成真正的判断和自主能力，有很多想法和做法比较偏激和片面。因此，相对而言，初中课堂中的"问题行为学生"更为典型。所以，本研究把初中课堂中的"问题行为学生"作为案例分析的对象。

第二，确定多案例研究中的研究个案。单个案例研究，需要选择比较极端、唯一或者极具有启示性的案例。对本研究来说，一方面，这种具有唯一性的案例不易选择确定；另一方面，多个案例在一定程度上具有重复性，更容易解释一些问题。所以，本研究采用的是多案例研究。

案例全部来自北京市朝阳区一所普通初级中学 S 中。S 中是一所城市初中学校，选择 S 中，一方面，是因为它作为一所普通中学在一定程度上代表了北

---

❶ Robert K. Yin. Case Study Methods. Handbook of Complementary Methods in Education Research [M]. Mahwah：Lawrence Erlbaum Associates，2006：114.

京市初中的平均水平；另一方面，是因为研究者"我"在该校多次参与听课评课，并给教师们做过两次讲座，与该校校长、党委书记等校级领导比较熟悉，普通老师也认识我，所以我有较多的机会去了解该校教师课堂教学情况。

具体而言，研究的个案来自四个班级，初一（4）班、初二（2）班、初二（4）班和初三（3）班。对这所学校来说，每个年级的学生在初一的时候就被固定分成6个班。一般来说，一班和二班是学校英语特长班，招收全年级最好的学生；三班和四班是数学班，属于中等；五班和六班相对来说是年级最差的班级。但据学校领导介绍，由于教师尤其是班主任的问题，不同班级学生的发展不一样，导致班级排名结果发生变化。

殷曾指出，在案例研究过程中，应尽量通过多种渠道收集相关数据，对同一事实从不同的角度去了解。档案、文献、访谈、观察等都是收集数据的重要方式。需要强调的是，案例研究的数据收集既包括质性的研究也包括量化的调查，但结合本研究的题目和目的，故以质性研究为主。由于课堂中"问题行为学生"并不是一种显在的客观事实，而是贴标签的结果，所以具体的研究对象很难直接被确定。由此本书将直接的课堂观察与对教师的访谈结合起来，在尽可能了解学生情况的基础上确定研究对象。

在与教师访谈之前笔者会先到一个班级观察课堂一个星期。作为一个陌生人，进入一个彼此已经相当熟悉的固定群体之内观察课堂，有一个"入场"的过程。在我未进到各班之前，班主任一般都已经认识我，所以初到不同的班级教师有不同的介绍我的方式。在初三（3）班，据校领导说这个班在初一、初二的时候班主任管理不当，班风不太好，曾经出过几个全校闻名的"问题行为学生"。初三时换了一个新的班主任，班风有所好转。我进这个班级时正是课间操时间，班主任安排我坐在教室后面，给学生介绍说"学校看我们班最近表现比较好，专门派了一位博士来咱们班听课"。有学生接着问道"为什么不让博士坐前面"？班主任回答"你要坐博士后面那你岂不是博士后了"？学生顿时非常兴奋，对我也很好奇。班主任私下跟我说，这样介绍我，会让学生们表现得更好点。在初二（4）班，第一天去听课，老师并没有正式介绍，学生也以为是一般听课的老师。第二天再去，学生非常热情，几个女生拼命地拉着我说"老师，坐我旁边，您听课的时候坐我旁边吧"。原来班主任趁我不在教室的时候给学生介绍了一下我的"博士"身份。在初二（2）班，班主任上课之前很正式地给同学介绍我"这是杨博士，她到我们班上来听课。如果大家有什么心里话不方便跟我说的也可以跟她说",学生鼓掌表示欢迎。但初一(4)班的班主任是位第一次当班主任的体育老师,很少到班里去,一般只会在晨练和最后放学的时候去一下班里。所以,班主任一直没有向学生正式介绍过我的身份。除了初三(3)班班主任安排我坐在教室后面之外,其他班主任对于我的座位表示由我自己选择。我一般会坐在教室的最后方便观察课堂,偶尔坐在教室最前面的一角。

通过初步观察,每个班级课堂上表现"特殊"的学生已经引起我的关注。在此基础上,对班主任进行访谈进一步确定研究对象。一般而言,班主任是本班学生信息汇集的"中心",相较于其他学科老师,班主任对整个班级的情况了解更全面,对学生信息把握也更准确。需要指出的是,课堂中"问题行为学生"是教师贴标签的结果。所以,在确定具体研究案例过程中,教师对学生的介绍与评价起着至关重要的作用。可以说,本研究中所有中国课堂中"问题行为学生"案例主要来源于教师的"界定"。最终,结合班主任教师对其眼里"问题行为学生"的介绍我确定了15个研究案例。

第三,决定是否以某种理论视角为依据来进一步收集案例的相关数据。对于课堂中"问题行为学生"这一现象的描述解释,事实上本研究并没有形成一个系统的理论假设。因此,对于案例数据的收集,在初步确定研究对象之后。一方面,我继续观察课堂,被确定为研究对象的学生成为我观察的重点;另一方面,由于我的"专家"身份,我在学校有一个单独的办公室,所以在休息时间,我会约好研究对象、班主任、其他老师和同学到我的办公室做进一步的访谈。在不被打扰的情况下,有利于我获得更多的关于研究对象的信息。由于涉及四个班级,所以我通常在一个班级确定研究案例和收集案例相关数据之后,再开始对另一个班级进行同样的步骤。往往是刚刚跟一个班级的教师学生相处得越来越熟悉,就得"转"到下一个班级,这在一定程度非常不利于研究的延续性。

第四,研究资料分析。对案例分析一般主要采取三种策略:依据理论支持观点、在竞争性解释的基础上建立框架、进行案例描述。对本研究而言,虽然对案例研究的内容有一个大概的预设,但并没有形成一个系统的理论假设,更缺乏竞争性解释。因此,这部分对研究资料的分析以案例描述为主。具体说来,首先是对每一个"问题行为学生"案例的相关观察访谈资料进行整理,中国课堂中"问题行为学生"以 CS(Chinese Student)为代号〔以下简称

（CS）]，从 CS1 到 CS15。然后依据基本概念对研究资料进行编码，最后是在编码的基础上抽离出研究主题并对资料进行归类。具体说来，从以下三个主题对案例进行描述分析：①中国课堂中"问题行为学生"的具体表现与分类；②中国课堂中"问题行为学生"的基本特点；③中国教师对课堂中"问题行为学生"的应对方式与处理程序。

二、研究结论

（一）中国课堂中"问题行为学生"的具体表现与分类

对于课堂中"问题行为学生"的具体表现，已有不少研究做出相应分析。心理学家瑞格等人曾根据 1020 个课堂片段分析出学生问题行为的具体表现，其中最普遍的问题行为及其比例为：大声说话（38%）、思想开小差（24%）、讲废话（23%）、不恰当地使用教材和设备（20%）、吃零食（12%）、随便走动（11%）、小动作（9%）、故意大小（6%）、打架（5%）、弄坏课本或设备（1.5%）、不听从教师（1.5%）、侮辱同学（1.5%）、侮辱教师（1%）。库宁的研究也表明，有 55% 的课堂问题行为属于上课时谈话、喧哗，有 26% 属于上课迟到和不做功课、上课任意走动等，另有 17% 属于不专心上课、看无关的书籍等。❶

本研究无意于对不同的问题行为做具体的调查统计，但北京 S 中教师的介绍与描述、研究者"我"所做的课堂观察以及访谈中学生的自我陈述在一定程度上都反映了这些被教师视为课堂中有"问题行为"的学生的"问题"所在❷。需要指出的是，有"问题行为"的学生并不必然地具有学业方面的问题，在教师对有"问题行为"学生的"介绍"中不乏成绩中等甚至优秀者。

---

❶ 李维. 课堂教学技能［M］. 贵阳：贵州人民出版社，1988：229.
❷ 事实上，这些有"问题行为"的学生的"问题"并不仅仅局限于课堂之内。学生"在学校抽烟""骂人""有点心理问题"等都已成为不局限于课堂之内的问题。虽然学生课堂内外的行为表现也有着紧密的联系，学生的"问题行为"具有一定的连贯性，但若研究毫无聚焦地看待这些"问题行为"，太强的发散性和多样性并不利于本研究的分析。而且，从教师的描述中可以看到，每个学生在课堂中表现出的"问题行为"成为教师关注的重点。因此，本研究对"问题行为"的具体内涵分析主要聚焦于课堂之内。

有研究者明确指出，应避免以学习成绩作为划分有"问题行为"的学生的标准❶。因此，在研究课堂中的"问题行为学生"时，也应该与学业不良学生区分开来。从具体的行为表现上说，我国课堂中的"问题行为"的学生可被分为四种类型❷：

第一，在课堂上故意做出滑稽怪异的行为以惹人关注的"问题行为学生"。这类"问题行为学生"总是力图通过某些特殊的行为来引起他人的注意。CS7 是这类学生的典型代表。CS7 的班主任教师对他的描述是：

> 他总想引起别人注意，比如上课大家都坐着，老师也没有过多搭理他，他偏得做件事情，让大家都认识他，让别人的注意力都转移到他身上来。比如他上英语课回答问题，他会先站起来，然后转一个圈，然后再回答问题，把英语老师气得啊。我上课的时候，只要他感觉我今天情绪比较好，就会说'老师，您看吧，就这个问题，您听一下我怎么跟您说啊……'这样一说他整节课都不安宁。就连上体育课，老师叫站直了，他都能东倒西歪地让老师气得把他拎出来。

在课堂上，研究者发现 CS7 不断接教师"话茬"，几乎每个问题都试图回答，虽然大多数时候他回答的内容与问题相差甚远，令人啼笑皆非。偶尔一次 CS7 上地理课趴在桌子上，却被教师认为是"好事情"，因为地理教师说"他（CS7）要不趴着，这一堂课都闹腾得不行"。在访谈中，CS7 曾说自己在小学时是"班上的中心人物"，因为自己经常在课堂上说一些"比较搞笑、比较幽默的话"来"让大家高兴"。这种故意做出惹人注意行为的学生，虽然不一定是有意去扰乱课堂教学活动，但也给教师带来了不少"麻烦"，所以被教师视为课堂中"问题行为学生"。

---

❶　李惠芬. 拥抱迟升的朝阳——浅谈对有"问题行为"学生的教育转化［J］. 科技信息，2007（29）：394－395.

❷　对于具体表现形态，研究者参考了关于课堂中问题行为分类的相关研究。中外研究者多把课堂中问题行为分为外向型和内向型两大类。以美国学者 Kenneth Shore 为例，他认为，课堂问题行为可分为两大类：外向型问题行为，即攻击型，包括故意惹人注意的行为、扰乱秩序的行为、攻击和盲目反抗权威的行为等；内向型问题行为，即退缩型，包括注意分散行为、退缩行为、神经过敏行为、不负责任的行为、抗拒行为等。但结合本研究的具体案例，本研究者认为，对于具有外向型问题行为的学生来说，盲目反抗权威往往是在学生做出惹人注意或者扰乱秩序的行为之后师生冲突加剧的结果；而案例中具有内向型问题行为的学生则主要表现为课堂中注意力分散和行为退缩。因此，本研究将课堂中有问题行为学生的具体表现分为四种类型。

第二，在课堂上高声喧哗、与其他同学说话甚至与教师争执等扰乱课堂秩序的"问题行为学生"。这类"问题行为学生"在课堂上的行为会干扰教师的教学，影响其他学生的学习。以 CS1 为例，CS1 是初三学生，他被安排坐在教室后面的角落。虽然在研究者所观察的课堂上，由于 CS1 提前被班主任警告要"保持安静"，所以 CS1 一般都只是在课堂上翻翻课外书或者睡觉。但班主任教师对 CS1 的描述是：

> 他上课有的时候在睡觉，有的时候在吃东西，还有的时候唱歌，哼哼唧唧的。还会上课吹气球，"砰"的一声把全班都吓一跳。上课的时候有些东西拓展，他觉得那些东西他了解，肯定不是学习上的东西，一点关系也没有，他就在那里胡说了，而且他说话嗓门特别大，他一说话声音能把全班都盖起来，然后全班就只有听着他说。然后老师一个劲地说"CS1，你别说了，别说了"，他跟听不见一样。

CS1 曾在课堂上与教师发生过争执，把语文教师当堂气哭，成为全校闻名的"问题行为学生"。事实上，CS1 在课堂上的行为并不一定是以反抗教师权威为目的，但其干扰课堂秩序行为容易被教师视为对其权威的一种挑衅，进而激化师生之间的矛盾，造成课堂上的师生冲突，严重影响了正常的课堂教学活动。

第三，在课堂上心不在焉、胡思乱想、发呆等注意力分散的"问题行为学生"。上课注意力不集中是大多数"问题行为学生"共有的"问题"。在课堂中，经常见到"问题行为学生"发呆、看课外书籍、自己写写画画等。

"上课心不在焉""胡思乱想""发呆""神游""睡觉"是教师们描述课堂中"问题行为学生"的常用词汇。比如"CS8 上课总是抿着嘴笑，脸红红的，也不知道在干什么，上课不喜欢抬头看黑板。""CS2 上课经常坐在那里发呆，实际上根本就没有听。""上课时 CS4 就不是那种特别上心的，老师说什么，好像跟他无关一样。""CS13 上课玩东西，也不言语也不说话，但会在本子上面画得乱七八糟，有时候一个小碎纸片能够玩一节课。"

不少学生自己也承认上课的时候会"走神"，CS10 说"老师讲我不感兴趣的话题或者我会了的时候，我就玩，玩着玩着就走神了。老师叫我我都不知道，我老往窗外看，然后同学就叫我，'CS10，赶紧站起来了，老师叫你了'"。在课堂上，当学生有比较明显的、持续时间较长的注意力分散行为时，他们实际上已经游离于课堂教学之外，所以极可能会被教师划入"问题行为学生"行列。

第四，在课堂上害怕提问、沉默寡言、孤僻离群等具有退缩行为的"问题行为学生"。这类具有退缩行为的"问题行为学生"多为女学生，以 CS9 为例。CS9 是一个相当内向的学生。研究者在课堂观察的过程中，几乎从来没有见到 CS9 主动在课堂上说过一句话，即使当教师点名让 CS9 回答问题时，她也总是站起来低着头不说一句话。教师说 CS9，"在学校里基本上见不到她说话"。"有时候也会跟班上个别同学聊两句，但总体来说接触特别特别少。上课让她回答问题，声音特别小，根本听不见。"访谈中，CS9 坦言不喜欢跟班上同学说话，"一般我不太喜欢在班上说话，我不想说，说了有什么用，让其他人知道我想什么有什么用？也没有什么意义"，CS9 认为"跟他们（班上其他同学）说的时间还不如写作业呢"。过于孤僻、不愿意交流的学生，让教师很难了解其真正的想法。

如表 2-1 所示，这四个方面只是从行为角度对中国课堂中"问题行为学生"的一个基本分类。第一类和第二类"问题行为学生"可视为外向型"问题行为学生"，第三类和第四类学生可视为内向型"问题行为学生"。

表 2-1　中国课堂中"问题行为学生"的具体表现与分类

	类型	具体表现	典型案例
外向型 "问题行为学生"	1	通过某些特殊的行为来引起他人的注意	CS7
	2	在课堂上高声喧哗、与其他同学说话甚至与教师争执等行为，比较严重地扰乱课堂秩序	CS1
内向型 "问题行为学生"	3	上课注意力分散	CS10、CS8
	4	在课堂上害怕提问、沉默寡言、孤僻离群等具有退缩行为	CS9

但是，对上述分类与描述需要强调的三点是：

第一，对中国课堂中"问题行为学生"具体表现的分类并不是绝对的，任何理论上的分类都只是为了研究的便利。在社会科学的具体实践中，很难存在着绝对的类型划分。正如前文中像对已有文献的分析中所指出的一样，"问题行为学生"往往具有两种或两种以上的问题。对于具体案例而言，一个学生并不是绝对的只存在某一种问题，比如 CS1，他在课堂上"睡觉""吃东西""高声喧哗"既是一种注意力分散的表现，也干扰了课堂秩序。但是，在研究过程中，以学生表现出来行为的主要问题作为其划分的依据。

第二，教师和学生之间的矛盾与冲突只是学生上述行为的一种结果，而不是"问题行为学生"的具体表现内容。在研究过程中，研究者发现几乎每个"问题行为学生"都遭遇过师生之间的矛盾与冲突，在课堂中表现为师生之间的争执、教师对学生的批评与偏见。但这种矛盾和冲突并不能作为中国课堂中"问题行为学生"的具体表现内容，而只是由学生这些行为表现所引发的某种结果，只不过这种作为"冲突"的结果可能进一步加剧了学生在课堂中的"问题行为"。所以，教师与课堂中"问题行为学生"之间的矛盾和冲突并不被纳入到对问题行为学生的具体表现中来讨论。

第三，正如在对课堂中"问题行为学生"概念界定中所强调的，表现出上述"问题行为"的学生并非都是课堂中的"问题行为学生"。"问题行为学生"是教师贴标签的结果，所以，在课堂中可能会有很多学生都具有上述的问题行为表现，但只有那些被教师认为是"问题行为学生"的学生才是本文的研究对象。所以，中国课堂中的"问题行为学生"表现为上述四种问题，但具有上述问题行为的学生并非都是课堂中的"问题行为学生"。

（二）中国课堂中"问题行为学生"的基本特点

从已有案例的特点上看，中国课堂中"问题行为学生"的年龄、性别、家庭背景以及课堂中的具体表现各不相同，要归纳中国课堂中"问题行为学生"具体内涵并不容易。但值得注意的一点是，从学习成绩的角度来看，这些被中国教师视为课堂中"问题行为学生"的学生并非都属于学业失败者。虽然案例中有很多个案属于学习成绩偏差的学生，但是，CS8 和 CS9 学习成绩中等，CS10 和 CS15 甚至属于学习成绩优秀的学生。斯法德从学生以何种方式学习以及参与者是个体还是共同体的角度区分了两个学习的隐喻：获得隐喻（Acquirement Metaphor）和参与隐喻（Participation Metaphor）。获得隐喻将学习视作个体学习者获得知识的过程，这个获得的过程可以通过传统的接受模式进行，也可能是一个积极的"建构性的"过程。参与隐喻则强调社会共同体和社会互动的作用，因而将学习看作一个参与多种文化实践和共享性的学习活动的过程，而不仅仅是个人知识的形成过程。❶ 学习成绩，在一定程度上是衡

---

❶ Sfard A. On Two Metaphors for Learning and the Dangers of Choosing Just One [J]. Educational Researcher, 1998 (27)：4 – 13.

量学生个人知识获得的标准。若成绩不是评判课堂中"问题行为学生"的标准，那么，这说明教师将课堂中学生的学习更多的视为一种参与，对课堂中"问题行为学生"的界定是从参与的视角加以判断的。因此，在对中国课堂中"问题行为学生"具体特点的分析中，也从这一角度去看这些不同案例的共同之处。

对课堂教学的参与，并不是要列举多少来源的参与者，而是要强调这些参与者之间的关系。没有互动的单向信息传输不是严格意义上的交流。从根本上说，只有在一个参与者的行为与另一个参与者的行为产生了相互影响作用时，才算是真正的参与。这里对中国课堂中"问题行为学生"参与情况的分析，主要从"参与时间"与"参与结构"两个维度进行❶。

1. 时间维度：中国课堂中"问题行为学生"参与课堂教学活动的时间有限

对学生参与课堂教学时间的研究是一种量化分析，我国研究者曾琦在对北京市一所小学学生进行深入的调查研究中指出，"按照学生每堂课参与教学活动，有效利用课堂时间的平均水平推算，一天之内，他们因不参与而浪费的时间就达 2 节课，累计一周则要浪费 10 节课。更值得注意的是，好、中、差三类学生在课堂参与的时间方面存在十分巨大的差异。"❷ 本研究并不强调量化分析，因此无法对案例中学生对课堂教学的参与时间有一个精确的统计。但是，在研究过程中，无论教师还是学生，在对上课的基本状态都有一个描述，我们可以从这些描述中判断"问题行为学生"参与课堂教学的时间。

教师在对"问题行为学生"进行描述时使用频次较多的词就是"上课不听"，比如教师提到 CS3 上课"老师讲的时候根本不认真听"，CS14 "上课基本不听"，具体表现为"发呆""神游""睡觉"等。而"问题行为学生"对自己课堂状态所使用较多的词则是"犯困""走神""不想听课"，CS1 "困了就睡，不困就听，听也听不进去，听了烦，跟听天书一样"，CS8 是"有些课也会走神，有时候一讲得太深走神就走得厉害"，CS14 甚至觉得"上课不可能

---

❶ 在研究者看来，时间体现的是一种相对变化、纵向的维度，而结构则体现了一种相对静止、横向的维度。因此，对中国课堂中"问题行为学生"的分析从这两种变化与静止、纵向与横向的维度进行解释。

❷ 曾琦. 学生课堂参与现状分析及教育对策——对学生主体参与观的思考 [J]. 教育理论研究与实践，2003（8）：42－45.

一直在那坐着"。睡觉、听不懂、走神、搞小动作、玩东西、与同学聊天、传纸条、做其他科作业、看课外书等这些行为在一定程度上反映了学生对课堂教学活动的低参与度。

但需要注意的是，教师对"问题行为学生"课堂表现的描述虽然与这些学生的自我描述有一定的一致性，但师生对这种低参与度状态的频率用词不完全一样。中国教师在描述"问题行为学生"课堂上低参与度时所使用的频率用词是"基本""总""经常"，但几乎每个"问题行为学生"在对课堂中自己不能积极参与到课堂中所使用的频率用词是"有时候"。这说明教师眼中"问题行为学生"参与课堂教学活动的时间更为短暂。这一方面可能是由于学生对自己课堂上低参与度加以掩饰的结果，但另一方面也不排除教师在刻板印象的基础上对学生课堂中低参与度的一种夸大。概而言之，无论是"总是"，还是"有时候"，"问题行为学生"真正参与课堂教学活动的时间都很有限。

2. 结构维度：中国课堂中"问题行为学生"对不同参与结构的参与不够

凯兹顿用"参与结构"这个概念来指"在'谁能够说什么、什么时候说、对谁说'这些问题上，参与者所拥有的权利和承担的义务"[1]，并归纳了学校中四种典型的参与结构：一是教师同时与整个班级互动；二是教师与学生在小组中互动；三是教师和单个学生之间的互动；四是学生与教师和其他同学进行互动。单纯每一种参与结构都是不足的，各参与者之间的互动都是必不可少的，包括学习者之间的互动，而且这种互动要出现长期的、自然的、和谐的、互利的态势，才有可能构成一个具有高度认同性的课堂教学。对课堂中的"问题行为学生"而言，最直接的参与结构包括两个方面：一个是课堂中"问题行为学生"与教师的互动；另一个是课堂中"问题行为学生"与其他学生之间的互动。从案例研究中可以发现：

（1）"问题行为学生"对师生之间的互动参与不够。

现代教学论指出，教学过程是师生交往、积极互动、共同发展的过程。没有交往，没有互动，就不存在或未发生教学。所以，师生互动是课堂教学的一个重要组成部分。从凯兹顿对学校中参与结构的分析中可以看出，课堂上师生

---

[1] Richardson V. Handbook of Research on Teaching [M]. Washington: American Educational Research Association, 2001: 961.

互动的方式有两种：教师与学生群体的互动、教师与学生个体的互动。因此，课堂中"问题行为学生"既可以作为学生群体中的一员与教师进行互动，也可以作为单独的个体在课堂上与教师进行互动。事实上，当"问题行为学生"在课堂上"走神""不听课"或者做其他与课堂教学活动无关的事情时，就已经脱离了教师与学生群体的互动范围。作为个体的学生，与教师的互动主要通过学生个体回答教师提问得以实现。因此，学生在课堂中回答问题情况在一定程度上体现了教师与学生个体互动的参与程度。

从观察和访谈的结果来看，除了CS7上课能够很积极地举手发言以外，其他"问题行为学生"都不会主动在课堂上回答问题。教师提到这些学生，"上课都不认真听，别说主动举手回答问题，就是点名让他回答他都不知道答什么"，学生自己也提到"一般不回答问题""除非有谁逼我""根本不举手"。至于为什么不愿意回答问题，主要有三个原因。其一，因为"不会"而不能回答。由于在课堂上的"走神"和"发呆"，很多"问题行为学生"对教师的提问并不能给出相关答案，甚至有学生说走神的时候"我都不知道他（教师）问的什么问题"。也有学生坦言，在自己的一些弱势学科上，由于基础太差而不知道怎么回答问题，比如CS3，"我的英语基础没打好，所以我从来不在英语课上回答问题，（英语）老师知道这点，她也不会在英语课上点我回答问题"。其二，怕回答错误而不愿意回答问题。在对学生的访谈中研究者发现，许多"问题行为学生"都提到自己在小学课堂上能够积极回答问题，到中学课堂上反而选择沉默，正如CS4所说，"现在变了，上中学之后就不怎么发言了。其实也不是不愿意，也不是不会，但是怕说错。小学那时候可能不懂事，不管对不对都说，不怕说错。"积极回答问题可以提高学生在课堂上的注意力，当学生因为害怕回答错误而不愿回答教师提问时，在一定程度上会影响学生对课堂的参与程度。其三，被教师取消了"话语权"。为了避免学生对课堂秩序的干扰，教师对某些"问题行为学生"的话语权直接"压制"或者"取消"。所以CS1说，"我在课堂上是不发言、不说话的，我要是不保持沉默我们老师就该说我捣乱了。"当学生不得不在课堂上保持沉默时，他们是不可能积极参与到与教师的互动中的。

作为"特殊案例"的CS7，虽然在课堂上频繁举手发言，但往往给出的信息与教师的提问有很大出入。例如有一次语文课上讲到并列短语与偏正短语，教师以"盐和柴"与"老舍的作品"为例子，让学生看看这两个短语有什么区别，CS7 积极主动地举手回答道"'老舍的作品'与'盐与柴'不同的地方在于前者多了个'老舍'"。正如 CS7 自己曾经说道，"我发言还算积极吧"，但为什么会这么积极地去发言，"因为我得展现一下自己会了，我要不展示谁知道我会了呢。"所以，他在回答问题时，常常是"管它会不会，站起来就行了"。即使是他能够积极主动地去回答问题，但其行为本身只是为了"展现自己"来吸引他人注意，而不是一种真正的师生互动。

在课堂观察中研究者发现，当学生不愿意主动回答问题时，教师会用"点名"的方式指定学生让他们回答。但在访谈过程中发现，虽然有学生说"老师叫我答的时候也能答"，但有时候学生连"教师问什么问题都不知道"，所以"站起来不会说了，就那样站着"。在学生不能积极参与到师生互动中时，教师通过"点名"提问的方式虽然可以提高学生注意力，但效果有限。综上所述，"问题行为学生"并未真正参与到课堂中的师生互动。

（2）"问题行为学生"对学生之间的互动参与不够。

在课堂教学中，学生之间的互动主要有两种方式：一种是在教师与学生群体互动过程中，学生彼此之间会存在一种互动模式，比如班级讨论。其他学生与教师的互动也会间接影响到学生个体，形成一种学生之间的间接互动模式。但是，对于研究中的"问题行为学生"，当他们在课堂上"走神""不听课"或者做其他与课堂教学活动无关的事情时，就已经脱离了教师与学生群体的互动范围。在师生的群体互动中，他们既没有积极地与教师进行互动，也没有与其他学生有着真正的相互影响。另一种比较典型的学生之间的互动方式就是小组合作学习。小组合作学习对学生的认识发展和社会性品质的发展具有重要意义。学生可以在相互交往中交流信息、开阔思路、探讨方法、沟通感情，而且，这种交往是双向互动的，具有平等性和非强制性。但是，吴康宁等人对中小学课堂调查的研究表明：在有限的课堂教学交往中，师生的交往占据了总体的 93.2%，而学生之间的交往只占 6.8%。

在对中国课堂中"问题行为学生"的研究中，研究者"我"发现，当我以"专家"的身份走进课堂、对课堂进行观察的初期时，教师会频繁使用小组合作学习方式。但是，一旦研究者"我"与教师逐渐熟悉，"专家"身份逐渐模糊，小组合作学习便慢慢在课堂中"消逝"而不见踪影。从某种程度上说，小组合作学习成为一种应付观察者的"表演"。教师自己也承认"虽然小组合作学习很好，但太费时间了"。学生在访谈中坦言课堂中的小组合作学习并不多，CS7 直接说"小组讨论不多，也就有人来听课的时候咋呼一下，其实讨论什么啊，平时很少讨论，一讨论 20 分钟，那老师还讲什么啊"。所以，从教师对教学活动的组织形式上看，小组合作学习作为学生之间重要的互动形式本身并不被教师真正重视。

在课堂小组合作学习过程中，"问题行为学生"表现为两种态度，一种是选择沉默、不参与的态度。研究者观察到 CS2、CS8、CS9 在课上所有的小组讨论过程中都一言不发，仿若旁观者，既不会去注意倾听他人的发言，也不会主动表达自己的观点。CS1 和 CS3 在访谈中也说道"我不会，我也不讨论""我顶多听人家说一下，我不发言"。这类"问题行为学生"直接表明自己很少参与到小组合作学习中。另一种是形式上的积极参与。比如 CS7，小组讨论中他的声音最高，说的话最多。CS4 和 CS14 在访谈中也提到"我在小组内说话比较多""我小组发言很多，几乎每次都我一个人说"。但需要注意的是，虽然这些学生会在小组合作学习过程中发言，但是否真正地参与到了相关主题讨论仍是一个需要质疑的问题。CS4 无论是在教师还是在他的自我描述中，都是一个特别爱在课堂上睡觉的学生，也是在集体教学活动中相当沉默的学生，为什么会喜欢在小组中发言？CS4 的解释是，"小组讨论中想说什么就说什么"。CS14 是一个"上课喜欢跟同学讲话""上课不能一直坐在那里"的学生，小组讨论无异于给他提供了一个很好的说话的机会。CS7 在小组中讨论的内容往往与主题无关。这些都表明，形式上的参与并不等于实质上的参与。CS10 曾经这样描述过，"小组讨论，就是聊天，嗯，当然也不是完全聊天，就是讨论完了就开始胡聊"。所以，"问题行为学生"对这种以小组合作学习为方式的学生之间的互动参与程度并不高。

从上述分析可以看出，中国课堂中"问题行为学生"的一个基本的共同点在于他们没有真正参与到课堂教学活动中。❶ 现代教学论认为，课堂教学过

---

❶ 对于如何衡量学生对课堂教学活动的参与程度，并没有一个统一的标准。有研究者认为可以从三个方面考虑：第一，学生参与的时间和广度，包括学生主动活动的总时间、学生独立思考和个别学习的时间；第二，学生参与他人的合作，学生参与小组学习的时间、次数和小组学习讨论；第三，学生参与高水平的认知活动，在问题解决中学习。河南省有关教育研究机构总结出五个方面：看参与的主动性如何；看参与的深度、广度如何；看学生在学习过程中的交往情况；看学生在学习过程中的智力活动情况、情感体验情况；看学生在学习过程中的发展情况。从教育实践上看，不同教师对不同课堂中不同学生参与程度也有不同的评价标准。本研究根据对案例研究中所搜集的相关资料归纳出三个方面。

程是师生共同探索新知的发展性活动体系，学生作为与教师平等的主体，不是在教学中被动地接受外界的影响，而是在与教师的交往中积极主动地去选择、形成和建构自己的知识体系。"学生的主体参与，体现了教学过程中科学实践观和主体能动性的统一。"❶ 对个体学生而言，课堂参与反映了学生对课堂教学活动的正向态度，表现为在情感、思维、行为等方面对课堂教学活动的全面投入情况。参与度高的学生通常表现为，不仅具有明确的参与目的，以此影响学习的方向、进程和对结果的解释，而且具有良好的思维能力，特别是创造性思维能力和动手实践能力，学生有自己独到的见解，敢于冒险，不断超越自我，有较好的创造性。对课堂活动参与程度低的学生，只能表现为等、听、看的观望态度，注意力不集中，只是消极模仿或进行重复性行为，被动地回答老师的问题，甚至出现"走神""做小动作""随便讲话"等行为。就从这些"问题行为学生"的具体表现来看，无论是干扰课堂秩序、故意做出惹人注意的行为，还是课堂上注意力分散、行为退缩，都可以被视为学生对课堂教学活动的参与度不高。学生对课堂教学活动参与时间不长，对师生互动、学生之间互动参与度较低。所以，我国课堂中的"问题行为学生"实质是没有真正参与到课堂教学活动中来的学生。但需要强调的有以下两个方面：

第一，在以往研究中，往往把学生的参与分为"主动参与"与"被动参与"。主动参与，是如罗戈芙所说的两个基本过程：一是意义的相互沟通，相互理解发生在互动的人之间而非某一方，在交流和共同活动的过程中，每个参与者的观点都不断加以修改以进行交流和协调；二是参与结构的相互影响，即在对方参与哪些形式的活动方面，参与的各方是相互规定的。❷ 被动参与，是学习者"执行将学习内容分解的操作"，是"对于知识片断的记忆和大量重复的操练"。❸ 很显然，中国课堂中的"问题行为学生"没有主动参与到课堂中，不仅如此，教师对学生"上课不听"的断定是对"问题行为学生"在课堂教学中被动参与的否定，像马维娜所描述的，"渴望进场，却被排除在场外；虽在场内，却不能被接纳；表面在场，实际上并不在场；物理场的在场，意义场

---

❶ 裴娣娜. 现代教学论 [M]. 北京：人民教育出版社，2005：276.

❷ Rogoff B. The Cultural Nature of Human Development [M]. New York：Oxford University Press, 2003：283.

❸ 郑太年. 学校学习中知识意义的缺失与回复 [D]. 上海：华东师范大学，2004：114.

的不在场"❶。

第二，并不是所有不参与到课堂教学活动中的学生都是"问题行为学生"。"不参与到课堂教学活动"是"是否成为课堂中问题行为学生"的必要条件而非充分条件。❷ 在研究中发现，一方面，所有"问题行为学生"案例的共同特点是没有真正参与到课堂教学中；另一方面，除此之外，还存在许多其他问题，比如有些"问题行为学生"学业成绩较差或者成绩下降很快、与教师发生比较激烈的冲突等。多种因素作用下使得教师为某些没有真正参与到课堂中的学生贴上了"问题行为学生"的标签。但是，没有真正参与到课堂教学中——这成为所有中国课堂中"问题行为学生"一个不容忽视的共同特点。

综上所述，中国课堂中"问题行为学生"的基本特点是学生没有真正参与到课堂教学中。

（三）中国教师对课堂中"问题行为学生"的应对方式与处理程序

1. 中国教师对课堂中"问题行为学生"的应对方式

已有研究指出，教师解决学生课堂问题行为的策略可以概括为六个类别：提醒、改变教学方式、沟通了解、说服教育、惩罚和学生自我管理。❸ 从案例研究中可以发现，教师在面对课堂中的"问题行为学生"时，主要采取三种方式：①加强与学生的个人沟通，包括课堂上的提醒、公开批评与课堂下的谈话。②教师寻求其他支持，包括向学生家长以及学生群体寻求支持。③教师对"问题行为学生"进行隔离，包括空间上的隔离与心理上的隔离；

（1）加强与学生的个人沟通。

一是课堂上的提醒。教师在课堂上对"问题行为学生"进行提醒。一方面，教师试图通过"提醒"的方式唤回学生注意力，促使其重新参与到课堂之中；另一方面，有教师在访谈中也提到了"提醒"的无奈，"现在又不能罚，也不能说过分的话，我在学校能给这些学生的'外力'就只有提醒了"。

---

❶ 马维娜. 局外生存——相遇在学校场域［M］. 北京：北京师范大学出版社，2003：1.

❷ 从这个意义上，把中国课堂中"问题行为学生"的具体内涵归纳为未参与到课堂中的学生欠妥当。但是，虽然是课堂中"问题行为学生"，但教师对其界定其实是综合课堂内外的印象来定的，课堂内的某些因素与课堂外的某些因素结合起来，决定了教师对这些学生的看法和定位。完整的研究应该从课堂内外进行全面的内涵界定，但由于本研究主要聚焦在课堂之内，所以只从课堂内的因素对其进行重点考察。

❸ 张彩云. 学生课堂问题行为管理［M］. 北京：教育科学出版社，2015：132.

如何提醒学生，教师主要采用的方式是"点名"或者"提问"。CS2 描述上课犯困时教师的反应，"我们老师叫我名字，用教鞭拼命地敲我的桌子，吓死我了，我就醒了，我一看，老师正狠狠瞪我呢"，CS4 也表明，"一般我走神的时候老师就点我回答问题"。教师们在访谈中指出，课堂上提醒学生的次数很多，"我有时候一节课至少得点他（CS11）五次名"，涉及的范围较大，"我上课提醒这个提醒那个"。但是，对"问题行为学生"来说，往往并不是教师的"提醒"就可以解决的。学生可能会在教师提醒之后有所改变，但是很多情况下这种"提醒"毫无作用。CS2 说，"老师教鞭都打到桌子上来了，我当然不敢睡了，可是我又听不懂，只好发呆"，而 CS4，"我不知道老师问的什么问题，就那样站着"。连教师自己都说，"像 CS5，我一节课叫他几次（回答问题），可是没有一点用"。在课堂上的"提醒"无效时，教师有可能采取其他应对方式。

二是课堂上的公开批评。当教师认为多次的"提醒"并不能促使学生参与到课堂中来或者学生对"提醒"表现出明显拒绝态度时，教师极容易被激怒直接在课堂上公开批评学生。对于这种公开批评，一方面，是由于教师在情绪上的"失控"，正如某位老师对 CS8 的描述，"有两三节数学课，我问她什么都不会，一看就没听，我当时就火了，我当全班同学的面就开始说她……"另一方面，也是由于教师希望通过这种公开的批评，能够对"问题行为学生"予以警告作用，促进其参与到课堂教学中。但在研究中发现，这种课堂上的公开批评并不能达到教师所希望的效果。所以，有教师"愤愤不平"地指出，即使对 CS8 在课上公开批评，"她一点都看不出有什么在意，我觉得我当时说的那个话一般女孩子至少得掉眼泪，她就像开玩笑一样的，一点反应也没有"。不仅如此，课堂上的公开批评可能会导致"问题行为学生"或明或暗的抵抗。"问题行为学生"不仅不愿接受教师的批评，还会产生抵触情绪，所以，有学生在课堂上不满教师的批评，并对教师进行反驳，进一步激化师生矛盾，造成课堂上的师生冲突，严重干扰到正常的课堂教学。此外，这种课堂上的批评会严重打击学生的学习兴趣，比如 CS1 在访谈中提到曾经上课被数学老师骂，"她骂得特狠，说我上课像'栓羊桩'似的，我不理她，我低头看书，但我完全没有情绪学了，后来数学成绩就落下了"。

三是课堂下的谈话。课堂下师生的单独谈话是教师尤其是班主任作为应对课堂中"问题行为学生"的一种重要方式。从形式上看，这种谈话往往是教师和"问题行为学生"个人在一个相对独立的空间进行交流，可以避免对整个课堂教学活动的影响与干扰；从内容上看，这种谈话更具有私人性质，教师在谈话中能够更好地了解学生，做好学生的"思想工作"。所以，教师通常选择在课下与"问题行为学生"进行单独谈话。访谈中，教师在描述与学生的这种谈话时经常用到一个字——"磨"。比如，"你要让他（CS7）完全改好是不可能的，只能跟他磨呀磨，犯事总找他""我就天天跟他（CS6）磨"。这个"磨"字，充分说明了课堂下谈话频繁、见效慢、效果有限的特点。对教师而言，课堂下的谈话是一件极其考验耐心的事情。这种谈话可能会带来影响，但持续时间并不长，有教师感慨，"我找 CS2 谈了很多次，谈话的时候，我说什么她也同意，但记不住两分钟就给忘了"，谈话所带来的短期效果并不能真正改变学生，所以教师坦言，"就算跟他天天磨天天磨，也不一定能改掉他的那些问题"。而且，这种谈话的效果也有限，"找学生谈话，感情投入进去了，他也会给你一点面子，但也只能到这份上了，不可能再有任何进展与深入了"。所以，课堂下的谈话虽然是一种很重要的方式，但对教师的耐心和谈话技巧要求更高。

需要指出的是，从理论上说，表扬和鼓励也是教师与"问题行为学生"沟通交流的一项重要内容。但在研究中发现，教师对"问题行为学生"的表扬与鼓励非常有限。在研究者所做的观察中，唯一的表扬是某位教师对 CS10 回答问题的赞许。在访谈中，教师们表示，在他们看来"鼓励"并不像理论所宣扬的那样有效。有位教师说，"像这样的学生吧，你鼓励他，比如找一件小事鼓励他半天，他高高兴兴地学半天一天的，持续不了。而且你夸他一句两句，他没什么感觉，你使劲夸半天，把他夸高兴了，他就会跟着学一点，但也就那么一会，坚持不了太长时间，毅力太差。"学生这种不断重复出现的问题，让教师逐渐产生了对鼓励和表扬的质疑。

（2）寻求其他支持。

A. 加强与"问题行为学生"家长的合作。

从研究中发现，S 中教师相当重视与学生家长的联系与合作。以"记事本"为例，这种特殊的"作业本"是每个学生记录当天应该完成的学习任务，包括具体的作业内容、复习和听写内容，然后由家长审阅督促并签字。这种记事本由学生记录、家长签字、教师批阅，在一定程度上是教师与家长共同督促学生学习的体现。对"问题行为学生"，有教师说，"我一般先找本人说，然后再找家长说，找完家长就是想办法"。当学生出现问题时，教师通常会及时地与家长联系，力图通过家长的支持合作来共同解决学生的问题。

需要指出的是，在研究中发现，家长文化程度低下、学生家庭的贫困并不影响家长对教师的支持和配合。以 CS6 为例，CS6 的班主任介绍，CS6 作为借读生，他的"家长文化并不高，从外地来的，但管的比较严格，也比较配合"。因此，教师给 CS6 家长的建议是，"家长回家或者看他听单词或者背书，反正他的英语基础不好，英语一天家长听写十个单词，反复地听，我觉得这样他基本就能稳定下来"，所以目前 CS6 "虽然漏掉的知识很多，但已经在慢慢进步，好多了"。越是贫困的家庭、文化程度低下的父母，反而越能接受教师的建议，配合教师对"问题行为学生"进行有效的教育。

但是，访谈过程中，大多数教师表明"问题行为学生"家长与教师之间的合作存在问题。主要表现在两个方面：

第一，在教师眼中，"问题行为学生"家长并不重视学生在校的行为表现。CS7 的班主任说，"我觉得跟 CS7 的妈妈沟通挺费劲的，他妈妈还是我们班学历最高的家长，比如昨天我给她打电话说 CS7 上课总捣乱，他妈妈听了半天最后说了一句，'哦，老师，那今天没有别的事情了吧'，好像我在跟她说别人家孩子一样"，CS1 的班主任也很无奈"我跟 CS1 家长接触最多，但都是我单方面的，不是他们找我，是我总在找他们"。所以，有教师直接抱怨"现在很多学生出问题都是家庭原因造成的，家长不管，当老师的怎么都教不好学生"。对教师而言，希望家长能够积极主动关注学生，尤其是"问题行为学生"，更希望双方能够合作，更好地教育学生，所以，家长的消极态度会引起教师的不满和无奈。

第二，教师认为某些"问题行为学生"的家长教育子女的方式不当。比如，有教师形容 CS6 的家长，"我上次请他爸到办公室谈，他（CS6）也在，结果他爸一急就噼里啪啦的在办公室开始打孩子"，CS1 的班主任说"CS1 的爸爸是真疼孩子，上学放学都开车接送，可是就只知道给钱，什么也不管"。家长过于严格或者溺爱的教育方式，并不能很好的配合教师对学生的教育，反而会产生家长和教师之间的"矛盾"，影响对"问题行为学生"的教育力度。

B. 关注"问题行为学生"同辈群体的影响。

"朋友"对中学生的影响非常重要。因此，教师在面对"问题行为学生"

时，要注意到"同辈群体"的影响。在研究中发现，许多教师都谈到"同辈群体"对"问题行为学生"的不良影响。比如，"CS12 有话既不愿跟家长说也不愿跟老师说，就老跟几个谈得来的孩子一起，其实这孩子一谈得来，未必都说得对，相互都影响，还是不好的影响"。

所以，在面对"同辈群体"的影响时，教师们一般采取两种方式。其一，分解"问题行为学生"小团体。很多教师提到对这种容易"抱团"的"问题行为学生"的分解，"CS1 以前有两个好朋友，现在那两个跟他在一起时间少了，因为把那两个给分化了"，"我上学期发现 CS7 他们五个人的问题之后，就抓他们的事，就抓他们犯的错误，想办法把他们分开。这学期明显好多了，只要分开了就不会有那么多事了"。教师明显感到，分解"问题行为学生小团体"是减少同辈群体不良影响的一种有效方式；其二，鼓励学生之间良性合作。教师在减少同辈群体不良影响的同时，也强化同辈群体的良性影响。比如教师鼓励学生成立互助合作小组，"我安排两个女生帮助 CS4，这两个女生一个是班长、一个是团支书，都是特别好的孩子"。

但是，在对待"问题行为学生"同辈群体上，仍然存在一些问题：其一，教师往往更重视"同辈群体"对男"问题行为学生"的不良影响，而忽视了对女"问题行为学生"的影响。事实上，同辈群体对女生的影响很大，而且更为隐蔽，但就是由于不明显，所以极容易受到教师的忽视。以女学生 CS9 和 SS10 为例，CS9 在初一年级时曾被班上女生给排挤过，在访谈中 CS9 说道"我不敢举手（回答问题），我怕他们，因为他们在初二的时候好不容易对我好点了，我怕我一举手他们觉得我故意显摆，又对我像初一那样了。我举手我怕他们说我"。CS10 提到上课帮同学传手机隐瞒教师的事情，"我也不想帮她传的，因为她毕竟犯错误了，可是我不帮她传的话太不给面子了，她在班上人缘挺好的，我不帮她不合适，其他同学肯定会说的，我就帮她传，就被老师发现了，然后老师就把我给抓了"。这样看来，某些女生在课堂上表现出来的问题，很大程度是受同辈群体的影响，但教师往往不能看到这种"影响"，教师看到的只是 CS9"上课很不喜欢说话"和 CS10"上课传纸条"，而忽视了她们之所以这样做的原因。其二，部分教师承认很难"分解"这些"问题行为学生小团体"。有位教师讲述了她曾经为分解 CS11 所在的"小团体"所做出的努力，"我试图在背后做一些事情，我也拿出'证据'告诉 CS11 他的'哥们'把他给出卖了，但结果 CS11 说，'我也知道他们对我不是特别真心的，但我需要朋友，哪怕是那种表面上的朋友我也需要，就是这样。'我工作都做了，但是没有办法。他既然都说看得很明白了也不愿意分开，我是一点辙都没有了"。对于处于更重视"朋友"的特殊年龄段的学生，如何引导同辈群体对学生个体产生积极的影响，是教师应该进一步思考的问题。

（3）隔离。

A. 空间上的隔离——前排与后座。

从课堂观察和教师访谈中可以发现，"问题行为学生"的座位安排比较"特殊"。这15位来自4个不同班级的"问题行为学生"，有6名学生的座位在各自班级的第一排。其中CS7的座位尤为特殊，直接坐在教师讲座的旁边，成为课堂上"与教师相隔最近的学生"；另外9名学生的座位均在各自班级的最后一两排，CS1、CS8和CS10更是被安排坐在教室的角落，成为课堂上"与教师相隔最远的学生"（见图2-1）。

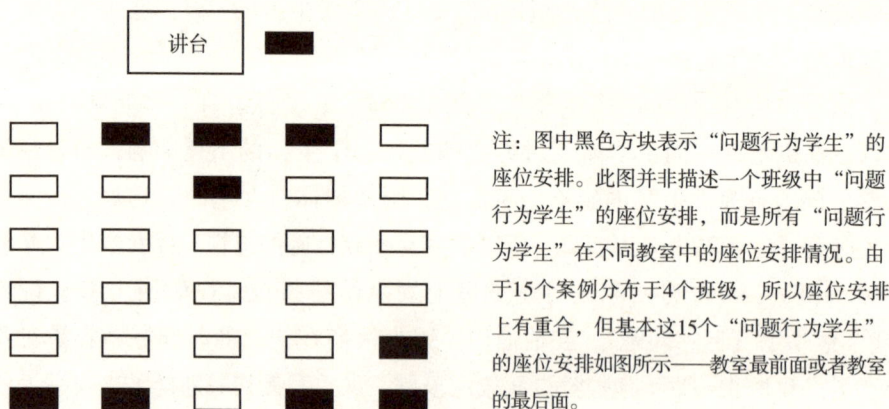

注：图中黑色方块表示"问题行为学生"的座位安排。此图并非描述一个班级中"问题行为学生"的座位安排，而是所有"问题行为学生"在不同教室中的座位安排情况。由于15个案例分布于4个班级，所以座位安排上有重合，但基本这15个"问题行为学生"的座位安排如图所示——教室最前面或者教室的最后面。

图2-1 中国课堂中"问题行为学生"的座位安排

这种座位安排将"问题行为学生"与其他学生"隔离"开来。从空间上看，位于中间座位的学生可以直接与前后左右的其他学生交流，而处于前排后坐的学生由于受空间限制，与其他学生的直接联系相对而言更弱。而CS7这种几乎完全脱离整个班级的座位更是处于"孤岛"境地。在我国这种座位安排相对固定的情况之下，教师无法将"问题行为学生"与其他学生完全"隔离"，为了"别让他们去干扰其他的学生"，唯一的方式只有尽量通过座位安排减少"问题行为学生"与其他学生的联系。所以，有班主任提到，"现在很多老师没有工夫去理这些学生，出于无奈的选择，也不是说想放弃他们，只有把他们放教室后面，别让他们干扰其他学生"。所以，从某种意义上说，座位是教师力图将"问题行为学生"与其他学生"隔离"的方式，以尽量弱化前者对后者的不良影响。

特殊的座位安排已经成为教师对"问题行为学生"所使用的特殊"标签"。在国内"秧田式"的座位安排中，前排和后座无疑是比较特殊的位子，而 CS7 这种坐在授课教师身边的学生，更是引人关注。特殊的座位往往被教师安排给特殊的人，所以，从某种程度上说，特殊的座位成为"问题行为学生"的特有标志。"CS7 那个座位以前 CS6 和 CS5 都坐过，那个地方谁都不想去。"当师生已经熟悉这些特殊座位的特殊意义时，"座位"成为一种班级内众所周知的标签——谁坐在那个位子，谁就是"问题行为学生"。

但需要注意的是，"问题行为学生"的前排与后座，虽然同样处于"隔离"的特殊境地，但却传达了教师对"问题行为学生"的不同态度和期望。亚当斯和比德尔对传统"秧田式"座位进行研究，发现在教室前排和中间的地带课堂气氛比较活跃，坐这一区域的学生参与课堂活动与教师交流的时间和次数明显比坐在教室后面的学生多。因此，一般会认为坐在班级前排的座位会更有利于学生的学习。所以，当"问题行为学生"的座位被安排到班级最前面时，教师试图通过空间上的改变来促进他们对课堂教学活动的参与，这从某种角度反映了教师对学生的关注。正如某位教师说的，"我把这几个孩子放前面，离老师近，上课老师就盯着，他们就不容易走神"。而教室后面的位子，有时候是教师惩罚学生的一种方式，"我给他们换座位的时候我就说了，谁要是不好好学习，那前面的座位就留给别人，你得坐到后面去。我当时就跟他们说了，我既然这么说了，我就得这么做，所以她（CS10）在课上帮其他同学传手机隐瞒老师，我就把她给调到后面去了"。有时候是教师选择忽视甚至放弃学生的一种结果，比如 CS12 的英语老师提到，"最开始我把他弄到最前面来坐过，他还能听一段时间，但还是不行，又跟坐后面的两个学生讲话，我一生气就把他给调后面去了"，当教师由对学生抱有希望到逐渐失望时，极容易"一怒之下"彻底放弃学生，将学生的座位安排到教室的后面。但教师的这种安排直接对学生的心理产生一定影响，CS12 曾经说道，"这学期我本来想好好听英语课的，老师就把我调到后面去了，她不想管我了"。所以，对"问题行为学生"而言，前排还是后坐直接反映了教师对他们的态度和期望。

B. 心理上的隔离——课堂上"视而不见"。

当教师觉得既没有办法改变"问题行为学生",又不能将之完全隔离到课堂之外时,很容易选择"放弃",具体表现为课堂上对"问题行为学生"的置之不理。以 CS1 为例,坐在角落的 CS1 几乎已经完全被教师忽略,无论他睡觉还是翻看其他课外书,大部分教师几乎都不会理会。甚至语文教师课堂上要求组长收交听写本时,组长也会自动绕过 CS1。CS12 也面临相同的处境,当英语教师要求两人一组练习对话时,CS12 一个人孤零零地坐在后面趴在桌上翻着课外书,而教师完全视之为"正常"。CS1 的班主任在访谈中说,"像 CS1 这种,也就我还管他一点,我也不能把我的精力全部投给他吧,全班还有那么多学生呢,肯定有点放弃的意思""现在很多老师没有工夫去理这些学生,出于无奈的选择"。教师的这种置之不理和视而不见在某种意义上说是一种变相的"惩罚",也向其他同学宣告了教师对该学生的放弃。

事实上,学生个人对教师的这种"忽视"与"放弃"相当敏感,CS12 在访谈中说,"我以前上课老接老师话茬,然后老师找我谈话,然后我没改,后来老师就不理我了""她(英语老师)觉得我会成为那种坏孩子,所以她现在都不太管我了。她觉得我以后肯定会变坏的"。教师的这种忽视,也许会使学生不再"接话茬"而变得安静,但对学生的心理影响巨大。在失去了教师的关注和期待之后,学生自己也对自己感到失望。教师的这种心理上的隔离,在一定程度上加剧了"问题行为学生"对学校的排斥,就像 CS1 在访谈中说的,"其实我都知道,所有老师都希望我赶紧走人,我一点都不喜欢这所学校,我讨厌这个学校"(见图 2-2)。

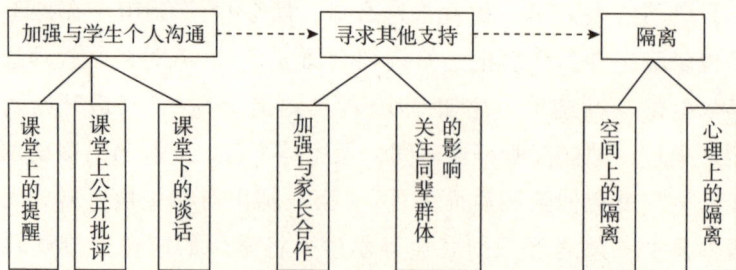

图 2-2　中国教师对课堂中"问题行为学生"的应对方式❶

---

❶　这里对三种方式之间采用虚线箭头,也是为了说明这三种方式并不必然的具有一定时间上的顺序。但在很多情况之下,中国教师对"问题行为学生"的应对方式采取这种流程。

综上所述，中国教师对课堂中"问题行为学生"主要是三种方式：加强与学生的个人沟通、寻求其他支持和对学生进行"隔离"。需要指出的是，在很多情况之下，这三种方式存在着一定的时间顺序。遇到课堂中"问题行为学生"，教师首先是加强跟学生的个人沟通，在师生沟通不能成功解决问题的情况之下，教师寻求其他支持，尤其是加强与学生家长之间的合作，当教师所做的这些"努力"仍然不能解决问题时，教师会在某种程度上放弃学生，进而对其采取空间或者心理上的隔离。当然，这三种方式也不必然地具有一定的先后顺序，也有教师对课堂中"问题行为学生"的处理是通常采取几种应对方式。但不能否认的是，心理上的隔离，对"问题行为学生"的忽视与放弃，往往是教师在无奈之下的最后一举。

2. 中国教师对课堂中"问题行为学生"的处理程序

上述教师对课堂中"问题行为学生"的应对方式，主要是教师个体，尤其是班主任教师在面对"问题行为学生"时所采取的相应策略。事实上，在学校中，教师是作为一个团队力量出现的。研究发现，一个班级的"问题行为学生"，其身份并非只得到班主任教师或者某个别学科教师的"认可"，而是得到这个班级甚至这个年级的所有学科教师、包括校长和教导主任的承认。Kitsuse 曾指出，越轨可以被视为这样一个过程：群体或社会①将某些行为解释（interpret）为越轨行为；②把某些做出越轨行为的人界定（define）为越轨者；③根据以上两点对越轨者做出恰当的反应（treatment）。❶ 从某一个教师在课堂上发现某个学生的问题行为，将其定义为"问题行为学生"，到最后几乎所有教师都接受并认可课堂中"问题行为学生"的身份，要经过一定的阶段，这一阶段可被视为教师群体对课堂中"问题行为学生"的处理程序。

首先，从研究中发现，很多课堂中"问题行为学生"都源于某一位教师在课堂上的"发现"。如 CS10 和 CS12，CS10 在英语课堂上帮同学传递手机，由此被英语教师视为具有"欺骗教师"的行为；CS12 在英语课堂上喜欢"接老师话茬"，使英语老师"很生气"。虽然学生在校的整体表现具有一贯性，但由于各方面因素的影响，学生在不同学科课堂上会有不同的表现。因此，在最初阶段，不同教师在面对同一班级学生时，可能会"遭遇"不同的情况，

---

❶ J. I. Kitsuse. Societal Reaction to Deviant Behaviour: Problems of Theory and Method [J]. Social Problems, 1962, 9 (3): 247-256.

"发现"不同的问题行为学生。教师一般会在课堂上提醒或者批评"问题行为学生",以期许能够促使学生参与到课堂中。

其次,当学科教师在课堂上"发现"问题行为学生之后,无论该教师能否很好处理,都会在课后与该学生所在班级的班主任交流,由班主任加强对"问题行为学生"的"处理"。所以,在访谈中发现,很多班主任谈到"问题行为学生"时都是通过其他学科教师了解学生在课堂上的"问题"。CS7 的班主任指出,"他(CS7)在英语课回答问题,总是先站起来,然后再转一圈,然后再回答问题,把英语老师给气得啊。后来英语老师跟我说了我就总找他,我跟他磨啊磨,好点了"。CS10 的班主任说,"她(CS10)在张老师课上帮同学传手机,我知道后就找她谈话"。班主任是学校教育"问题行为学生"的核心环节。在班主任了解到"问题行为学生"的情况之后,一般会及时与学生沟通,酌情考虑是否与学生家长联系等。上述大部分对"问题行为学生"的处理方式基本上由班主任完成。

最后,当班主任也无法有效地处理"问题行为学生"时,会把该学生上报到学校德育处,由德育处主任找学生谈话,个别问题严重的学生甚至会被送到校长办公室。被"上报"到德育处的学生,若经教育后在教师眼中仍然没有明显改变时,很容易受到全校通报的"处分",最终成为全校人尽皆知的"问题行为学生"。

可以看出,这种对课堂中"问题行为学生"的处理程序,从个别学科教师到班主任,再到学校德育处,也是从某一堂课的课堂管理者(学科教师)到班级管理者(班主任),再到学校管理者(学校德育处和校长办公室),逐渐引起高一层级管理者的重视。这是力图形成一个"集体力量"来有效地对学生进行教育。正如某位经验丰富的优秀教师在访谈中所说的,"科任老师要管出问题来了,有班主任接着,班主任管出问题,还有我们这个教师群体接着,咱们是一个教师集体"。这种教师群体力量,从理论上说,比单个教师对学生的教育更有效,教师彼此之间的共同努力能更有效地促进学生的良好发展。但需要注意的是:

第一,在学校教师群体对课堂中"问题行为学生"的这种处理程序中,班主任起着至关重要的作用。从其他学科教师那里"收集"学生信息,到对"问题行为学生"的全面处理,从与"问题行为学生"个人的沟通,到与"问题行为学生"家长的联系、对"问题行为学生"小团体的处理以至于座位安排等，几乎全部由班主任一个人完成。这种模式有助于班主任对"问题行为学生"的深入全面了解，包括学生的家庭情况、同辈群体等，这更有利于班主任对"问题行为学生"的教育。但却容易带来两个问题：其一，班主任能力高低直接影响着对"问题行为学生"教育的成功与否。好的班主任，可以促使"问题行为学生"逐渐转变；而能力有限的班主任，可能会使情况进一步恶化。在访谈中，好几位教师都提到初三年级学生 CS1 所在班级，"前两年的班主任太年轻，管不了学生，整个班乱了，像 CS1 这种学生就越来越差了"，可见班主任本身的素质对课堂中"问题行为学生"有着至关重要的影响；其二，这种力图形成一个"教育集体"的处理程序实质是将重担压在"班主任"身上，进而导致对课堂中"问题行为学生"的处理具有一定的滞后性。德育处某主任在访谈中说，"实际上，如果班主任管不了学生，到哪也管不了，到德育处也管不了"。"我跟 CS11 的班主任说，'你跟各科老师打招呼，上课他（CS11）出什么问题先不要说，让他课后找班主任'"。最终这种由多个环节组成的处理程序容易造成教师之间责任的推诿和管理的"空白"。S 中校长在访谈中说道，"孩子管不好，弄得（学科）教师埋怨班主任，班主任埋怨德育处"，"科任老师不敢管，班主任管不过来，德育主任管不了"。

第二，这种对课堂中"问题行为学生"的处理程序具有一定的扩散性。学校教师作为群体对中国课堂中"问题行为学生"的这种处理程序，是最初由某一个教师在课堂中所遭遇到的具有"问题行为"的学生，演变为几乎整所学校都熟知的"问题行为学生"。这固然与学生本身的行为有关，但不能否认的是，学校教师对课堂中"问题行为学生"的处理程序促进了这种标签影响范围的扩散。由此带来了两个方面的后果：

其一，课堂中"问题行为学生"作为一种标签其影响范围的逐渐扩大。其他师生也逐渐给予课堂中"问题行为学生"不良评价，把他们当作有问题的学生，或歧视或排斥。一旦班主任确认了"问题行为学生"，该班所有学科教师都会了解并逐渐接受这些"问题行为学生"的标签。而一旦"问题行为学生"被"上报"到德育处，极容易被"处分"。在全校通报对学生的"处分"之后，更加剧了整个教师群体对其"问题行为学生"标签的认可。以 CS7 为例，CS7 曾经受过"处分"，并在全校范围内得到通报批评。所以，在某次地理课后教师说道，"CS7 曾经受过处分，所以上课不认真听"。教师直接把"处分"和"上课不认真听"作为因果联系起来，更重要的是，"处分"是原因,"上课不认真听"成为了结果。事实上,正是由于 CS7 可能在课堂上的"不认真听",才最终导致他受到"处分"。然而教师却把这一因果关系颠倒,这种由于"处分"而带来的"问题行为学生"的标签,其影响被其他教师扩大,直接影响到教师对学生的看法。

其二,"问题行为学生"作为标签影响范围的扩大,也将导致学生本人在不知不觉中捍卫自我的形象,确认自己是"问题行为学生"。CS12 曾经说道,"这学期我本来想好好听英语课的,老师就把我调到后面去了,她不想管我了,她觉得我以后肯定会变坏的,我也不想学了"。教师对学生的看法会直接影响到学生的自我看法,这一过程的实现是通过师生的互动实现的。英国社会学家里斯特对此有着详细的描述。教师作为"贴标签"者和学生作为"被贴标签"者:①教师期望从特定学生那儿收到特定的行为和成就;②期望不同,教师对不同学生采取的措施不同;③教师的这种对待方式就告诉每个学生教师期望从她那儿得到什么样的行为和成绩,并且影响着他的自我概念、取得成绩的动机和抱负水平;④如果教师的对待方式始终如一,如果学生没有用某些方式主动地反对或改变它,这种对待方式就会促成学生的成绩和行为。得到较高期望的学生将会取得较高的成绩,而得到较低期望的学生成绩则会下降;⑤随着时间的推移,学生的成绩和行为将会越来越同原来教师对他的期望相接近。在这种互动的模式中,教师期望得以清楚的传递,学生行为也与期望模式相一致。❶ 当教师因为"问题行为学生"的标签对学生抱有一种特定期望时,会直接影响到学生对自我的看法,最终影响学生的行为。

综上所述,通过案例研究对中国课堂中"问题行为学生"可以得出以下结论:①中国课堂中"问题行为学生"的具体表现可以分为四类:第一类是通过某些特殊行为来引起他人注意的学生;第二类是在课堂上高声喧哗、与其他学生说话等严重扰乱课堂秩序的学生;第三类是上课注意力分散的学生;第四类是在课堂上具有退缩行为的学生。其中,第一类和第二类是外向型"问题行为学生",第三类和第四类是内向型"问题行为学生"。②中国课堂中"问题行为学生"参与课堂教学活动的时间有限,对师生互动和生生互动的参与不够,因此,其基本特点是没有真正参与到课堂教学中。③中国教师对课堂

---

❶ Rist Ray. On Understanding the Processes of Schooling:The Contributions of Labeling Theory［M］// J. Karabel and A. H. Halsey. Power and Ideology in Education. New York:Oxford, 1977:145.

中"问题行为学生"的应对方式主要有三种：加强与学生的个人沟通、寻求其他支持、教师对"问题行为学生"的隔离。中国教师对课堂中"问题行为学生"的处理程序是从学科课堂管理者（学科教师）对学生"问题"的发现，到班级管理者（班主任）对"问题行为学生"的处理，最后是学校管理者（学校德育处或者校长）对"问题行为学生"的教育。

第三章　美国课堂中的"问题行为学生"

美国对课堂中"问题行为学生"的界定与中国有着不同的衡量标准。那么，对美国教师而言，谁是课堂中的"问题行为学生"？他们有什么样的具体表现和基本特点，教师是如何应对这类学生的？本章通过访谈法，了解美国教师对中国课堂"问题行为学生"案例的看法，探讨美国教师眼中课堂"问题行为学生"的表现形态和应对策略。

一、研究方法与过程

（一）研究方法的调整

在美国，研究者所选择的是地处芝加哥附近的 Champaign 地区的一所公立初级中学 E 中。在中国，研究者选择的是北京朝阳区一所普通中学，北京作为中国的政治经济文化中心，有较高的教育水平。而 Champaign 虽然从规模上看只是一个小镇，但它是美国伊利诺伊大学香槟分校的所在地，有 Union High School 这样全国有名的高中学校，可见其教育质量并不低，在一定程度上代表美国中西部地区的教育水平。Champaign 所在的伊利诺伊州的学校体制与中国略有不同。小学由固定的学生组成固定的班级，由一名教师负责教授这个班级除了音乐、体育和画画等之外的所有学科。从初中开始，开始实行"走班制"，每个教师都有自己的教室，教室的一角通常是教师的"办公区"。学生到不同的教室上不同的课，没有固定的班级。一般来说，美国初中强调同年级内不同学科教师组成的团队（team group），而高中更重视同学科内教师的讨论。E 中每个教师每学期至少同时教授两门不同内容的课，每天至少上课 5 个小时，他们每天都有相同的课程表，等待不同的学生在不同的时间段到教室来上课。每个教室的布置各不相同，一般与学科的特点密切

80

相关，比如数学教室的墙上贴满了数学符号；社会教室的天花板上吊着三角立方体，每个立方体上都写着跟社会科学相关的知识，墙上甚至贴着中国的阴阳八卦图。

最初我计划对美国课堂中"问题行为学生"同样采用案例研究法。所以首先在 E 中做了两个星期的课堂观察。与国内略有不同，E 中包括 6、7、8 三个年级。为了避免一些不必要的程序和麻烦，我是作为一个对美国课堂文化感兴趣的"外国人"被介绍给 7 年级数学教师 Jonathan 的，由 Jonathan 介绍给同年级其他学科教师。在两个星期之内，我一共观察了英语、数学、社会和科学四个学科 8 位教师的 30 节课。我每天在胸前别着"student visitor"的胸牌固定跟着一位老师观察他当天的课堂。但是，当我进入课堂时，只有一位教师对学生介绍了我。其他教师都只是在课前告诉我自己随便找个座位坐下。学生们对课堂中多出来的"我"也是"视若不见"。而且，由于课间休息时间只有 4 分钟，期间学生要根据课表更换教室，而教师要准备迎接下一班的学生。所以，时间的紧迫和教师教学任务的繁重使得我没有时间针对课堂教学与教师做太多沟通。与此同时，同一个教室同一门学科每天的学生流动量相当大，教学内容也不完全相同。虽然每节课上我会关注到某些在我看来很特殊的学生，但很难在与教师的交流中及时地对这些学生做进一步的了解，更难有机会与这些学生进行交流。当下课铃声响起时，学生们马上离开教室开始在走廊里属于个人的储物箱里更换相关课本，奔赴下一个教室。所以，我不得不放弃采用案例研究的计划，开始重新调整我的研究方法。

从研究内容上看，对于美国课堂中"问题行为学生"的研究，我关注的是两个方面：第一，美国课堂中的"问题行为学生"的表现、特点及教师的应对策略；第二，美国教师对中国课堂中"问题行为学生"的看法。对于第一个问题，虽然理想的研究仍然采用案例研究法，通过观察与访谈对"问题行为学生"个案进行多方面的数据收集。但是，了解美国课堂中的"问题行为学生"，究其实质是了解美国教师眼里课堂中的"问题行为学生"。对于第二个问题，美国教师有着充分的发言权。因此，根据现有的研究条件及要研究的内容，在放弃案例研究的计划后，我选择了以对美国教师进行访谈为主的研究方法。

（二）研究过程

1. 确定访谈内容

根据我对美国课堂中"问题行为学生"研究的两个方面，访谈内容主要包括：第一，对中国课堂中"问题行为学生"的看法；第二，美国课堂中"问题行为学生"的表现、特点及处理方式等。

对中国课堂中"问题行为学生"的看法，将通过访谈了解美国教师对比较典型的中国课堂中"问题行为学生"案例的评价来实现。如何确定典型的中国课堂中"问题行为学生"案例，则成为这部分研究的关键。对此，在反复权衡之下我选择了 CS1、CS7、CS8、CS9、CS10 作为典型案例并整理出他们的相关材料。这是因为：第一，从中国课堂中"问题行为学生"的具体表现及分类视角来看，如前文所分析的结论所言，CS1、CS7、CS8 与 CS10、CS9 在课堂上的表现分别代表着干扰课堂秩序、故意做出惹人注意的行为、课堂注意力分散、课堂行为退缩四种不同类型。第二，前文曾提到，中国课堂中的"问题行为学生"并不必然属于学业失败者。从学生的学业成绩来看，CS1 和 CS7 属于成绩不好的学生，CS8 和 CS9 属于成绩中等的学生，CS10 属于成绩优秀的学生，这五个案例具有一定的代表性。第三，从座位安排上看，CS7 坐在教室讲座旁边，享受着特殊待遇，属于"前排"；而其他四个个案学生的座位均被安排在教室最后，属于"后座"。尤其是 CS10 的座位，由于受到"惩罚"而从教室的最前面调到最后一排的角落里。他们的座位安排在一定程度上反映了中国教师对课堂中"问题行为学生"的应对方式和态度。第四，从学生成长的家庭环境来看，虽然家境不完全相同，但能反映出不同的情况：CS1 的父母过于溺爱，CS7 的父母是经常拳脚相加，CS8 家境相当贫寒，CS9 和 CS10 属于一般家庭长大的孩子。第五，从同辈群体关系来看，CS10 和 CS9 是受到同辈群体"负面"影响比较典型的案例。这五个案例在一定程度上代表了中国课堂中"问题行为学生"的不同特点，因此，将其作为典型案例放在对美国教师的访谈中。

对美国课堂中"问题行为学生"的了解，则直接通过两个主题展开：美国教师眼中什么样的学生是课堂中的"问题行为学生"；美国教师是如何应对这样的"问题行为学生"的。

2. 确定访谈对象

既然对美国课堂中"问题行为学生"的研究以对美国教师进行访谈为主，所以研究的首要任务是确定访谈对象。为了尽可能全面了解美国教师对课堂中"问题行为学生"的看法，我的访谈对象不局限于 E 中教师。[1] 在 Ian Westbury 教授的指导下，我将访谈对象确定为 8 位中学教师、5 位学科教学方向的大学教授以及 1 位学校顾问。[2] 因此，从教学经验上看，既有年轻而教学经验有限的 E 中教师，也有中学教学经验丰富的大学教授；从学科上看，访谈对象所教授的学科包括美国中学中最主要的四门学科——英语、数学、社会科学和自然科学。这样，在将近三个月的时间里，我陆续完成了对 14 位美国教师的访谈。

3. 分析访谈资料

对美国教师的访谈并不完全同于对中国教师的访谈，最大的区别在于对美国教师访谈有着非常明确的主题。每位美国教师以 UT（U. S. Teacher）为代号（以下简称 UT），在对 UT1 到 UT14 每一位美国教师的访谈资料进行整理的基础上，我根据访谈所预先确定的主题对其访谈资料进行归类和分析。具体包括三个方面的问题：（1）美国教师对中国课堂中"问题行为学生"案例的基本看法；（2）美国教师眼中什么样的学生是课堂中的"问题行为学生"；（3）在美国教师的教学中，他们是如何应对课堂中的"问题行为学生"的。

二、研究结论

（一）美国教师对中国课堂中"问题行为学生"的基本看法

在访谈中，很多美国教师表明在美国有许多像 CS1 这样的案例。但对于 CS1 是否为课堂中的"问题行为学生"，不同教师则有不同看法。一部分教师认为 CS1 是一个"问题行为学生"，主要有两方面的原因：其一，就像中国教

---

[1]　这其中一个重要的原因是 E 中我所接触的都是比较年轻、教学经验有限的教师，不足以反映各年龄层次美国教师对课堂中"问题行为学生"的基本看法。

[2]　这 5 位学科教学的教授，均有过多年在中学教学的经验，比较了解美国中学生的情况。学校顾问，又称 counselor，是美国中学尤其是高中常设的一个教师岗位，主要是跟学生谈话、指导学生就业等，在研究者看来，类似于中国学校中专门管德育的教师。但相对于美国中学中的 dean 来说，counselor 没有对学生实施惩戒的权力。

师所认为的，CS1 没有真正参与到课堂中，以 UT1 和 UT11 为代表，UT1 认为"CS1 对美国教师来说，同样是一个"问题行为学生"。在美国有许多学生也没有真正从精神上参与到课堂中来。大概有 20% 的学生像 CS1 一样"，而UT11 则指出"他们是美国课堂上的一个很大问题，他们不在乎任何事情，他们只是待在学校里，什么也不做"；其二，强调 CS1 的学习成绩不良，以 UT2 为代表，"CS1 的成绩不是很好，他是一个问题行为学生"。但是，也有教师认为 CS1 不一定是"问题行为学生"，也有两种观点：一种以 UT6 为代表，认为"我们不能确认是谁的问题，是学生的问题、教师的问题还是家长的问题"，因为"他们睡觉也许是因为他们很累或者生病了需要回家休息。你知道的，不是每个学生都需要好好学习，成绩优秀。他也许太饿了、太累了或者有学习能力上的障碍。也许课堂对他来说的确不是很重要"；另一种以 UT7 为代表，认为"他并没有打扰整个课堂""我觉得如果这样的行为没有干扰整个课堂，它就不是问题"。所以，对于 CS1 是否是课堂中的"问题行为学生"，美国教师并没有统一的看法。

　　CS8 和 CS9 在美国教师眼中有一定相似之处。两个"问题行为学生"都是女生、成绩中等，在课堂上比较沉默。一些美国教师指出，"女生很容易害羞，在课上不说话""有些学生真的很沉默。我教社会科，这是一个需要学生多表达自己观点的学科。但总有学生一直保持沉默。跟他们对话非常困难。有些学生真的很害羞内向。在我班上有个女孩从来没有跟我说过话。"说明在美国也存在像 CS8 和 CS9 这样的学生，但是，正如 UT7 所说，"在美国，大部分教师发愁的是怎样处理那些很'闹'的孩子，美国学生很少在学校里沉默的。"对于 CS8 和 CS9 是否为问题行为学生，所有的美国教师都表示否定。一方面，因为她们在课堂上并没有干扰他人，UT10 认为，"这个学生并没有在课堂上制造麻烦。事实上，美国学生很少在学校里沉默的，当然，我也遇到过三个在学校里从来不说话的学生。即使是我想帮助他们，但并不认为她们是问题行为学生。所以，如果学生干扰到课堂，他就会成为课堂中的'问题行为学生'。"UT7 也持有同样的观点，"她们并没有打扰到别人。美国教师没有必要注意到她们。"另一方面，CS8 与 CS9 的成绩都属于中等，"她们的成绩中等，美国教师认为这就足够了。"具体而言，美国教师更关注家庭对 CS8 的客观影响，不少美国教师表示，"CS8 的问题跟家庭情况相关，当她在课堂中时，她肯定会想到她家里的问题。""来自贫困家庭的学生不太关注学业是一件很正常的事情，因为他们把心思放在其他事情之上了。""如果她还要照顾她妈妈的话，肯定在学习上所用的精力就会减少。"所以，在贫困家庭的影响下，CS8 即使成绩下滑也被美国教师视为可以理解，不应该因此受到批评。

所有访谈的美国教师都认为 CS10 不是"问题行为学生"，其原因在于 CS10 的学习成绩很好。所以，访谈中很多美国教师像 UT10 一样，直接将学生的学习成绩与是否为课堂中的"问题行为学生"作为因果关系联系起来，"这个学生不是"问题行为学生"，因为她的成绩很好。"需要指出的是，中国教师认为 CS10 是"问题行为学生"，一个重要的原因是她在课上传纸条，尤其是瞒着教师帮助同学传手机。但对于这个问题，美国教师则 UT5 认为，"她不是一个问题行为学生，她能够帮助他人。我们应该注意到这个学生是在帮助别人，这是好的方面"，UT7 也持相同观点，"当然欺骗并不是一件好事情，但是帮助他人不能算欺骗行为。美国教师从来都不会认为这是个'问题行为学生'"。

CS7 的行为被美国教师视为"干扰课堂的问题行为"。这种学生在美国课堂上一般被称为"课堂中的小丑"（class clowns）。UT6 说，"他们想获得别人的注意，想成为大家关注的中心。他们希望家长、老师和同学都注意到他们。所以他们在课堂上开玩笑来吸引别人的关注。如果他们不能在学习上获得成功，他们将通过其他方式来实现"。这类学生在美国课堂上很常见，是美国教师所关注的重点，正如 UT12 说，"在美国像 CS7 这种想要获得他人关注的学生是最大的问题"，因为他们总是"想要成为整个课堂的中心"，"赢得他人的关注"。对于这类"课堂中的小丑"是否为问题行为学生，美国教师认为还得视具体情况而定。UT7 作了详细说明，"如果这个学生只是开玩笑，或者他成绩很好，教师会认为这并不是什么问题。如果这个学生成绩差，做了一些不好的事情，或者他干扰了整个课堂，教师会停下来让他出去。"所以，成绩好，当"课堂太枯燥"时调节一下课堂气氛，教师不会认为是"问题"；而成绩不好，又干扰了整个课堂，教师就会认为是"问题"。所以，按照这个标准，美国教师无一例外地认为 CS7 是课堂中的"问题行为学生"。

因此，从访谈结果来看，美国教师一致认为 CS8、CS9 和 CS10 不是课堂中的"问题行为学生"，而 CS7 毫无疑问是课堂中的"问题行为学生"。对于 CS1，美国教师存在一定争议。所以，关于这五个案例中谁是课堂中的"问题行为学生"，几乎所有访谈的美国教师都指出，最该被视为课堂中"问题行为学生"的是 CS7，其次是 CS1。

由此可见，美国教师对课堂中"问题行为学生"的评价标准与中国教师有一定差异，具体说来，美国教师对课堂中"问题行为学生"的判断有以下三个特点：

第一，"是否干扰整个课堂教学"是美国教师衡量课堂中"问题行为学生"的核心标准。从访谈中可以看到，CS8、CS9 和 CS10 之所以不是课堂中的"问题行为学生"，一个共同的原因就在于这三个学生在课堂中比较沉默，即使会传纸条和走神，也没有干扰到课堂教学。在访谈中，UT7 甚至说"如果两个学生在课堂上说悄悄话，教师会觉得没有什么，因为他们并没有干扰整个课堂"。CS7 之所以被美国教师同样视为课堂中的"问题行为学生"，很大程度上是因为美国教师认为 CS7 所做出的一些试图获得关注进而成为整个课堂中心的行为已经干扰到整个课堂。所以，UT9 指出，一旦像 CS7 这样的学生干扰了整个课堂，教师应该停下来让他出去。对于 CS1，教师在访谈中也指出，"如果他的行为没有干扰到整个课堂，他就不是问题"。美国教师很多对案例评价的具体言论表明，是否干扰到整个课堂教学，是他们衡量"问题行为学生"的最主要标准。UT8 说，"如果你回答错误，我不会反对；但如果你干扰到整个课堂打破了规则，我会反对并让你离开教室"。"学生是否真正参与课堂"并非美国教师衡量课堂中"问题行为学生"的核心标准。所以，当学生表现出注意力分散、沉默退缩等行为时，美国教师认为也不能将其划分到"问题行为学生"的行列；只有当学生的行为干扰课堂教学时，教师才可能将其视为"问题行为学生"。

第二，学生学习成绩是美国教师衡量课堂中"问题行为学生"的一个重要标准。从前文的分析中可以看到，中国教师也很重视学生的学习成绩，甚至出现教师通过"成绩下滑"断定学生未能真正参与课堂中的情况。但就具体案例来看，虽然大部分中国课堂中"问题行为学生"的学习成绩不尽如人意，CS8 和 CS9 的学习成绩中等，CS10 和 CS15 成绩优秀。但从对美国教师的访谈中可以看到，评判一个学生是否为课堂中的"问题行为学生"，学生的学习成绩成为美国教师关注的重点。赞成 CS1 是课堂中"问题行为学生"的美国教师直接将其成绩不良作为重要原因；CS8 和 CS9 成绩中等，被美国教师视为"已经足够"，并不构成课堂中"问题行为学生"的条件；CS10 成绩优秀，几乎已经成为她不是课堂中"问题行为学生"的重要理由；CS7 成绩不好是他作为"课堂中小丑"被划为课堂中"问题行为学生"的重要依据。因此，相较于中国教师而言,学生的学习成绩是影响美国教师衡量课堂中"问题行为学生"的一个更为重要的因素。

第三,美国教师更强调造成学生某种行为的客观原因。从访谈中可以看出,大多数美国教师在对具体案例进行分析时,非常关注个案表现某种行为的具体原因。就像 UT6 在访谈中所说,"如果他们在课上吃东西,我会看是不是与他们的家庭环境相关,是不是没有吃饱。如果他们读其他书,我会了解他们究竟读的什么书,这些书是否有利于课堂学习。如果他们唱歌,我会看他们为什么唱歌。"UT5 也提到学生上课睡觉的事情,"他们睡觉也许是因为他们很累或者生病了需要回家休息。"为什么他们会出现这样的行为,教师们在访谈中试图从学生的身心状况和家庭环境方面去了解。从表面上看,美国教师相当注重这种行为背后的原因分析,但实际存在两点问题:其一,美国教师试图了解学生某种行为的客观原因的想法与实践中的结果存在一定差距。是否能够真正了解学生行为原因,大多数美国教师表示并不确定。UT12 说,"即使是我找学生谈,很多时候我还是不太了解他们的一些事情。对教师来说,了解学生想什么太难"。UT10 也谈到,"虽然我很想帮助他们,但我的确没有时间"。其二,美国教师更多从客观方面去了解原因,比如学生的生理原因、家庭原因,而这些客观原因似乎成为学生某种不合适行为的正当理由,也成为教师对学生某些行为无能为力的合理原因。这些客观原因在一定程度上削弱了学生被教师视为课堂中"问题行为学生"的可能。以 CS8 和 CS9 为例,CS8 的家庭、CS9 的同辈群体可能产生的不良影响成为美国教师眼中的正当理由。在这种正当理由的观念下,即使 CS8 和 CS9 在课堂上出现问题,也是"可以理解"的,而不能将 CS8 和 CS9 视为课堂中的"问题行为学生"。由此可见,美国教师更强调造成学生某种行为的客观原因。

(二) 美国课堂中"问题行为学生"的具体表现与基本特点

谁是美国课堂中的"问题行为学生"?美国教师给出了比较典型的答案:

UT1:"美国课堂中的问题行为学生要比中国'严重'(serious)。美国课堂上的'问题行为学生'多是行为问题,比如打架、打断教师、辱骂、叫教师的名字等。还有一些问题行为学生没有任何理由的逃学。"

UT8:"课堂中的问题行为学生就是那种干扰整个课堂、使他人也无法好好学习的学生。"

UT1 的观点是对美国课堂中"问题行为学生"的一种描述，更多的是从"问题行为学生"的具体行为表现加以解释的。而 UT8 的观点则是对美国课堂中"问题行为学生"的一种基本概括，揭示了其基本特点。

1. 美国课堂中"问题行为学生"的具体表现

以 UT1 为代表的观点描述了美国课堂中"问题行为学生"的具体行为表现。正如 UT7 所说，"美国教师通常从学生的行为来评判学生"，"行为"是美国教师在课堂上评价学生的一个重要标准。具体而言，美国课堂中的"问题行为学生"打架、打断教师、辱骂、叫老师名字。UT7 提到，"他们跟教师顶嘴、扔东西或者在课堂上打其他学生"，UT11 说，"他们跟教师争论，从来不做作业，总是迟到"。从"问题行为学生"的行为特点上看，如果仍然以 Kenneth Shore 对课堂问题行为的分类标准来划分，美国教师眼里的课堂中"问题行为学生"主要表现为外向型问题行为，尤其是攻击性行为、扰乱秩序的行为和故意惹人注意的行为。

其一，从行为分类上看，美国课堂中"问题行为学生"指向外向型问题行为的学生，而不包括内向型问题行为的学生，这是区别于中国课堂中"问题行为学生"的一个很重要的特点。在美国课堂上，并非不存在具有内向型问题行为的学生，比如社会科学课教师 UT5 在访谈中提到，"总有学生一直保持沉默，跟他们对话非常困难"，但是值得注意的是，美国教师并不把这类具有内向问题行为的学生划分到课堂中"问题行为学生"之列，正如 UT3 所说，"教师很少关注那些很内向、很沉默的学生"。这里需要特别提出关于课堂上"睡觉"的问题。"睡觉"是很多中国课堂中"问题行为学生"的"问题"之一，虽然多数中国学生不敢"明目张胆"地趴在桌子上睡，但是"瞌睡""想睡觉"几乎是每个中国课堂中的"问题行为学生"在访谈中都会提到的"问题"。但是，研究者曾在美国课堂观察中看到，在一堂数学课中，有三位坐在不同位置的学生几乎整堂课都趴在桌子上睡觉，教师对此几乎没有任何反应。多数美国教师在访谈中表示，他们不会认为睡觉的学生是问题行为学生，正如 UT4 提到的，"像'睡觉'这种行为是不是问题取决于教师个人的看法。有些学生非常累，而且生病了，所以需要睡觉，这很正常"，UT6 也提到，"学生睡觉不过是因为课堂很枯燥或者没有休息好"。因此，大多数美国教师都认为课堂中"睡觉"并不是问题。因此，相对而言，美国课堂中"问题行为学生"大都表现为外向型、攻击型问题行为。美国教师并不认为具有内向型、退缩型问题行为的学生可能是"问题行为学生"。

其二，从行为性质上看，美国课堂中的"问题行为学生"更具有攻击性。Kenneth Shore 把外向型问题行为又具体分为惹人注意的行为、扰乱秩序的行为、攻击行为、盲目反抗权威的行为。但就中国课堂中具有外向型问题行为的"问题行为学生"而言，主要表现为惹人注意和扰乱秩序，师生之间的冲突是学生做出惹人注意或者扰乱秩序行为之后师生矛盾加剧的结果。但是，从教师对美国课堂中"问题行为学生"的行为描述来看，"打架""辱骂教师"说明"问题行为学生"具有明显的攻击性，"攻击性行为"是美国课堂中"问题行为学生"具体行为表现的重要内容之一。所以，相对而言，美国课堂中"问题行为学生"更具有攻击性，这也是 UT1 所说的美国"问题行为学生"比中国更"严重"的重要原因。

2. 美国课堂中"问题行为学生"的基本特点

从前文分析中可以看出，"是否真正参与课堂"是中国教师衡量课堂中"问题行为学生"的标准。与之不同的是，"是否干扰整个课堂教学"是美国教师衡量课堂中"问题行为学生"的核心标准。在访谈中也可以发现，这一核心标准与部分美国教师对"谁是美国课堂中的'问题行为学生'"的答案具有一致性。与 UT8 一样，UT5 也指出，"总有些学生喜欢在课堂上做其他事情，这很正常。但是，如果他们的行为总是干扰到其他人，他们就是问题行为学生"。结合美国教师对中国课堂中"问题行为学生"的评价可以分析得出，在美国教师眼中，课堂中的"问题行为学生"就是干扰课堂教学的学生。因此，美国课堂中"问题行为学生"的基本特点就是干扰整个课堂教学。

从访谈中可以看出，美国教师眼里的"干扰课堂教学"重点所强调的是学生个人的行为妨碍了课堂上其他大部分学生的学习或者教师教学。所以，当学生个体的行为有碍自身课堂上的学习时，教师并不认为是"问题"。当学生身处课堂中、作为课堂教学的重要参与者，却在精神上"游离"于课堂之外，没有参与课堂教学时，学生的行为并不会被视为对课堂教学的干扰。对于美国学生的这种常被中国教师视为"不认真听课"的"游离"行为，美国教师的评价是，"这是他（学生）自己的选择，他在课堂上的行为应该由自己负责"。这说明，当学生的行为结果仅仅指向学生个体自我时，容易为美国教师所忽略。当学生个体的行为妨碍大多数学生时，才可能被认为是"问题行为学生"。即使学生的行为可能只会在小范围内产生影响，美国教师也不会过多在意。所以，UT7 曾提到，"如果两个学生在课堂上说悄悄话，教师会觉得没有什么，因为他们并没有干扰整个课堂"，这说明，在学生个人行为未妨碍课堂上大多数学生的学习时，两个学生的私下交流仍然是被允许的。只有当学生的行为结果指向大多数他人（包括课堂上的教师和学生）时，教师才可能视其为"问题"。所以，UT1 提到，"只要学生不干扰课堂上其他人，教师就不应该太多干涉，因为大多数教师都认为学生自己有权利决定是否要认真听课"。因此，"干扰课堂教学"成为美国课堂中"问题行为学生"的基本特点，这充分说明美国教师在充分尊重学生个人选择的基础上重视维持整个课堂秩序，也说明美国教师对课堂教学中指向学生个体与他人之间问题的重视，对课堂上指向学生自我问题的忽略。值得说明的是，美国教师对课堂中指向学生自我问题的忽略，不是真正意义上的视而不见，而是对学生个人自主选择尊重的结果。

同样需要强调的是，虽然美国课堂中"问题行为学生"的基本特点是干扰整个课堂教学，但并非所有干扰课堂教学的学生都是"问题行为学生"。"问题"虽然是通过学生的行为得以反映，但正如美国教师在访谈中一再强调的那样，即使有"问题行为"的学生也不一定是"问题行为学生"，UT9 提到，"学生有一些问题行为，但并不必然意味着他们是问题行为学生。如果你认为有问题行为的学生都是问题行为学生，必然会给学生一些很糟糕的影响"。那些干扰课堂教学的学生，只有当他们被教师贴上"问题行为学生"的标签时，才是课堂中的"问题行为学生"。

美国课堂中"问题行为学生"的基本特点与其具体行为表现具有一致性。从 Kenneth Shore 的课堂中问题行为分类标准来看，"外向型"问题行为所指向的是学生个体与他人之间的问题，"内向型"问题行为所指向的正是学生个体自我的问题。显然，美国教师对课堂上学生"外向型"问题行为的强调，包括攻击性行为、惹人注意行为和扰乱秩序行为，都体现出教师对学生扰乱个体与他人之间关系行为的重视，"问题"指向的正是个体与他人；而美国教师对课堂上学生"内向型"问题行为的忽略，包括学生上课睡觉、走神或者沉默退缩，都体现出教师在充分尊重个人选择的前提下对指向学生自我问题的忽视。所以，"干扰课堂教学"作为美国课堂中"问题行为学生"的基本特点与只强调学生"外向型"问题行为的具体表现具有一致性。

（三）美国教师对课堂中"问题行为学生"的应对方式和处理程序

1. 美国教师对课堂中"问题行为学生"的应对方式

从访谈中可以看到，美国教师对课堂中"问题行为学生"的处理主要包括三个部分：课前、课中和课后（见图 3 - 1）。

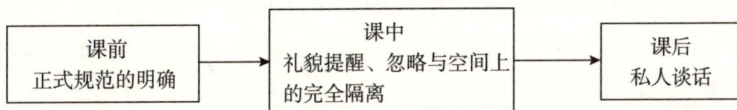

图 3 - 1　美国教师对课堂中"问题行为学生"的应对方式

（1）课前：正式规范的明确。

规范是指导、鼓励、制止、调控人们行为的指示系统，它作为人们的行为准则和人类社会生活的模式，是对人的行为的一种约束和限制。课堂教学作为实现学生社会化的重要途径，必然存在一定的课堂规范。不可否认，任何课堂都存在一定的规范，失去了必要的规范，课堂教学将不复存在。规范分为正式规范和非正式规范。前者可以明确界定，通过书面形式写下来，如各种规则和行为准则；后者不可以明确界定，只能通过习惯遵从或意会或默认。在中国课堂中，虽然有些教室上也会贴相关的学生行为守则（这些行为守则的内容往往大同小异），但真正在课堂中发挥作用的常常是一种与授课教师个人主观意向相关的非正式规范。

在对中国课堂中"问题行为学生"的案例分析过程中，大部分美国教师都提到，教师应该首先让所有学生明确课堂中规范（expectation）❶ 的内容。UT2 在案例分析中指出，"在课堂上，教师应该首先告诉学生，你不能睡觉，你也不能在我的课上吃东西"。UT3 也指出，"教师应该首先建立标准，应该非常清楚地告诉学生规范的内容。作为教师，你应该了解每一个学生，你应该给学生非常清晰明了的指导"。UT8 也提出，教师应该明确"告诉学生什么能做什么不能做，说明原因"。因此，美国教师认为，在课前教师所要做的重要工作就是关于"规范"。具体而言，包括：

---

❶ 美国教室所贴的学生行为规则以及美国教师所用的词多是"expectation"，直译上这个词表明教师对学生行为的期望和期待。但在研究者看来，这是一种典型的课堂规范。

首先，教师要建立规范，确定课堂上学生的行为标准。每个美国教师都有自己的教室，他们都在自己的教室一角办公。因此，在教室的墙壁上，会非常清晰地看到不同教师对学生的要求的规范不同，如表3-1所示。这里需要特别指出的是，中国学生身处相同的教室，面对着不同的教师，与教师个性习惯相关的非正式规范往往随着教师的变化而变化，所以这种非明晰化的规范更容易给学生带来一定的混乱。而对于美国学生来说，每个教师有不同的课堂规范，但都会很明晰地写在教室墙壁上，当学生走进一个教室，就会很明了该课堂相应的规范，这更有助于规范的实施。

表3-1　不同教师对学生的要求规范

	E 中某社会科学课教室规范	E 中某数学课教室规范
具体内容	1. 在任何时候都要相互尊重； 2. 不要有伤害他人的言行； 3. 任何人都不许干扰他人的学习； 4. 进入教室后要尽快找到自己的座位； 5. 携带上课所必需的课本； 6. 有问题时应先举手，被老师点名之后再回答； 7. 有一个创造性的学习体验。	1. 坐在自己的座位上； 2. 准时； 3. 自觉做好准备； 4. 课堂上不要随便说话； 5. 当他人说话时要注意倾听； 6. 上课注意力集中； 7. 上课要带课本； 8. 不要与成人或者同龄人起争执。

其次，美国教师指出，应该让学生非常明确规范的内容，给出"清晰明了的指导，以告诉学生你能做什么和不能做什么"；同时，教师还应该向学生说明规范确定的原因。对正式规范的重视与强调，是美国教师明显区别于中国教师之处。这其实是在一定程度上建立一个非常明晰的划分课堂中学生行为的准则。

这里需要强调的是，中国课堂上并非没有规范，但相对而言，美国教师更强调规范的重要性，更关注建立课堂上的正式规范。在对中国课堂"问题行为学生"的研究中，中国教师极少提到规范。而且，虽然中国课堂上必然存在一定规范，但更多的是一种非正式规范作用的发挥，这种并不明晰且与教师个人主观意向密切相关的非正式规范，往往会带来一些问题，甚至引发师生之间的冲突。S中的德育主任曾感慨地说，"有的老师要求上课把书放在桌角右上方；有的就要求必须听我的，把书放在桌子中间。所以有的老师上课就特别乱，学生不知道该听谁的，他不知道他该干什么"。CS1的语文教师曾经描述过课堂上的一次冲突,"那次他(CS1)上课吃东西,我说他,他说'校规上哪条写着不准吃东西不准说话了',我说'校规上哪条写着允许吃东西了?'"这充分说明正式规范在中国课堂中并不被重视。

(2)课中:礼貌提醒、忽略与空间上的完全隔离。

从访谈中可以看到,课堂之上,美国教师对课堂中"问题行为学生"的态度主要有三类:提醒、忽略与隔离。首先,对待课堂中的"问题行为学生",部分美国教师提到他们在课堂上也会注意,当学生行为干扰到他人时,教师通常会以比较含蓄的方式去提醒学生,比如走到学生身边悄声说几句话,或者用手轻轻拍拍学生的肩膀。这些提醒方式,与UT9所说的"礼貌"的提醒一致。相对于中国教师通过"点名"或者"提问"来提醒学生,美国教师的提醒方式更为隐秘和私人化,尽量避免"引人注目"。一方面,在一定程度上保留了对"问题行为学生"的尊重,尽量避免了对学生自尊心的伤害;另一方面,也避免转移其他学生在课堂上的注意力,降低了对整个课堂教学的干扰。

其次,在课堂上"忽略"(ignore)"问题行为学生"。当"问题行为学生"的行为并未严重到影响整个课堂教学、教师提醒无效时,教师会选择"忽略"。需要强调的是,美国教师的这种"忽略"与中国教师不同。中国教师的"忽略"对学生是一种精神意义上的"惩罚",是教师在尝试用各种方式教育"问题行为学生"后仍然没有效果的情况之下的一种放弃,当中国教师在课堂上对"问题行为学生"完全置之不理时,学生自己也明了教师已经完全放弃、对自己失去了任何希望,中国教师的"忽略"是在没有办法改变学生却又必须让学生留在课堂上的一种无奈的选择;而美国教师的"忽略",是在提醒无效、学生行为又不足以严重到需要马上让他离开课堂时的选择。一方面,美国教师试图用"忽略"来"冷处理"问题行为学生,希望教师在不给予学生任何回应的情况下学生会停止某些行为。UT6在对CS7分析时曾指出,"有时候他们在课堂上开玩笑,我不给任何反应,他们就会停止"。这种"忽略"效果的发挥有特定的对象,主要针对那些故意做出惹人注意行为的问题行为学生。另一方面,美国教师的这种"忽略"是在学生没有严重干扰课堂教学情况之下让学生在课堂上做自己想做的事情。UT7在谈到CS1时,提到"美国教师会在课堂上忽略他,让他做自己的事情"。UT8也指出,"让学生做自己的事情,不去干扰他"。UT1说道"美国学校教育非常关注学生的个人权利,大多数教师认为学生自己有权利决定是否要认真听课"。所以,美国教师的这种"忽略"实际上是对学生自主权利的一种尊重。就如 UT10 所说,"对于'问题行为学生',无论他做什么,都是他自己的选择,教师不能太过干涉或者觉得愤怒"。

最后,当教师意识到"问题行为学生"的行为已经严重干扰到课堂时,他们会马上选择"让学生离开教室去见教导主任(dean)"。这是一种真正空间上的隔离,让学生完全离开课堂。曾经有美国中学生向研究者描述过,"如果你上课打架或者骂人,老师就会把你弄到一个隔离室。每个教室都有按钮,老师一按按钮就直接和隔离室的老师通话,然后就可以让打架或者骂人的学生自己过去。如果你不过去的话,后果会更麻烦。有时候会罚你在家学习一周,有时候是一整天都待在隔离室,有时候是放学之后要留下来"。从学生的描述中可以看到,当"问题行为学生"的行为严重干扰课堂时,教师会采取快速而有效的隔离的方式,将"问题行为学生"转交给其他专门处理这种情况的教师管理。这种"隔离"方式,既可以避免因为授课教师与学生在课堂上的直接冲突而影响课堂教学,也可以在专门的空间由特定的教师处理"问题行为学生",更有利于对"问题行为学生"的教育。

另外,面对课堂中的"问题行为学生",美国教师们强调在课堂上的表扬。这种表扬包括两个方面:其一,针对其他非"问题行为学生"的表扬。UT8 说,"如果我在课堂上要求学生完成某个学习任务而某些'问题行为学生'没有'行动'时,我就会表扬那些完成任务的学生"。教师试图通过对非"问题行为学生"的表扬来影响"问题行为学生",以期"问题行为学生"为了获得教师的表扬而转变自己的行为;其二,当"问题行为学生"进步时,及时在课堂上给予表扬。不止一位美国教师强调这点。UT8 指出,"当学生做的正确时,应该及时表扬。教师应该对学生的正确行为给予嘉奖,这可以使学生意识到,如果他们做的正确,他们就会被教师关注"。公开的表扬在美国教师看来对改变课堂中的"问题行为学生"有着非常重要的意义。正如 UT6 所说,"如果当'问题行为学生'有比较好的表现时,我会及时给予表扬。我要确保他有一个比较成功的体验"。

与此同时,很多美国教师在访谈过程中表示极力反对课堂上公开批评学生。UT1 提到,"教师不能在课堂上批评他们(学生),因为这样将会导致他们不再说话。教师应该在私下跟学生谈"。UT8 也指出,"在美国,教师非常关注学生的感受，如果教师当众批评学生，会给这个学生带来很不好的影响"。美国教师认为，公开批评会影响到学生的身心健康，教师应该尽量避免，尤其是"在中学阶段，学生越来越在意他人对自己的评价"。

（3）课后：私人谈话。

所有受访的美国教师在极力反对课上对学生公开批评的同时，强调课后与学生的私人交谈。从访谈中可以发现，美国教师所提及的课后谈话主要包括三个方面的目的：其一，掌握学生的相关信息，以更好地了解学生在课堂上出现某种行为的原因。UT3 在对 CS9 的分析中提到，"我将跟这个学生做一个私人谈话，以便于更好地了解这个学生"。UT9 也指出，"我想我会跟这个学生有一个私下交谈来帮助她。我会找出她之所以出现这些问题的原因"。UT10 直接坦言，"我会跟这个学生讨论他为什么会这么做"。美国教师指出，只有通过与学生谈话才能真正了解问题产生的原因。其二，与学生探讨如何解决所面临的问题。UT2 强调教师"应该跟这个学生探讨'我们应该如何做?'"UT6 在分析 CS8 时，也提到，"我要跟她谈，我们要一起找出解决这些问题比较好的方式"。UT9 在提到"'问题行为学生'大都很痛恨学校"时指出，"如果他说他憎恨学校，我会问他，'在你眼中，学校应该是什么样的?'"从访谈中可以看到，在课后谈话过程中，教师试图通过与学生的共同协商来解决课堂中出现的问题。其三，通过课后谈话来鼓励学生，表达教师对学生的关注。UT1 说，"我会私下跟学生谈'你是一个聪明的学生，如果你能在课堂上注意力更集中一些的话，你会更成功。'"UT9 在访谈中也提到，"我会告诉她'我知道你是一个很好的学生，你知道你该做什么。当然，你自己的事由你自己做主，但我建议你这样做……'或者'我知道你是很优秀的学生，你能够把这些事情处理好'"。从访谈中可以看到，美国教师一般都比较注重与学生的谈话技巧，在谈话过程中以鼓励学生、充分地尊重学生的自主权为主。

以上是美国教师对课堂中"问题行为学生"的主要应对方式，从时间上来看，具有一定顺序。相对于中国教师的处理方式而言，美国教师在以下方面略有差异：

第一，相对于中国教师而言，美国教师从"问题行为学生"的家长处获得的支持更有限。在访谈中，也有美国教师提到要与学生家长联系。UT1 提到"美国教师遇到问题行为学生，会跟学生家长商量是否安排一个'指导者（mentor）'给学生"。UT9 在对中国学生案例做分析时也提出"我会跟学生家长接触"。但更多的美国教师则是抱怨美国学生家长不能给予教师相应的支持，甚至有不少美国教师指出，家庭是课堂中"问题行为学生"形成的重要原因。一方面，美国许多学生来自贫困家庭或者单亲家庭，UT3 指出，"在我班上 1/3 学生的家长都没有太多钱，他们没有工作没有收入，他们不得不为各种账单头疼"。家庭的贫困影响到学生的状态，UT1 说，"这些学生甚至一天只能吃一顿学校里的免费午餐"。UT2 也提到，"他们（学生）甚至经常处于饥饿的状态"。这种情况自然会影响到学生课堂上的表现；另一方面，美国教师认为美国家长不关注学生。UT2 在访谈中说，"这些父母特别懒，一点也不关心孩子，许多学生回到家里都没有吃的"。UT3 指出"一些家长本身对学校就有很糟糕的印象，所以他们并不能给学生提供什么好的支持和帮助"。UT5 甚至抱怨，"现在有那么多书告诉父母该如何教育孩子，可他们就是不读"。这种情况使得美国教师对从课堂中"问题行为学生"的家长获得支持并不寄予太多希望。在访谈中，UT6 提到她在中国观察课堂之后曾经跟中国教师探讨的一个问题"如果学生不愿意学习，教师会怎么办"，她说，"中国老师告诉我，他们将和学生父母联系，让父母也督促学生学习"；但是，UT6 感叹"在美国，我们很少让父母也牵扯学生的学习中来"。可见，相对于中国教师而言，美国教师从"问题行为学生"的家长获得的支持有限。

第二，相对于中国教师而言，美国教师对课堂中"问题行为学生"同辈群体的关注仅仅局限于课堂上的合作学习。在 CS9 和 CS10 案例中，同辈群体的不良影响成为一个不可忽视的因素。从访谈中可以发现，美国教师也充分意识到同辈群体对学生的影响，UT8 指出，"在小学阶段，学生非常顾及家长和教师的看法；但到中学，学生更在意同辈群体的看法"。UT6 也指出，"有时候，亚文化群体认为学习是件糟糕的事情，这对学生有影响"。但是，如何引导同辈群体的良性影响，美国教师主要强调课堂上的合作学习。对于 CS9，UT6 提到，"在美国课堂上有很多小组合作学习，我会给予她（CS9）一些机会让她发挥能力，也给不同学生展示自己的机会"；而对于 CS10，大多数美国教师提出要让她当"小老师"（tutor），去帮助同组同学。UT10 指出，"在课堂上，我会给学生任务，让他们自己选择小组成员相互帮助。这样，学生能够跟他们的朋友一起学习"。合作学习是引导学生同辈群体之间良性影响的一种有效方式。无论是课堂观察还是对美国教师访谈，研究者发现，美国教师相当重视课堂上的合作学习，这在一定程度上有助于缓解同辈群体对课堂中"问题行为学生"的不良影响。但是，除此之外，美国教师很少在课下关注课堂中"问题行为学生"的同辈群体。相对于中国教师试图去瓦解课堂中"问题行为学生"所在的各种小团体的努力，美国教师很少真正去引导同辈群体对"问题行为学生"所造成的影响。就像 UT6 所说，"毕竟交朋友是学生自己的事情，教师不能强迫学生和某人成为朋友，或者不和某人成为朋友"。

第三，相对于中国教师而言，美国教师对"问题行为学生"座位的安排更缺少"隔离"性。前文分析得出，"问题行为学生"的座位安排对中国教师而言，是一种空间隔离的方式。但是，对美国教师而言，座位安排对"问题行为学生"的"隔离"作用并不突出。主要有两个方面的原因：其一，美国教室的空间构成决定了难以将"问题行为学生"隔离。在研究中发现，美国教室中学生的座位安排大都不同于中国，比较常见的是分组型的空间构成。由学生组成不同的小组分散在教室中，每组有 4~6 人。从观察和访谈中可以发现，美国课堂上学生的这种分组型座位由教师安排，相对比较固定。美国教师在安排分组座位过程中，更多的是将不同能力水平的学生组织在一起，座位调动也是以"组"为单位。相对而言，避免了教师对单个学生座位的调整，也更不容易将"问题行为学生"隔离。此外，虽然在美国教室中也存在"插秧型"座位，但在这种座位排列下学生一般可以自主选择座位。同时，由于课堂上学生数量远远小于教室里的学生座位，所以相对而言，座位所体现出来的对问题行为学生的"标签"意义并不明显。其二，美国教师在座位安排上尽量降低对"问题行为学生"的隔离。大部分美国教师在对 CS1 的分析中指出，不应该将 CS1 的座位安排到教师的角落，UT9 说"我不会安排这样的座位。对于学生座位安排，应该遵循一定的规则"。UT6 也指出，"CS1 坐在角落里，他被教师孤立。在我的课堂上，我安排学生的座位，但我经常更换学生的位置，使每个学生都有机会坐到不同的位子"。但是，UT8 却有不同的意见，"我有时候也会将学生安排坐到角落。有两个原因，第一避免这样的学生去打扰其他学生，第二为了让学生更好地关注他自己的事情。"与此同时，UT8 强调"虽然教师可以让学生隔离开来坐在角落，但不能忽视他"。虽然同样有美国教师将"问题行为学生"安排在角落，但其"隔离"的意义不同于中国教师对"问题行为学生"座位的安排，美国教师是在让学生尽量不干扰其他学生的前提下尊重学生自己的选择。美国教师运用课堂上的座位安排对"问题行为学生"进行隔离的作用并不突出。

2. 美国教师对课堂中"问题行为学生"的处理程序

美国教师作为一个群体对课堂中"问题行为学生"的处理程序略不同于中国教师，这首先与美国中学的"走班制"密切相关。在美国中学里，学科教室和教师固定，学生根据所选择的科目到不同的教室上课。对教师而言，教室既是上课的地方，也是办公的地方。所以，与中国的班级授课制不同，美国中学里没有"班主任"这一角色。相较于中国的学科教师，美国每个教师要都要承担一部分由中国学校班主任承担的工作，包括确立该学科课堂上的各种规则以及教师与学生课后谈话。

作为公立高中的顾问（counselor），UT1 介绍了对"问题行为学生"的完整处理程序，当教师在课堂中遇到"问题行为学生"时，他们有时候会让学生去另外一个教室（隔离室）。但如果教师发现这并不起作用时，他们会把学生送到教导主任（dean）那里，教导主任再跟教育顾问沟通关于这个学生的事情，由顾问具体负责跟学生进行多次面谈"。具体看来，可以分为三个阶段：①美国教师在课堂上发现"问题行为学生"；②当美国教师在礼貌地提醒和忽略之后、学生的行为仍然严重到使课堂教学无法正常进行时，教师会尽快做出决定将学生隔离，送往隔离室由专门教师负责管理。在隔离室中，"问题行为学生"会接受类似"禁闭"一样的惩罚。研究中，一位华裔美国高中生讲述了他因课上与一位黑人学生打架而进入隔离室的体验，"我再也不想去那里了。在那里你不能出声，有一个专门的教师坐在讲座上盯着下面，每个人一个桌子，那个桌子的三面都有木板挡着，你可以坐在那里写作业或者睡觉，但是你不能说话。"隔离室是专门"收容"各班"问题行为学生"的地方。在这个特殊的空间里，学生数量非常少，且每个学生之间严禁交流。在缺乏交流且"三面木板挡着"的有限空间之内，隔离室成为一种对"问题行为学生"的有效惩罚；③当"隔离"仍然不能有效地解决问题时，"问题行为学生"会被送到学校管理者那里。如 UT1 所介绍的，作为学校管理者，教导主任决定是否对"问题行为学生"进行惩罚，具有一定的惩戒权；而顾问负责与学生的谈话教育。因此，与"问题行为学生"谈话最多的往往是顾问，但由于顾问缺乏惩戒权，所以就像美国学生曾经提到的那样，真正令他们"重视"的只有教导主任。

相对而言，美国教师对课堂中"问题行为学生"的处理程序具有两个显著特点：

第一，由于缺乏中国学校"班主任"的角色，所以"班主任"所承担的职责分散给更多的学科教师。这在一定程度上减少了类似于中国学校中由于"班主任"个人能力问题所可能带给课堂教学管理中的问题。另外，中国学校中的"班主任"像枢纽中心，各科教师对学生的看法、学生的家庭情况甚至学生群体的情况都相当了解。当美国教师只是作为一个"学科教师"去面对"走班制"中的"问题行为学生"时，对学生各方面情况的了解与掌握很难达到中国"班主任"那种程度，这并不利于教师对"问题行为学生"的处理。

第二，美国教师作为一个群体对课堂中"问题行为学生"的处理具有"分工明确"的特点。首先，有专门的教师负责在隔离室管理所有的"问题行为学生"，这样，学科教师虽然也会在课后与"问题行为学生"面谈，但学科教师的主要责任在于教学，管理监督"问题行为学生"的时间相对较少，由专职教师负责对其监督管理；其次，有顾问专门负责与学生单独面谈。每个学校有 3~4 名的顾问，顾问的一个重要职责就是与"问题行为学生"多次面谈。这样，在对教师群体工作的进一步分工的基础上将课堂教学与对"问题行为学生"的管理进一步分开。

通过对美国课堂中"问题行为学生"的研究可以得出以下结论：①美国教师对课堂中"问题行为学生"的评价以"是否干扰到整个课堂教学"为核心标准，重视学生成绩并强调影响学生课堂学习的客观原因；②美国课堂中"问题行为学生"的表现为"外向型"，包括具有攻击性行为、故意惹人注意行为、扰乱秩序行为，其基本特点是学生个人的行为妨碍了课堂上其他大部分学生的学习或者教师教学；③美国教师对课堂中"问题行为学生"的应对方式主要有三种：课前正式规范的明确，课上对"问题行为学生"礼貌提醒、忽略或者空间上的完全隔离，课后与学生的私人谈话。美国教师对课堂中"问题行为学生"的处理程序是从学科教师对"问题行为学生"的发现与处理，到隔离室教师对"问题行为学生"的监督与管理，最后是顾问对"问题行为学生"的面谈与教导主任对"问题行为学生"的惩罚。

综上所述，中美课堂中"问题行为学生"的具体表现、基本特点以及教师对他们的应对方式及处理程序如表 3-2 所示：

表 3 – 2　中美课堂中"问题行为学生"的比较

	中国课堂中"问题行为学生"	美国课堂中"问题行为学生"
具体表现	外向型：故意惹人注意行为、扰乱秩序行为 内向型：注意力分散、退缩行为	外向型：攻击性行为、故意惹人注意行为、扰乱秩序行为
基本特点	学生没有真正参与到课堂教学中	学生个人的行为妨碍了课堂上其他大部分学生的学习或者教师教学
应对方式	1. 加强与学生个人沟通：课堂上的提醒与公开批评；课堂下的谈话； 2. 寻求其他支持：加强与家长合作；关注同辈群体的影响； 3. 隔离：空间上的隔离与心理上的隔离	1. 课前：正式规范的明确； 2. 课上：礼貌提醒、忽略与空间上的完全隔离； 3. 课后：私人谈话
处理程序	学科教师——班主任——学校德育处主任或校长	学科教师——隔离室——顾问或者教导主任

第四章 中美课堂中"问题行为学生"的共性分析

从对中美两国课堂中"问题行为学生"的具体表现、基本特点、教师应对策略的分析中可以发现，虽然中美两国教育本身存在巨大差别，但中美课堂中的"问题行为学生"在一定程度上反映了一些共性的问题。本章首先对中美课堂中"问题行为学生"的共性问题进行了分析，在此基础上，对学校教育扩张背景下课堂教学实现学生社会化的困境进行了探讨。

一、中美课堂中"问题行为学生"的共性

从前文对中美两国课堂中"问题行为学生"的具体表现、基本特点、教师应对策略的研究发现，两者虽然存在各种差异，但也面临一些共同的问题，具体包括以下三个方面。

第一，学生缺乏学习兴趣——课堂满足不了学生的社会化需求。

虽然中美两国课堂中"问题行为学生"的具体表现有差异，但两者的一个共同特点就是，都不愿意参与到课堂教学中，严重缺乏学习兴趣。

很多中国教师在访谈中都提到学生缺乏学习兴趣。"这些学生对学习的热情不是很高，关注度也不是很高，就是在学校混日子"，学生自己也表明"不想学""没有意思""一上课就想睡觉"。美国教师 UT2 在访谈中也指出，"学生缺乏学习动机，他们对学习没有任何兴趣。虽然不同课程问题不同，但任何行为都是有一定动机的，这些孩子就不愿意学"。

作为一名经验相对丰富、有五六年带班经验的教师，CS1 的班主任在访谈中指出："现在的学生很难伺候，他不学，老师还真没办法。反正要让他们学习成绩跟上来，还真是一个很复杂的事情。你得让他们逐渐先养成好习惯，然后学习上起码有一点兴趣，可现在好多孩子是一点兴趣也没有。谈什么什么不

会，老师讲的一节课可以说90%以上跟他没有关系。基础太差了，复习也不复习，小学那点知识都没有学好，再加上初中又不认真听。所以他就是哪一天晚上发誓第二天要好好学习，第二天也不一定能够学好，最多学一上午。其实我也挺同情他们，他们挺可怜的，但咱们做工作，最多培养他一点毅力。像CS1这样的学生吧，你鼓励他，比如找一件小事鼓励他半天，他高高兴兴地学半天一天的，持续不了。而且你夸他一句两句，没什么感觉，你使劲夸半天，把他夸高兴了，他就会跟着学一点，但也就那么一会儿，坚持不了多长时间，毅力太差。"

CS9的班主任是一位带班两年的教师，在访谈中也提到自己的难处："这班我从初一带到现在，也一年多了吧，但是有些孩子的心我还是摸不到，不管怎么样他都和你很有距离，感觉很远。他也体会不到，不知道是真的体会不到还是不去体会。现在孩子特别难弄。我觉得和现在孩子心智早熟啊什么的都有关系。这孩子对什么都看得挺淡的，好像什么都是那么回事，也就是这样了，有时候我就说他们，'你们是不是看破红尘了，觉得这红尘也不过如此了'，有这个感觉，你感觉他什么都不在意，什么都不在乎，学习成绩下降你说他他也无所谓，上课回答不出问题你批评他他也像没事人一样，真的不好教。你说他什么他都不在乎，根本就不想学，怎么教呀。"

CS12的班主任作为一名刚带班几个月的新教师，在访谈中很无奈地提到："其实孩子都很聪明，底子也都不差，学校和家长要是把他给教育好了的话那就很好，但就赖他自己不学啊。现在是老师努力，家长白费劲，孩子不上你的套，你也没辙。你说恨不得我去给他包办，那不成啊，你是学生啊，你该做的事情你得做啊。老师就起一个监督引导的作用。回去之后家长是对你负责任，但家长也不能天天给你听单词、默单词啊，学习是一个需要自觉的事情，所以我说现在的孩子还是缺乏内动力，缺乏那种我想学、我要学、我得超过别人的精气神。他们就是这样就得了，及格就行了，不及格的话还有考得比我低的呢，就这样的比，他没有上进心。"

其他美国教师在访谈中也提到，UT4说，"他们并不在意学校里的学习。他们成绩通常很差，不关注学习，上课捣乱，寻求他人的关注。他们不做作业，很懒。他们不需要学习只要用Google在网上一搜索就能获得他们想要的信息"。UT10也提到，"他们不愿意上课，也不愿意待家里。他们只是想跟朋友待一起。他们经常跟朋友谈论关于聚会、学校里的男生或者女生等事情"。

教师眼里这些"现在的孩子",缺乏学习兴趣,没有上进心,缺乏意志力。有位中国教师甚至用"看破红尘"来形容他们对学习的不在意。所以,教师眼中的学生对学习缺乏兴趣。在课堂上,这些不愿意学习的学生,不仅自己不参与课堂中,还可能去干扰或妨碍其他学生学习。

可是,学生为什么缺乏学习兴趣?是因为如教师在访谈中所说的"心智成熟过早""看破红尘""没有上进心""缺乏意志力"吗?对学生的访谈似乎给了另一种不同的答案。

从对中国学生的访谈中可以发现,并非所有案例学生都是从最初就不愿意学习,当研究者引导学生回忆小学学习状况时,发现几乎所有的案例学生都有一个"从爱学习到不愿意学习"的转化过程。他们最初都是喜欢学习的,有的甚至在小学属于全校学习的榜样(如 CS9),但上初中之后,慢慢地学习成绩逐渐下降,对学习也渐渐失去兴趣。

CS2:我小学时其实挺喜欢学的,我还记得六年级上学期我考了 80 多分呢(语文)。后来又住在我们班主任家补了一段时间数学,那段时间把数学赶上去,就考到这里(S 中)来了。但是考来之后吧,慢慢地又变差了。

研究者:为什么会变差呢?

CS2:老师讲课没有意思。

研究者:怎么没意思了?

CS2:太死了,很闷,听着就想睡觉。

同样比较典型的是 CS1 的描述:"我小学成绩还挺好的,小学数学还考过 100 分。其实初一上学期成绩还不错。下学期就及格线上晃吧。初二就不及格了。主要是数学,初一还不错,初二换了个老师,老师(数学)太狠了。我吧,上课的时候偶尔也说会话,她就骂我,骂得特狠。后来我就不想学了。我也没跟她争,我脾气也不好,但我不理她,我就低头看书。然后她就又在课堂上跟全班同学说:'你们看那位(指着 CS1),跟拴羊桩似的。'就因为数学老师上课骂我,我就没情绪学了,后来就落下了,落的多了就什么都不会了,就不想学了,没有情绪了。她上她的课,不关我的事,我干什么她也不管我了。初三换了班主任,班主任挺好的,我想学的,可是太难了,也搞不懂什么意思,没办法,学不进去了。"

被同学们称为"瞌睡大王"的 CS4 在访谈中也提到,"有的时候讲得比较有意思，我还是能听，克制自己不睡。有时候课讲得没有意思，我也不是说想睡，可不知道怎的就是控制不住地想睡觉。有时候讲的听不懂，好像突然之间难起来了。还有就是没意思，像英语讲语法什么的，挺难的，听不太懂。那时候我就会玩会儿。"

学生并非天生的缺乏学习兴趣、不愿意学习，而是在长期的课堂教学过程中因为种种特定事件消磨了兴趣。具体而言，有两方面的原因。其一，教师教学行为影响到学生的学习积极性，比较典型的就是 CS1。教师在教学过程中错误的教学行为，比如课堂上对学生的辱骂，可能会极大地打击学生的学习积极性、导致学生课堂上的"问题行为"。推而广之，当教师在教学过程中并没有关注学生的心理情绪状态，而完全以自己的标准去衡量评价学生、并做出相应的教学行为时，学生的情感会受到极大影响；其二，教学内容对学生学习兴趣的影响。对学生而言，当他们感到教学内容过于沉闷或者相对学生的水平过于深奥时，都会对课堂教学产生抵触情绪，以致学生对学习失去兴趣。

所以，从教师的视角来看，当前学生缺乏学习兴趣成为一个急需解决的问题；而从学生的视角来看，教师教学行为以及具体教学内容是造成他们不愿意认真听课的重要因素。事实上，学生缺乏学习兴趣是问题的结果，真正的问题在于他们的学习需要没有得到满足。在班级教学背景下，连教师自己也承认很难去了解每个孩子内心深处的需要。有位中国教师在访谈中很无奈地提到："像我，两个班的课，主科嘛也挺重要的，天天备课啊判作业，数学这个也挺重要的，很多孩子不愿意学理科，也是挺烦的，他也没有什么兴趣，然后加上班里有不同的事情去解决，所以可能对有些孩子关注得多有的孩子关注得少。所以有些孩子内心深处的问题隐藏得比较好，有的知道有的不知道，知道什么解决什么，否则每个孩子要了解的话，这老师当得肯定要累死。"美国教师 UT7 也指出，"学生不知道他们为什么必须待在学校接受学校教育（They don't know why they must stay in school）。"

从中国的 15 个案例中可以看到，所有课堂中的"问题行为学生"并非从小学一开始就讨厌学习，他们也曾经有喜欢学习的时候。可是，随着学习过程中他们的情绪情感要求以及知识发展水平被忽略，导致他们逐渐丧失学习兴趣。一方面，课堂教学没有满足学生的情绪情感需求。学生作为未完全社会化者，在社会化过程中更需要得到的是教师的肯定与鼓励，而不是批评与讽刺。教师"恨铁不成钢"的行为可能会在无意中极大地伤害学生的自尊心，引起学生对课堂教学的抵触，进而表现为"不想学了"；另一方面，课堂教学没有满足学生的知识水平发展需求。教学内容应根据学生水平来确定，对不同层次学生所采用的教学内容也不一样，过难或过易的教学内容会使学生失去学习的兴趣。综上所述，学生不愿意参与课堂教学，缺乏学习的兴趣，看不到课堂教学的意义，其根源在于课堂教学难以满足学生的社会化需要。

第二，缺乏对教师应有的尊重——课堂教学中教师权威面临挑战。

迪尔凯姆在《教育与社会学》一书中认为，教育在本质上是一种权威性的活动，教师是社会的代言人，是他所处的时代和国家的重要道德观念的解释者，教师必须具有坚强意志和权威感的道德权威。[1] 在社会化过程中，学生首先要通过社会互动与社会实践学习社会的知识、技能与规范。教师作为成人社会的代表，是对学生实行"教化"过程，促进学生学习社会知识、技能与规范的重要执行者。因此，教师必须具有一定的权威，这样才能保证"教学目的的实现、师生关系的形成、教学秩序的维系和教学效率的提高"。[2]

然而，在研究中发现，中美两国课堂中的"问题行为学生"都曾在不同程度上与教师发生过冲突。在教师眼中，他们缺乏对教师应有的尊重。[3] CS10的班主任曾说，"现在当老师当得特别寒心，好心跟这些孩子单独谈话，他们说是我故意整他。他们不知道理解老师，也不知道尊重老师"，曾与CS1在课堂上发生过激烈冲突的语文老师说，"我课上跟CS1说话，说好几遍他都不理我，再一说话声音大了，他就会吼'你干嘛这么大声啊'，比我还凶，还挑我的不是了"。美国教师UT2也指出："不尊重教师的学生，特别是在中学里，有许多学生都不尊重教师。这也跟同辈群体相关。同时，这是一个很特殊的年龄，学生正值叛逆期，他们会想'我不一定要按着教师要求的来做'。"由于中学生所处的特殊年龄阶段，对同辈群体的重视、自我意识的增长和对权威意识的反抗，使得他们像UT2所描述的那样，"我没有必要一定按着教师的要求

---

❶ 张人杰. 国外教育社会学基本文选 [M]. 上海：华东师范大学出版社，1989：21 – 23.

❷ 钟一平. 教师权威研究 [D]. 长沙：湖南师范大学，2006：22 – 40.

❸ 什么是对教师的尊重，也许在中美教师眼里有着具体的不同标准。但这里所要说明的是，在中美教师各自眼中，"问题行为学生"都缺乏对教师应有的尊重。

来做"。在缺乏学习兴趣的同时，又缺乏对教师的尊重，所以在课堂上才会挑衅教师权威，与教师发生冲突，干扰课堂教学。

第三，缺乏家长的支持——其他社会化方式的支持乏力。

从中美教师对课堂中"问题行为学生"的应对方式中可以发现，两国教师都反映出家长对学校教育缺乏支持。虽然相对而言，中国教师能获得家长的更多支持、教师也把寻求家长支持作为对"问题行为学生"的一种重要应对方式；但是，教师也注意到学生家长并不重视学生在校行为，有些家长教育方式不当，与学校教育理念相违背。中国教师在访谈中也提到："像他们家长，就是把学校当托儿所，不是幼儿园，是托儿所，就委托你带孩子。""家长就是图省事""家长就知道给钱，也不知道管管孩子"，而美国教师更是直言从学生家长那里获得的支持相当有限。

综上所述，中美课堂中"问题行为学生"的共同点在于：学生缺乏学习兴趣、缺乏对教师应有的尊重，教师对"问题行为学生"的教育缺乏家长的支持。

二、课堂教学实现学生社会化困境：中美面临的共同问题

中美课堂中"问题行为学生"所体现出来的共性问题反映了教育自身发展中所面临的问题，从学生社会化角度而言，课堂中的"问题行为学生"缺乏学习兴趣、缺乏对教师应有的尊重以及教师对"问题行为学生"的教育缺乏家长的支持，这在一定程度上所体现的正是当前课堂教学在实现学生社会化过程中面临的困境。

（一）学校教育扩张背景下课堂教学实现学生社会化所面临的变化

1. 从"边缘"到"核心"：课堂教学在实现个体社会化过程中的地位变化

课堂教学是实现学生社会化的重要途径，但并非从人类产生之日起，课堂教学就对个体社会化有着重要作用。课堂教学在实现学生社会化过程中的地位是变化的，这一方面是由于课堂教学本身的发展，另一方面是由于其他社会化途径的变化。在学校教育扩张背景下，课堂教学在实现学生社会化过程中的地位必然会有新的变化。但需要强调的是，首先，课堂教学在实现学生社会化过

程中的地位变化与学校教育的产生和发展有着密切的联系，没有学校教育，就不可能有课堂教学，学校教育的不断发展壮大正体现了课堂教学在实现学生社会化过程中地位的变化；其次，课堂教学在实现学生社会化过程中地位的变化与其他个体社会化途径的变化也有一定联系，从某种意义上说，是"此消彼长"的关系。因此，考察课堂教学在实现学生社会化过程中的地位变化，主要考察以下两个方面：

（1）课堂教学在实现个体社会化过程中的发展历史。

阶段1：学校教育产生之前，家庭教育是实现个体社会化的重要方式

从人类发展的历史来看，课堂教学没有在一开始就成为个体实现社会化的重要途径。在人类诞生的漫长的原始社会时期，人的社会化过程是在生产劳动与社会生活实践过程中进行的。年青一代的社会化过程融于生产劳动与社会生活过程之中，儿童的生活群体、劳动群体基本合为一体。因此，原始社会的人的社会化结构极为简单。进入奴隶社会之后，由于婚姻与家庭形式的变迁，始于原始社会末期的一夫一妻制的婚姻与家庭形式此时得到进一步的巩固，儿童自其出生之日起便有了自己稳定的所属生活群体，而且这种所属生活群体同时也是劳动群体与教育群体。家庭作为一个生产和生活并存的单位，在人类社会历史的很长一段时期之内是个体的唯一社会关系。在日复一日的家庭生活中，长辈言传身教，潜移默化地把现世的各种社会文化规范、生活技能和传统道德习俗等价值体系传递给儿童，使其在体格成长的同时也获得了品格的形塑和人性的完善。家庭提供了儿童活动的主要场所，规定了儿童社会化的初始内容，帮助儿童完成了人生的第一次角色定位，培养了儿童与家人心灵沟通、情感交流、行为互动的基本能力。所以，家庭教育一直是人类历史上最重要的社会化方式。

但是，即使是在学校产生之前，家庭教育也并非个体实现社会化的唯一方式。附属家庭相邻而居，则多半会形成邻里关系，并因之而可能发生儿童与邻里成员之间的交往。这样，邻里作为一种交往群体，成为儿童社会化的又一场所。不仅如此，倘若有许多家庭相对集中地居住在同一区域，则这一区域便可视为一种"社区"。与邻里不同的是，社区中通常会形成一定的风俗和规章制度，酿成具有特定趋向的文化氛围，甚至会产生一些社会群体与机构。因此，对于生活在可被视为社区地域范围中的儿童来说，社区成为影响个体社会化的另一种重要因素。

阶段2：学校教育产生初期，家庭教育仍然是实现个体社会化的主要方式

随着社会的发展，工作与生活不断复杂，各种劳动和技能的专业化程度越来越高，以致不能简单地通过一般的社会化来获得，于是开始有了比较专门化的教育机构——学校。学校的产生导致人类教育活动的几乎所有要素都出现了前所未有的专门化与制度化。随着学校的出现，教育的重心也开始了历史上的第一次大转移，即从社会转向学校、从生活转向文字。至此，人类社会不只有口耳相传的以语言为传播媒介和个体化单一的对话形式，还有了以文字为传媒的间接知识的传授。学校教育要对教育内容进行选择和整理，以保证下一代能高效率地学习更多更精粹的人类文化知识，避免重复老一辈犯下的错误。"每代人都把它的知识成就的精华放在那里，以便下一代人可以从前辈的肩上展望更遥远的知识水平线。"❶ 因此，学校的出现意味着原来一般意义上的社会化过程无论是在形式上还是在内容上都谋求到了一种坚实的依托，又可能避免由松散的社会结构带来的教育的随意性、狭隘性和片面性，避免了因时过境迁而可能导致的社会文化的流失与断裂，保证了人类发展的统一性和联合性。

相对于家庭和社区而言，学校教育在实现个体社会化过程中的作用具有系统性和规范性的特点，这是前两者所无法比拟的优势。需要强调的是，学校教育在产生之后的很长一段时间之内，并不是社会上个体实现社会化的最主要方式。这是因为在学校产生之后很长一段时间之内，就整个社会而言，能接受学校教育的往往只是特权阶层的少数人。学校教育在产生之初都是特权阶级的享用设施，为特权阶层服务，具有强烈的排他性，它对某个地位阶层来说是一种具有专利性质的权利，而对其他阶层来说则难以接近。学校总是通过昂贵的教育费用，或是通过规定不同阶层儿童受教育的权利，将一般平民排斥在学校教育之外。

在中国，往往是"官守学业，学在官府"。从最初的西周开始，"惟官有书，而民无书；惟官有器，而民无器；惟官有学，而民无学"❷。这种情况决定了只有为官的人掌握学术，以官府为传授基地，教其子弟，因此只有贵族子弟才有入学受教的权利。进入封建社会之后，由于封建社会的国家官僚机构是

---

❶ [美] 约翰·S. 布鲁伯克. 教育问题史 [M]. 吴元训，译. 合肥：安徽人民出版社，1991：613.

❷ 孙培青. 中国教育史 [M]. 上海：华东师范大学出版社，2000：18.

建立在宗法等级制度之上的，学校教育制度就表现为鲜明的等级性。如我国唐朝的学制，中央设置的官学有"六学二馆"，"六学"各按文武大臣的品级严格规定他们的子孙入学资格，"二馆"则专收皇帝、皇后的近亲及宰相大臣的子孙。北魏时期太平真君五年曾有诏曰："自顷以来，君国多事，未宣文教，非所以整齐风俗，示轨则于天下也。今制自王公以下至于卿士，其子息皆诣太学。其百工技巧，驺卒子息，当习其父兄所业，不听私立学校。违者师身死，主人门诛。"❶

美国的学校教育可以追溯到殖民时期。17 世纪初，当首批欧洲移民在北美大陆定居下来以后，教育活动也随之开始了。新英格兰地区的教育活动最为活跃，对日后美国教育特色的形成和发展的影响也最为突出。新英格兰地区的移民大多数是来自英国的清教徒，他们崇尚书本，信奉教育，一时之间，"教派兴学"成为风尚。清教徒所办的学校主要分为两类——"读写学校"和"拉丁文法学校"。前者虽具有读写之名，却重读轻写，以教授儿童阅读《圣经》为目标；后者是专门为上层社会子弟举办的，主要目标是"培养男孩子进入哈佛学院，继而在教会任职"。所以，美国的学校教育在建立初期也并非面向大众。

概而言之，从历史的角度上看，在学校教育产生之后的一段时间之内，其对象只是社会中的极少数人。所以，有学者指出，"当社会发展还相当落后，'学生'在适龄儿童中的比例尚微乎其微时"❷，也就是学校教育主要为极少数人的特权阶层服务时，家庭在传递结构中处于核心位置。此时，虽然学校教育已经展现出其他社会化方式无法比拟的优点，但家庭教育仍然是最主要的社会化方式。

阶段3：学校教育的扩张使得课堂教学在实现个体社会化过程中的作用逐渐居于核心地位

当社会经济发展到一定阶段，随着世俗政权的普遍建立和人们对教育重要性认识程度的加深，人们认识到应由国家开办公共的义务教育机构、使全体公民都能受到必要的教育。学校教育的不断扩张使得绝大多数甚至几乎所有适龄儿童都能通过课堂教学实现个体社会化。此时，学校教育的性质也发生了根本

---

❶ 孙培青. 中国教育史［M］. 上海：华东师范大学出版社，2000：136.
❷ 吴康宁. 教育社会学［M］. 北京：人民教育出版社，2001：104.

的转变，即由为特权阶层服务转变为面向社会所有公民的教育。学校教育不仅要培养社会精英，更要培养合格的国民。所以，接受学校教育、走进课堂教学不仅对于谋求社会晋升的儿童来说是必经之途，对于任何终将步入社会的儿童来说也成为不可绕开的"成长之路"。

19世纪末20世纪初，我国经历了科举与学堂、中学与西学的激烈论争，最终选择了废科举而兴学堂（现代学校）的道路。1905年后，全国学堂的发展数量以及学生人数确实有了很大的提高。但鉴于近代中国的变乱危局，尽管现代学校教育已在全国范围内渐次推进，但是普及教育的理想及教育质量的提升均难以实现。新中国成立后，尤其是改革开放以来，我国政府不断颁布各项法令政策，推动学校教育的发展。1978年，教育部颁发了《全日制十年中小学教育计划（试行草案）》；1982年12月，中共中央发出《关于普及小学教育若干问题的决定》；1986年4月，国家颁布了《义务教育法》；1993年2月又颁发了《中国教育改革和发展纲要》，确定了20世纪末教育发展的总目标，20世纪末，我国基本实现普及九年义务教育，基本扫除青壮年文盲，全面贯彻党的教育方针，全面提高教育质量，建设好一批重点学校和重点学科。1999年学制改革是在贯彻落实《教育法》和《中国教育改革和发展纲要》的基础上提出的，主要目标是2000年全面普及九年义务教育，基本扫除青壮年文盲，完善职业教育和继续教育制度，改革高等教育。1999年6月《中共中央国务院关于深化教育改革全面推进素质教育的决定》明确提出，地方各级人民政府要继续将"两基"作为教育工作的"重中之重"，确保2000年"两基"目标的实现和达标后的巩固与提高。各地要从实际出发，改造薄弱学校，提高义务教育阶段的整体办学水平。2011年，全国所有县（市、区）和其他县级行政区划单位、所有省级行政区划单位全部实现"两基"，"两基"人口覆盖率达到100%，15岁及以上人口文盲、半文盲率下降到4.08%，小学净入学率99.7%，初中阶段毛入学率100.1%。

相比而言，美国是世界上最早实现普及教育的国家之一。1647年，马萨诸塞州颁布著名的《祛魔法案》，规定凡50户以上人家的城镇要建立小学，要任命一位教师来教授所有儿童读书识字；100户以上的市镇要建立拉丁文法学校，教师的薪俸由家长、雇主或全体居民负担。虽然这些法案在当时并未能得到真正执行，但可被视为美国公立教育的先声。19世纪初，独立以后的美国走上了全面发展资本主义的道路。为适应工业的发展，需要培养大批有技术、有文化的劳动力，普及教育因而被提上议事日程。19 世纪 20 年代，首先从新英格兰地区发起，以后席卷全国的"公立学校运动"正是这一时代背景下的产物。它以建立由税收维持、社区管理、面向全体儿童、免费的公立学校为宗旨。公立学校运动卓有成效，经过 40 多年的努力，到 19 世纪 60 年代，八年制公立小学已在全美各州普遍建立起来，为普及小学教育起了巨大作用。美国的中等教育经历了从拉丁文法学校、文实中学到公立中学的发展，在南北战争以后，19 世纪后期，美国公立中学逐渐普及，随着普及中等义务教育法在各州的相继颁发（到 1918 年，已有 30 个州通过了强制义务教育法），中学生人数迅速增加。至此，随着学校教育的不断扩张，社会已开始将所有必要的知识技能与观念的传递都委托给了学校，学校便成为年轻一代的主要知识来源地，成为他们形成兴趣、标准、态度和看法的地方。❶ 至此，课堂教学成为实现个体社会化的必经途径，它的作用是其他社会化途径所无法比拟的。

（2）其他社会化途径的变化。

随着学校教育的扩张，课堂教学在实现个体社会化过程中逐渐从边缘走到中心，与之相应的，其他社会化途径在实现个体社会化过程中的地位也不断发生变化。

第一，家庭的社会化功能不断弱化。

在学校教育产生之前以及产生之后的很长一段时期之内，家庭作为人类社会最早的组织机构，一直都处于实现个体社会化的"核心"地位。家长对于子女的语言、情感、角色、经验、知识、技能与规范等习惯均有潜移默化的作用，甚至对其一生中的观念、心理、行为、习惯会产生重大影响；家庭成员的交往互动，给了个人最丰富、最真实的感情交流和爱的体验，孩子在与父母的频繁交往中不知不觉地认同和内化了一定的生活态度、价值观念和行为方式，良好的亲情互动传递机制使个体产生健康的归属感、信任、利他性等社会资本；家庭的经济文化条件提供了子女的生活方式、物质和精神享受方式，通过家庭成员与外界的关系，个体耳濡目染地学习社会文化和社会规范，逐渐养成了一定的生活能力和习惯，这些经验的性质、数量和取向对他们的一生都有深刻的影响。所以，用心理学家的话说就是，"成长中的家庭经验形成我们心理

---

❶ Czestaw Kupisiewicz. School and the Mass Media [J]. Prospect, 1984, 14 (1): 9 – 21.

的整个深层结构"❶。

但是，随着社会的发展，家庭的社会化功能不断弱化。从世界范围来看，城市化进程不断加快，城市化的重要衡量指标之一——家庭结构也在不断缩小。规模变小、结构简单是世界范围内工业化国家家庭发展变化的共同趋势。美国 2001 年人口普查资料显示，由已婚夫妇及不满 18 岁孩子组成的核心家庭占全美家庭数的比例，从 1990 年的 25.6% 下降到 2000 年的 23.5%，此数字较 40 年前更减少了 45%。1990 年平均每个美国家庭有 2.63 人，2000 年减少为 2.59 人，创历史新低。❷ 我国第五次人口普查的数据表明，2000 年核心家庭和直系家庭仍然是我国家庭的主导型家庭样态，但家庭规模逐步缩小，由 1982 年的 4.41 人，到 1990 年的 3.96 人，再到 2000 年的 3.44 人。❸ 值得注意的是，家庭规模变小、结构简单的趋势至今没有止步的迹象，核心家庭也不是终点。当家庭规模缩小，儿童社会化的资源减少时，祖父母、同胞关系的影响作为教育资源无法再充分发挥效用。而家庭中父母往往忙于事业，缺乏足够的精力和时间与子女交流，往往进一步弱化了家庭的社会化功能。所以，自 20 世纪 80 年代以来❹，我国出现了"独子社会"❺，不少孩子的大部分业余时间处于无人管教状态中。而且，与传统社会相比，现代社会中的专业社会化机构日趋完善，幼儿园、学校的发展可使儿童更早地接受专门社会化机构的培养，家庭社会化功能只能逐步外移。此外，家庭的不稳定也影响了儿童青少年的社会化，家庭离婚率的居高不下对子女的心理与情绪有着不可忽视的副作用。因此，家庭的社会化功能在不断弱化，甚至出现一些偏差❻，家庭的社会化功能逐渐成为学校教育的补充和延伸。

第二，社区的社会化功能逐渐消解。

社区是家庭的自然延伸，也曾经是个体实现社会化的重要场所。社区作为

---

❶ [美] 约翰·布雷萧. 家庭会伤人：自我重生的新契机 [M]. 郑玉英，译. 四川大学出版社，2007：33.

❷ 朱国秋. 美国家庭结构发生变化 [EB/OL]. http：//www. people. com. cn/GB/guoji/25/95/20010518/468165. html，2001 – 05 – 18.

❸ 王跃生. 当代中国家庭结构变动分析 [J]. 中国社会科学，2006 (1)：96 – 108.

❹ 1979 年 7 月 26 日，中共中央"提倡每对夫妇生子女数是一个，最多是两个"，到 1982 年 2 月 9 日国务院发出《关于进一步做好计划生育工作的指示》，严格提出"一对夫妇只生育一个孩子"。

❺ 马和民. 社会化危机及其出路 [D]. 上海：华东师范大学，2003：113.

❻ 马和民在其博士论文中所提出的"四过现象"（过多照顾、过高期望、过度保护、过分爱护）。

个体成长的中观文化环境，它所显露的文化氛围对个体的社会性体系的建构影响极大，社区内的社会风气、社会环境、社会舆论和各种生活设施都是影响学生的重要因素，社区生活可以扩展学生与社会的接触面和社会经验，他们通过适应社区内各种生活的过程，塑造着自己的品行，通过社区各种文化渠道获得各种知识、技能，并在其中锻炼和增强联系实际、分辨是非、社会交往、抵抗诱惑能力等，从而逐步使自己适应作为一个社会人的角色。

社区的社会化功能是建立在一定区域范围内人们之间的社会交往的基础之上的。但是，随着城市化运动的发展，以地缘关系为基础的邻里人际关系日渐淡薄。城市是陌生人的世界，除了家人，几乎所有人都是陌生人，包括比邻而居、就在对门的人。正是在这个意义上，鲍曼认为，陌生人就在家门口，"制作更巧妙的锁、门闩和防盗铃是这个时代流行的和为数不多的繁荣工业之一——不仅仅是因为它们真正或假想的实际用途，而是因为他们的象征性价值：对内，它们传达了我们不会受到打扰的隐士般的住处边界；而对外，它们传达了我们的决定，'对于所有我关心的事情来说，外面可能是一个荒地'"。❶儿童在一定程度上不得不生存在家和陌生世界的两极之中，失去了邻里独立玩耍、与伙伴交往、感受邻里亲情的经历。正如科林·沃德所言，"现代的住房开发'消灭'了社区精神，取而代之以家长独裁主义，它限制了孩子们的户外活动，从而在个人的人生早期阶段就阻碍了基于地方的朋友关系的发展"。❷这样邻里和社区的社会化功能逐渐萎缩与消逝，在很大程度上阻碍甚至剥夺了儿童与同龄伙伴的玩耍与交往。与此同时，生活在没有邻里甚至连对门的邻居都是陌生人的这种两极对立的世界里，这种逻辑极容易助长儿童对人性的不信任。从这点意义上看，当前社区社会化功能正在逐渐消解。

第三，大众媒体对个体影响的加剧以及负向社会化功能的扩大。

大众媒体由于传播速度日益迅速、传播内容日益丰富、传播手段日益多样，对社会个体尤其是儿童青少年有着越来越重要的影响作用，尤其是 20 世纪末以来，互联网以令人难以想象的速度发展成为继报刊、电影、电视这些传统大众媒介之后的第四大媒介，由于它快捷的信息传递方式、无与伦比的信息

---

❶ ［英］齐格蒙特·鲍曼. 生活在碎片之中——论后现代道德［M］. 郁建兴，译. 上海：学林出版社，2002：314.

❷ ［美］保罗·诺克斯. 城市社会地理学导论［M］. 柴彦威，等译. 北京：商务印书馆，2005：207.

量快速延伸与渗透，对儿童青少年更是有着不可低估的影响。首先，这些大众媒体扩大了个体的视野和生活空间，使个体获得更多的社会文化信息，能够更方便地接触到多元文化，对不同文化和文明的发展变化有着较强的接纳和适应能力；其次，它满足了个体的多种内在需要，尤其可以调节学生单调的学校生活和学习情景。有研究发现，学生在网络社会生活中主要有学习、通信、交往、情绪刺激、缓解焦虑及消磨时间六种需要；最后，媒体给个体提供了直接模仿某些社会行为方式的参照群体和社会角色扮演的机会，使个体的角色、习惯和价值观形成更具有自主性、选择性，有利于个体学会与社会生活相关的本领，发展其独立性和创造性等。

但是，大众媒体尤其是网络的局限性又为儿童和青少年的社会化提出了严峻的挑战。首先，导致青少年对现实交往的冷漠化。网络交往方式的间接性、交往角色的虚拟性、交往行为的直接性和交往关系的平等性在一定程度上满足了青少年对交往的需求，使其在交往过程中产生了自我实现的感觉，且这种理想化的感觉非常容易上瘾，使儿童青少年因沉溺于网络交往而产生对现实交往的冷漠化，会进一步演化为对现实情感的麻木以及正义感和道德感的缺失，甚至最基本的事实和道德判断能力的丧失。其次，使青少年道德意识弱化。部分媒体上的信息良莠不齐，因为缺乏有效的监管，网上色情、垃圾信息大行其道，青少年的信息选择能力、是非判别能力和自我调控能力还不足以抵御这些不良信息的负面影响，很容易在不知不觉中成为不良信息"污染"的对象。最后，影响青少年的角色获得。大众媒体是现实的延伸，却又缺乏现实的约束性，容易造成现实角色与虚拟角色的混淆，"于是出现了一些真真假假，假假真真，以真为假，以假为真，乃至无法辨认其真假的'故事'"❶。这样极容易导致青少年在角色习得过程中出现角色迷失与混乱。

综上所述，随着学校教育的扩张，课堂教学在实现个体社会化的过程中逐渐发挥着"核心"作用。与此同时，家庭社会化功能不断弱化，社区社会化功能逐渐消解，大众媒体虽然对个体影响日益增加但却有着不可忽视的负向社会化功能。

2. 从"角色化"到"个性化"：个体社会化关注重点的转变

个体社会化反映的是个体与社会之间的关系，它是一个个体与社会相互作

---

❶ 李伯聪. 高科技时代的符号世界［M］. 天津：天津科学技术出版社，2000：193.

用的双向过程。传统社会化理论认为，社会化过程一般包括个性化与角色化❶，个性化主要表现为个体的主动性，指向个人，是根据个体生理基础的差异，培养和发展人的个性包括人的自主性、能动性和创造性在内的一切素质，充分体现和实现人的个性化；角色化则更多地体现个体的被动性，角色是"他人所预期的他本人行为的整体"，❷ 社会角色包含了社会的期待与制度的规定。而角色化是指个体通过学习民族语言、社会知识，掌握行为准则、社会规范、社会技能和生存的基本知识，习得一定社会角色。从前文中对"学生社会化"的概念分析可以看出，角色化正是教化与内化的过程，个体必须学习他所生活其中的那个社会长期积累的知识、技能、观念和规范，并把这些知识、技能、观念和规范内化为个人的品格和行为；而个性化则是生成的过程，即个体在内化的基础上进行再创造。事实上，个性化与角色化本是个体实现社会化过程中不可分割的两部分，个体既是社会化的主动实践者，也是环境的被动接受者。正是通过个性化与角色化的共同作用，学生才既能发展自身社会性，转变为社会性质和状态的人，又能与他人区分开来，成为独特的个体，实现社会性与个体性的发展。但是，对于个性化与角色化，不同时期人们所关注的重点并不相同。课堂教学作为实现学生社会化、促进学生社会性与个体性发展的重要途径，必然也受其影响。

阶段1：对个体社会化过程中"角色化"的关注与"个性化"的忽略

对于个体社会化，长期以来人们关注的重点是"角色化"过程，强调个体通过学习社会所积累的知识、技能、观念和规范来习得社会角色的过程，这与社会发展程度密切相关。从现代性早期直到相当晚近的时期，大型社会组织和集体一直是现代社会的整体性、结构性、和谐性的支柱，也曾经是个人生活的皈依与安身立命的基础。"社会的集体化"与"集体化的个人"的这种内在联系，导致了对"角色化"的强调与对"个性化"的忽视。

具体而言，从17世纪开始，人类生活和社会组织发生了从传统向现代的转变，原有社会秩序迅速崩解，各个初始群体、传统社区同社会之间的区隔逐

---

❶　对于社会化过程中的"角色化"，我国有些学者也直接用"社会化"来概括，即社会化过程包括社会化与个性化。笔者认为，角色化与这些学者所用的"社会化"具有相同的意义，都是指向社会，强调社会对个人的制约，但为了避免语言上的混淆，本文选择使用个性化与角色化来概括社会化过程的两个方面。

❷　[法] 让·卡泽纳弗. 社会学十大概念 [M]. 杨捷，译. 上海：上海人民出版社，2003：108.

渐消退，以往狭小、松散、孤立的自然社会被熔聚为一体，形成了一种总体性的社会。在这一阶段，对"技术"与"工具"的依赖与"集体化社会"的盛行使得人们更关注社会化过程中个体对社会的适应与依赖。这一时期人类社会文化信念深处有一个相当宏大的目标：试图通过日益更新的技术这种有限的工具而达到自身的完满与完善，彻底摆脱人之孤独和有限存在的境遇。但这样人就面临着二律背反的难题：作为有限的工具，技术可以改善人的具体存在形态，在一定条件下有助于人的自由和全面发展；但是，它却无法达到使人进入完善完满的无限目的。如果一定要实现这一无限目的，就必须改变技术作为有限手段的性质，使之变为一种超人和自律的力量。换言之，一旦人类盲目依赖于有限的技术来实现无限的目的，技术就会摆脱有限工具和手段的地位而变成一种自律运行的超人力量，最终成为人不得不臣服和依赖的万能统治者。所以，如马克思所说，"人的独立性"不得不"以物的依赖性为基础"，以对自然事物的掠夺、控制和转化为前提条件，这使得人成为实现某种目的的工具和手段，人的社会化过程也不是以"人"为基础、追求人的主体性价值，而是在于如何使人更加适合某种目的的需要，更大限度地发挥他的手段性和工具性作用。19世纪和20世纪，社会生活的集合性主要是通过集体和组织的方式来展现的，大型社会集团和组织对于当时的社会生活发挥了支配性的作用，从资源、技术及运作方面为社会的结构化和系统化提供了实际支撑。在这个以集体行动构建社会的时代，个人正是立存于这种"集体化的社会"之中的。所以，如何使个人的自我个性、利益要求和选择汇入到社会的集体行动过程中，实现组织和集体的目标期待，是个体社会化所关注的重要内容。所以，一方面，组织和集体按照自己的目标，以某种价值观、文化方式、人为设计与安排、技术性设置等来教化和调节个人，这种意志过程所建构的集体性事实，形成了对个人的生活、劳动、参与和分享的吸纳机制；另一方面，个人也在共同生活中获得了生存的保障，发现了人生的意义和价值，建立起自我的信念和理想，集体几乎是能够承载个人的全部生活的唯一载体。这种"归化"和"被归化"过程使集体与个人结下了神圣的盟约，将两者的命运紧紧地捆缚在了一起。于是，如何建构和维系个人与组织和集体的这种牢不可破的关系，便成为社会化关注的重点，因此，关于个人的角色化、功能化、模式化和标准化，都突出了个人必须具备的组织和集体性能。

显然，对"技术"的过分依赖与"集体化社会化"的盛行构成了社会实践的基础，也给了这一时期的社会学家思考社会化理论的空间。迪尔凯姆极为强调社会次级群体对于人的社会化以及社会团结的关键性作用。他指出，如果次级群体与个人联系得非常紧密，那么它们就会强劲地把个人吸收到群体活动中，并以此把个人纳入到社会生活的主流之中。❶ 为此，迪尔凯姆提出促成社会整合的三大重要机制：集体良知、国家、社会各个不同组成部分。其中"集体性"是这三大机制共有的关键词。帕森斯关注社会系统如何解决自身的整合问题。他阐述了社会系统自身必须具备的两大均衡机制——社会化与社会控制，前者是个人成了专门化的功能个体和单位行动者，作为公民、国民或法人被"化"入社会系统；而后者是社会本身也通过精巧的设计和技术运作，成了能够实现自我控制与均衡的制度化和结构化系统。尽管帕森斯崇尚人的个性解放、肯定个人的自我价值，然而他的基本阐述仍然是个人的追求、行动意志、行动目标、能动性努力、情景解释的所有指向，都将服从于社会行动系统的功能需要，成为社会模式化体系中的构成部分。米德在关于人的自我和角色的论述中，极力强调社会共同体、共享价值观对行动过程的普遍支配作用，认为社会有组织的协调能力所产生的"选择压力"，促使个体使自己适应于社会环境和组织模式。他认为，个人由感知他人对自己的评价而形成自我，并进行选择的权衡。这些人际实践使社会组织得以建立和维持，并使社会结构得到复制。这些社会化理论着意论述的是社会整体及其各种集体单元的需要，它们吸纳、整合、支配甚至控制个人的社会化机制以及个人的组织化、集体化、功能化、角色化过程。其间，个人的活力被禁锢了，成为各种集合体的囚徒，只能被动地接受和承载外部施加给自己的某种命运，而不是能动地展现自我，创造性地创造历史。可以说，这一时期对个体社会化的关注强调社会的影响与制约，而忽视了人的自主与创造；强调"角色化"，而忽视了"个性化"。

个体社会化过程中对"角色化"的强调与对"个性化"的忽视也直接反映到课堂教学中。学生角色是作为社会成员的学生社会地位的外在表现，是作为学生的人被社会所期望的一整套行为方式，是关于学生的一整套权利、义务的规范和行为模式。虽然在学校生活中，"学生"这一角色貌似包含了许多不同内容，但课堂教学在实现学生社会化过程中对"角色化"的强调，并不是在于促进个人形成一种内涵丰富的角色系统，并依据环境作适时的转换，而是

---

❶ ［法］迪尔凯姆. 社会分工论［M］. 渠东，译. 北京：生活·读书·新知三联书店，2000：40.

以社会需要为唯一指向的、某一种规定角色的刻意模仿。❶ 具体而言，在课堂教学中，教师和家长对学生的期望主要包括两个方面：其一，学生在课堂学习中应接受既有的、先于学生而存在的对学生的社会控制，不要质疑现有课堂秩序，要完全毫无批判地接纳现有文化对学生的期待，服从于各种规范。这种对课堂规范的服从，有助于教师在课堂上更好地实行"教化"，即学生听从教师的教导，不加质疑地接受教师所代表的主流文化所施加给他的影响，马上付诸行动，能较快地学习并内化一定的知识技能与规范。其二，学生能够通过课堂学习获得较好的学习成绩。学习成绩，在一定程度上是对课堂教学实现学生社会化结果的检验，尤其是对学生掌握并内化教师在课堂中所教知识技能的检验。在某种程度上，学校中学生的学习成绩相当于市场中的货币，具有一般等价物的作用，可用来与学校场域中的许多东西进行交换。对学生成绩的重视，在一定意义上是通过对评价结果的关注来推动学生在课堂教学中"角色化"过程的顺利实现。这两大期望也逐渐成为衡量"学生"，尤其是"好学生"的评判标准。所以，社会对学生的评价越来越朝着学业竞争的方向倾斜，而学生的理想生活被简化为一种"听话"、秩序稳定的课堂生活。这种理想"学生"角色的塑造，使学校教育成了一个"加工厂"，通过专断的方式，训练青年人服从法律和制度，学生是从标准化的生产线上批量生产的"产品"。学校教育重共性、轻个性，忽视个性的和谐发展，为了实现培养"乖孩子"（对规范与秩序的服从）和"好孩子"（学习成绩优秀）的目标，教育方法上"不问其性质之动静，资禀之锐钝，而教之止有一法，能者奖之，不能者罚之"❷。正是由于片面地强调共性这一方面，忽视甚至无视人的个性的存在，课堂教学在实现学生社会化过程中过分注重学生的角色化过程，甚至以牺牲学生的个性化来实现和完成社会化。

阶段2：对个体社会化过程中"个性化"的关注

第二次世界大战后，早期工业化过程中建立起来的社会大生产体系逐渐被动摇，社会生活超越了以大规模集体行动来锻造历史的时期，个人的自我价值、人的主体性逐渐成为社会实践活动的取向。具体而言，社会生产出现了七个方面的显著变化：（1）经济的信息化、符码化和数字化；（2）经济活动性

---

❶ 陆有铨. 素质教育值得注意的几个问题 [J]. 北京大学教育评论, 2003 (3)：5 – 9.
❷ 蔡元培. 新教育与旧教育之岐点 [M]. 北京：人民教育出版社, 1983：348.

质的转变，从以生产为主体的实体经济向以套利为目的的投机经济的转移，虚拟经济迅速成长；（3）生产的轻型化、小型化和微型化；（4）社会劳动部门进一步白领化、年轻化和女性化；（5）劳动方式的自主化和个人化。个人真正处于劳动的核心地位，其智力、体能的具体性、多样性得到充分发挥，能够独立而能动地支配和掌控劳动过程；（6）就业方式更富于开放和变化，个人对职业的选择也愈益自由化。抱定在一个单位、一个地区终其一生的愿望的人们日趋减少，打破了以往个人与群体之间"终生拥有"的盟约；（7）个人选择的直接责任化。科学技术使得网络通信交往越来越普及，个人间的即时性沟通也越来越成为常态，时空场景对事件和行动的传统制约进一步突破。❶ 现代以来的社会秩序和规则体系、社会利益关系以及人们的交往关系体系正在遭受不断的冲击，财富的创造、积累和分享在极大程度上已经脱离了现代性早期的状态和方式，社会生产、分工和分化以及结构性对于劳动体系的深度影响，高科技对社会生活领域的广泛渗透以及随之而来的风险化过程等，都增加了个人生活的流变性和不确定性。与此同时，个人变得更为异质多元、形貌万千、开放拓展，不断将自己推向新的边际发展状态。在人们深感彼此更难以复制出相同的经历和体验的同时，构筑和分享共同生活的意义更为重大。"个体存在的巨大意义将随着时代的发展而愈益突出和重要。个体作为血肉之躯的存在，随着社会物质文明的进展，在精神上将愈来愈突出地感到自己存在的独特性和无可重复性。"❷ 可以看到，在当代社会中，有这样的一种双向发展的趋势：社会分工的发展与个人间合作的加强，社会分化和差别化的扩大与个人间协调能力的发展，社会结构的变革与个人学习和创新能力的提高等。以人为本的价值基础就在我们的生活之中；人不是实现外在于他的某种目的的手段和工具，人本身就是人的目的和价值所在，也是通过社会实践来实现人的价值、达成人的目的的唯一主体。

当个人的主体性逐渐成为社会实践活动的重要取向时，社会学家也从理论的视角对原有的社会化理论进行了批判与反思。波普诺特别强调社会化过程对独立人格的塑造作用。所以他认为，社会化就是"一个人获得自己的人格和学会参与社会或群体的方法的社会互动过程"❸。哈贝马斯对"社会进化"与

---

❶　郑杭生，杨敏. 个人的当代形貌：社会化理论的世纪挑战 [J]. 河北学刊，2006（3）：78–79.

❷　李泽厚. 李泽厚哲学之存（下）[M]. 合肥：安徽文艺出版社，1999：629.

❸　[美] 戴维·波谱诺. 社会学 [M]. 李强，等译. 北京：中国人民大学出版社，1999：142.

"社会化的个人"的关系进行了较为深入的研究，他指出，疆域的拓展是与具体角色的多样化、生活方式的多元化以及生活设计的个人化同步进行的。❶ 在《重建历史唯物主义》一书中哈贝马斯着重阐述了"社会的再生产和社会成员的社会化是同一过程的两个方面"❷ 的思想，他特别强调个人能力的提高对于社会进化的重大意义，将"个人的学习"比喻为"起搏器"，认为它"预示着新的社会结构的构成"❸。吉登斯批评传统社会化理论将人的发展描述为固定的顺序、不可逆转的模式，这一历程被当作"线性的生命计划"，从儿童走向老年的道路只有一个方向，"不能犹豫、迂回、实验，没有第二次机会"。他指出，在传统社会化理论中，个人的积极能动的人生体验以及尝试和选择的机会都被排斥了，人的社会化是强制实行的、单调的、盲目的和被动的，并为不同的人以相似的方式复制。所以吉登斯认为，我们正处于"后传统社会"之中，社会纽带不是通过过去继承而来，而是被有效建立起来的，虽然重建社会纽带是"一项艰苦的事业"❹。可见，社会学家也逐渐意识到，个体在实现社会化过程中，既要满足社会整合的需要，也要表达个人的差异；既体现社会体系的稳定，也要求个人的自我更新。尤其对于儿童青少年来说，社会化不只是一种对来自他人的行为标准的简单的内化。当儿童作为社会化的原型时，儿童本身对社会化的事件在发挥作用，并且随着儿童在体格、认知和社会性方面的发展，儿童发挥作用的方式也在发生变化。所以，"在其最广泛的意义上，社会化可以被定义为'长者'与'晚辈'、'行家'与'新手'在获得和磨炼群体生活所必需的重要技能的过程中持续不断的合作"❺。

　　社会实践对个体发挥主动性的需要，社会化理论研究中对个体积极能动性的重视，使得个体社会化过程中的"个性化"逐渐成为人们所关注的重点。这意味着，课堂教学在实现学生社会化过程中，既要强调学生对社会规范的认

---

❶ [德] 尤尔根·哈贝马斯. 公共领域的结构转型 [M]. 曹卫东，译. 上海：学林出版社，1999：31.

❷ [德] 尤尔根·哈贝马斯. 重建历史唯物主义 [M]. 郭官义，译. 北京：社会科学文献出版社，2000：8.

❸ [德] 尤尔根·哈贝马斯. 重建历史唯物主义 [M]. 郭官义，译. 北京：社会科学文献出版社，2000：12.

❹ [英] 安东尼·吉登斯. 为社会学辩护 [M]. 北京：社会科学文献出版社，2003：62.

❺ Bugental & Goodnow. Socialization processes [M] //Willian Damon. Handbook of Child Psychology (Vol. 3). New York：John Wiley & Sons, Inc, 1998：389.

同和对角色的学习，又应该重视其个性化的发展倾向，两者缺一不可，其内容的任何缺损都不能称之为真正意义上的人的社会化。角色化是学生社会性的体现，而个性化是学生的个体性的充分实现。角色化建立在学生的个性化基础之上并体现于学生的个性化之中，而个性化以学生的角色化为前提并体现于学生的社会化过程中。角色化为个性化的发展奠定了基础和前提；个性化为角色化输送了新鲜的血液，增添了活力。如果否认了学生的角色化过程同时也是个性化发展的过程、表征着学生的特殊性和多样性的统一，就会把社会化简单的看成是同一教育模式下的机械复制，从而抹杀学生的个性。所以，课堂教学在实现学生社会化过程中，既要重视学生对角色的学习，又要注重学生个性差异的发展。

综上所述，在学校教育扩张背景下，课堂教学在实现学生社会化过程中面临着两个基本变化：其一，课堂教学在实现个体社会化过程中的地位发生变化——从边缘到核心，课堂教学逐渐成为个体实现社会化的主要途径；其二，社会对个体实现社会化的关注点发生变化，从只强调个体受动性的"角色化"过程到日益重视个体主动性的"个性化"。这两个方面的变化，也为课堂教学实现学生社会化带来两大问题。

（二）课堂教学实现学生社会化过程中面临的两大困境

课堂教学是一个社会系统[1]。帕森斯在分析社会系统时指出，任何一个社会系统包括四种子功能系统：对环境的适应（Adaptation）、目标获取（Goal attainment）、内部整合（Integration）和模式的维护（Latency Patten Maintenance）。整个大的社会系统被分成行为有机体、个性系统、社会系统和文化系统四个部分，每一部分分别对应一种功能必要条件，即 A、G、I、L，每个子系统又被分成这四个功能部分。每个子系统的每一部分也可被分成四个功能部分，依次类推。因此，课堂教学作为一个社会系统，其实质有两种"身份"。第一，课堂教学作为整个社会系统的子系统（后文将直接称为社会子系统），

---

[1]　帕森斯曾指出社会系统包括以下特征：1. 它包括两个人或两个人以上人群的交互作用；2. 一个行动者与其他行动者处在一个"社会情境"中；3. 行动者之间有某种互相依存的一致行为表现——此种表现是由于彼此具有共同的目标导向（或共同价值观念），以及彼此在规范与认知期望上的和谐。课堂教学作为一种特殊的社会活动，是教师与学生在教学情境中通过交互作用以实现学生社会化的过程，它符合上述三个基本特征。因此，课堂教学是一个社会系统。

从根本上说是为了实现学生的社会化，所以属于整个社会系统 L 功能的一部分。第二，课堂教学作为一个独立的社会系统。当课堂教学被视为独立的社会系统时，将更关注课堂教学内部的变化。当课堂教学在实现个体社会化过程中的地位发生变化时，相对的是整个社会系统 L 功能的其他社会化途径也在发生变化，因此，作为社会子系统的课堂教学必然也会因为这种变化而面临一定的问题；当个体社会化关注重点发生变化时，直接影响结果将是课堂教学内部在实现学生社会化过程中面临一定的问题。所以，对课堂教学实现学生社会化所面临的困境主要从两个维度进行分析：作为社会子系统的课堂教学与作为独立社会系统的课堂教学，前者从课堂教学与其他社会化途径关系的角度进行分析，后者从课堂教学内部所面临的问题进行分析。

1. 课堂教学难以适应其他社会化方式的变化

当今儿童青少年在社会化过程中往往面临着三套话语系统：第一个是以教师为代表的学校教育的话语，在课堂教学中个体社会化的内容是统一的，并且有着明显的价值判断标准，有着明显的是非观，哪些是可以做的，哪些是不可以做的，都有着详细而清楚的说明；第二个是以父母为代表的民间话语，在总体统一的前提下千差万别；❶ 第三个是以电视、网络等为代表的虚拟世界的话语，其中价值观差异明显，行为模式最为复杂。青少年学生生活在这三套话语系统中，每一个话语系统都有自己的价值规范、期待与行为方式，因而在三者之间不可避免地存在着如何协调与适应的问题，这必将使学生在现实生活中遇到各种矛盾、冲突和对立，给学生心灵成长与自我发展带来各种困难。由此，更需要当前个体社会化的最主要途径——课堂教学发挥积极的作用，引导学生社会化的顺利实现。从前文分析中可以看到，对个体社会化有着重要影响的家庭和社区其功能正在逐渐弱化，其结果是课堂教学在实现学生社会化过程中失去了家庭和社会的"支持"，那么，课堂教学能否替代社会化功能逐渐消退的家庭和社区、应对大众媒体的负面影响呢？答案是否定的。

首先，学生社会化是多种社会化因素共同作用的结果。帕森斯指出，个体社会化是社会各子系统之间相互作用的结果，单一的某系统无法实现个体社会

---

❶ 家庭与社区社会化功能的弱化与消退，并不表示个体不受其话语影响。事实上，只要个体生活在家庭和社区的环境中，就必然受其话语影响。正是由于家庭和社区社会化功能的弱化，家庭和社区反而不能更好地支持学校教育中的课堂教学，会加剧民间话语系统与学校教育话语系统的冲突。

化。布朗运用网络对社会结构做了暗喻性的描述，认为社会结构像一个网络，而人与人之间的交往接触看起来就像是网结中结点之间的关系，关系有强、弱、无之分，正如人际交往中交往频繁、关系一般以及从不来往的现象。巴内思认为，社会中的每一个人都生活在各种群体、组织、亲属和朋友的关系中，社会网络指的是社会行动者及其之间的关系的集合。也可以说，一个社会网络是由多个点（社会行动者）和各点之间的连线（行动者之间的关系）组成的集合。❶ 费舍尔继承了社会人类学有关网络研究的理论，提出应用社会网络分析来研究现代城市居民的社会生活和社会关系。"社会化包括学习一些适当的符号，以提供传播、交代信息的手段，学习一些特定的角色，以帮助人们发展他们自己的自我意象或个性同一性。"❷ 在布朗芬布伦纳眼中，个体实现是社会化的过程也就是个体发展的过程，发展是个体和环境特性之间的相互作用的一系列过程。他从个体发展的角度分析了环境参数，并将环境结构系统分成由近及远的四级层次的子系统，这些环境子系统包括：小环境系统、中环境系统、外环境系统和大环境系统。小环境系统是指个体亲身经历的一些活动、角色及人际关系模式，该环境还具有某种物质和物理特性，比如家庭、学校、同伴等；中环境系统是指包括发展中个体在内的两个或多个环境之间作用的过程与联系，是小环境系统的系统，如家庭与学校的关系、学校与工作单位的关系等；外环境系统是指两个或多个环境之间的作用过程与联系。在这种环境中，至少有一个不包括发展中个体在内，但是，其中发生的事件都会对小环境系统之间的作用过程产生影响。而小环境则是包含了发展中个体在内的。因此，对学生来说，其社会化是一个复杂的、动态的发展过程。学生的态度、价值、信念、知识技能和各种行为表现需要在复杂的生态环境条件下，不断地调整、重新评价和接受新的挑战。因此，个体社会化是不同机构、不同影响因素共同作用的结果，单一的社会化途径是不能够实现个体社会化的。

其次，课堂教学在实现个体社会化过程中的功能是有限的。科尔曼在《青年期：向成人过渡》一书中认为，现代社会年轻人需要很长时间的专门训练才能更圆满地过渡为成人，因而青年成熟的任务在很大程度上应该由学校教

---

❶ Barnes J. A. Class and Committee in a Norwegian Island Parish [J]. Human Relations, 1954, 7 (1): 39 – 58.

❷ [美] 克鲁克洪. 文化与个人 [M]. 何维凌, 高佳, 何红, 译. 杭州：浙江人民出版社, 1986：109.

育承担。"虽然学校与家庭、同辈群体共同承担少年社会化的任务，但先行学校教育体系只为青少年成熟提供了残缺不全的背景。学校仅仅提供某种训练，正因为如此，学校从产生以来便不能圆满完成缔造成人的根本任务。"❶ 对个体社会化而言，课堂教学乃至学校教育都不是万能的。课堂教学的主线是学生的发展，但是也只能是一定程度上的"促进"发展，而不可能起着"决定"作用。在当今社会，"人工结构取代了自然结构"，传统社会以家庭、家族为基础发展而成的社会结构，到现代社会演变成了独立于家庭之外、以法人单位为核心的社会结构。学校便是这种法人单位之一。但由此带来的问题是，个人（教师）责任与法人（作为教育机构的学校）责任观念上的分离。课堂教学在一定程度上必须体现学校的意愿，其目标、内容和方法等都应与学校所制定的方向保持一致性。而课堂教学的真正实施者是教师，教师作为社会教育的代理人，他们不再代表个体的教育，教师可以不用对自己的教育行动承担高度责任。这一方面可能会出现作为课堂教学实施者的教师个人的意愿与学校所制定的课堂教学目标、内容、方法等产生矛盾和冲突，另一方面可能会出现教师因不用承担高度责任而使得课堂教学质量受到影响。如此，课堂教学的社会化功能便退居其后，加上现代社会对学校教育选拔功能的强化与重视，这进一步导致了课堂教学实现学生社会化功能的弱化。而且，需要注意的是，当课堂教学占据个体大部分时间、逐渐成为实现个体社会化的最主要途径时，当家庭和社区社会化功能正在逐渐弱化，而含有多种价值观的大众媒体社会化功能日益增强时，课堂教学在承载着超越以往任何时期更大的积极使命、释放出更大效能的同时，本身存在着的一些不足和局限性也在同时显现并在新的条件下被放大。

最后，课堂教学与家庭教育在实现学生社会化过程中有着重大的区别。相对于课堂教学而言，家庭教育在实现个体社会化过程中，从内容上更偏重于"感性与感情"，从形式上更强调"自由与放松"，更关注学生的"个体性与特殊性"。与此不同的是，课堂教学则突出了"理性与理智""强制与限制""社会性与一致性"等方面。这是因为，首先，家庭教育是一种父母与子女之间的私人教育，进行这种教育能满足教育者个人的切身利益，如何进行教育、进

---

❶ James S. Coleman. Youth：Transition to Adulthood［M］. Chicago：The University of Chicago Press，1974：vii.

行什么内容的教育、最终要把受教育者培养成什么样的人，主要取决于教育者个人的知识文化水平和情感意志等，而课堂教学实质是一种公共教育，教师与学生之间仅仅是教育和受教育、教与学的关系，不存在血缘关系；进行此种教育不是为了满足教育者个人的切身利益，也不是按照教育者个人的主观意志去实施；其次，家庭教育是一种非正规的教育，它虽然有一定的目的，但不是有领导、有严密计划的教育。家庭教育的教育者，即家长，一般都没有经过教育方面的专业训练，也不具备专门的教育知识和能力；教育内容没有统一的要求，没有专门编制的教育计划、内容和教材；究竟进行什么内容的教育和训练，如何进行教育和训练，要把子女培养成什么样的人，主要取决于家长的意志，社会和他人无权进行直接的干预。而课堂教学是一种正规教育，是有组织、有领导、有计划、有目的、有系统的实施的教育；最后，家庭教育是一种情境教育，家庭教育并没有像学校教育那样明确的教学计划、教学目标、教学内容。家庭教育的目的、内容和方式都与家庭生活息息相关，可谓寓教于日常生活之中，教育内容丰富多样，教育方式方法灵活机动。因此，在实现个体社会化过程中，家庭教育与课堂教学有着不同的侧重点。我国学者马和民曾经指出："学校生活与家庭生活的最大差别是强制性。学校生活对学生的这种强制至少具有四个特点：一是强制与同龄学生共同生活；二是强制遵守家庭中没有的行为规则；三是强制把学习活动与游戏及娱乐活动截然区分，在学校中，学生不感兴趣的要学习，而学生感兴趣的内容却不能自由地学习；四是学生不断受到教师和学校的各种评价，这种不断进行的评价有时会伤害学生的自尊心和积极性。"❶ 虽然家庭教育的社会化功能在逐渐弱化，但课堂教学与家庭教育的差别决定了前者不能替代后者在实现学生社会化过程中的地位。

因此，在学校教育扩张背景下，虽然课堂教学成为实现学生社会化的最主要途径，但它无法替代社会化功能逐渐消退的家庭和社区、有效地应对大众媒体的负面影响。在此情况之下，它如何更好地促进学生发展、实现学生社会化，成为一个现实问题。

2. 课堂教学难以实现学生"个性化"

当个体社会化的关注重点从"角色化"转移到"个性化"时，学校教育的不断发展却给学生社会化尤其是学生个体性发展提出了挑战。这主要是

---

❶ 马和民. 社会化危机及其出路 ［D］. 上海：华东师范大学，2003：125.

因为：

一方面，学校教育的不断发展使得越来越多的学生走进课堂，学生的差异性较之学校发展之前更为显著。现代生理学、遗传学、心理学等研究表明，由于遗传素质和社会、家庭文化背景等因素的影响，世界上找不到两个完全相同的人，因此受教育者之间的个别差异是客观的、普遍存在的。即使是处在同一年龄阶段的学生心理存在很大的共性，但也存在着很大的差异性，这主要表现在三个方面：首先，学生的智力与能力具有一定差异，每个个体的遗传基因不同，个人的经验、教育、生活环境等外部环境也不完全相同，每个人的智力水平就会不同。而且，个体的智能结构也不一样，加德纳的多元智能理论认为，人的智能水平并非一元，而是多元的，每个人都有自己的优势智能和弱势智能；其次，学生的知识结构和水平具有一定的差异。由于个体都生活在各自的具体生活环境中，个体的经历形成各自的心理认知结构，这种环境在时空上具有不可复制性，所以每个学生的知识结构与水平都是不同的，具有质与量的差异；最后，每个学生的人格因素具有一定差异。虽然在同一社会环境、同一时代的个体，其个性具有相同之处，但每个个体的个性都是不同的，具有独特性。总而言之，学生本身是有差异的群体，在先天、后天和生理、心理等方面都存在着明显的个体差异。自学校产生之日起，学生原有的个体差异就成为课堂教学活动的起点和前提。但需要指出的是，学校在产生之后的很长一段时期之内都是为社会的特权阶层服务的，因此，能有幸成为"学生"的个体并不普遍，而且当时的大部分学生都有着相似的家庭背景。但在学校教育扩张、义务教育普及之后，每个人都必须走进课堂接受一定年限的学校教育，学生的数量大增且生活背景完全不一样。所以，相对而言，在学校教育不断发展之前，虽然学生之间也存在一定差异，但显然在学校教育扩张之后学生之间的差异性更大。

另一方面，班级授课制仍然是学校教育最基本的制度。学校教育的扩张、学生数量的增加，这将直接影响到班级的容量。在学校教育扩张的初期，学生数量的增加必然会因为教育资源的供给不足而使得班级规模不断扩大。当学校教育不断完善，社会对教育资源的投入不断加大时，学生数量增加的同时伴随着教师岗位的增加❶，班级规模可能会逐渐缩小。即使学生数量增加并不必然

---

❶ Dan C. Lortie. Schoolteacher［M］. Chicago：The University of Chicago Press，2002：15.

地导致班级规模的扩大，但一个无法改变的基本事实——班级授课制是学校教育的基本制度。沿用至今已有 300 多年的班级授课制，在它产生之初很好地解决了当时学校中个别教学效果差、效率低下的状况，按年龄分班教学使得学校教育较好地解决了学生群体中因年龄不同而产生的各种差异问题，教师因此可以同时面向全班授课。可以说，班级授课制在产生之初是一种"减少群体差异的教学模式"。但随着社会的发展，班级授课制所存在的那种不顾学生个体差异和需要，教学内容、方法、时间、进度等整齐划一的缺点也逐渐暴露出来。苏联教育家凯洛夫认为班级授课制有两个本质特征：一是组织有共性的集体，一是采用集体授课形式。所以，班级授课制下的班级或学年集体，虽然是在相同年龄及文化水平的基础上建立起来的，但在这个集体中，每个学生之间的需要、动机、兴趣、理想、世界观和价值观等是不同的。然而在长期的班级授课制教学过程中，许多教师只看到个体之间的共性而忽视其个性差异，用一样的教学目标、一样的教学方法、一样的教学内容进行一样的评价。所以，有学者指出："反顾产生于工业时代的先行教育，其模式说穿了就是工业大生产的模式在教育上的应用，学校如工厂，班级如车间，从小学到中学是一条流水线，课程、大纲、教材是生产的规格，教师是操作工，学生则是材料，从六岁进入流水线，经过一道道切、削、磨、刨，最后成为合格的产品，然后输入社会。"这种教育的特点是批量化、标准化，缺点是不利于充分发展个性，在培养人的同时也在扼杀人。❶

在人们越来越关注个体社会化过程中的个性化时，随着学校教育的扩张，学生的差异性越来越大，而课堂教学如何促进学生个体性发展、实现"个性化"，这成为一个难以解决的问题。

课堂中"问题行为学生"在一定程度上反映了课堂教学在实现学生社会化过程中所面临的困境。因此，对中美课堂中"问题行为学生"的共性，可以从课堂教学在实现学生社会化过程中所面临的问题来解释。❷

首先，课堂中"问题行为学生"之所以缺乏学习兴趣，其本质在于学生

---

❶　吕型伟. 一个总目标　两个基础——展望 21 世纪教育框架 [J]. 教育发展研, 2001（6）：5 - 7.

❷　不可否认，对中美课堂中"问题行为学生"的共性问题可以从多种角度进行原因分析，本研究主要从课堂教学在实现学生社会化过程中所面临的主要问题进行分析。同样，课堂教学在实现学生社会化过程中所面临的问题就具体表现而言也是多样的，这里只用来解释中美课堂中"问题行为学生"所体现的共性问题。

无法在课堂教学过程中满足自己的需要。一方面，是因为在学校教育普及之前，学生的部分需要可以通过家庭或者社区得以满足，然而学校教育普及之后，随着家庭和社区社会化功能的减退，学生必须走进课堂之中。与家庭教育有着显著区别的课堂教学并不能替代家庭等其他途径的社会化功能，也不能满足原有可通过其他社会化方式得以实现的学生需要。与此同时，学生受到大众媒体的影响，在学校教育扩张之后学生必须把大部分时间与精力用于课堂教学时，对学生而言，有着同一价值判断标准的课堂教学与信息含量巨大、价值多样的大众媒体之间必然存在巨大张力，对比之下，学生会觉得大众媒体尤其是网络会更具吸引力，强制性进行的课堂教学相对而言更单一枯燥、更无法满足学生的需要；另一方面，当个体社会化越来越强调"个性化"时，学生的个体需要也日益成为被关注的重点。但是，学校教育扩张背景下班级授课制仍然是最基本的制度，随着班级内学生差异的显著增加，对学生个性化需求的重视，集体教学越来越难以满足学生个体的需要，由此使得学生对课堂学习的兴趣缺失。

其次，课堂中"问题行为学生"缺乏对教师应有的尊重，其本质问题在于教师权威的下降。这可以从三个方面进行分析。第一，教师社会地位随着学校教育普及发生了新的变化。在生产力极其低下的原始社会，教育由年长的向年轻的传授在生存资料获取过程中积累起来的简单的生产技能和生活经验，"长者为师，能者为师"，教师有较高的威望，受到人们的尊重和爱戴。在学校教育产生后的很长一段时间之内，能接受学校教育的往往只有属于特权阶层的少数人，平民子弟是没有权利接受教育的，教育也从生产劳动中分离出来，教师成为专门的职业，为统治阶层服务，具有很高的社会地位。当学校教育扩张、课堂教学成为个体社会化的最主要途径时，虽然教师仍然担负着重要责任，但其社会地位在一定程度上发生了变化。在社会大众未能充分认识学校教育扩张背景下教师的作用、信息网络技术飞速发展、人们获取知识信息的渠道不断增加时，某些舆论会盲目认为教师社会地位在下降，这进一步影响到学生的观点，导致学生对教师的无视与不尊重。第二，从理论上看，教师之所以具有权威，其所拥有的"文化资本"是一个很重要的原因。但是，随着个体社会化方式的变化，大众媒体尤其是互联网的普及与运用，学生接受知识信息的渠道多样化，教师仅仅是学生获取知识的一个渠道而已，教师所拥有的"文化资本"优势丧失。第三，对学生"个性化"的误读使得对教师权威的变化产生曲解。师生之间总是存在一定的张力，当个体社会化日益关注"个性化"过程、强调个体主动性，学生的个性发展也越来越受到重视时，课堂教学留给学生的空间也越来越大。在这种背景之下很容易对师生之间的权力关系产生一种"此消彼长"的误读，以为学生个性的张扬是建立在教师权威的下降的基础之上，从而导致学生对教师缺乏应有的尊重。

最后，作为社会子系统的课堂教学在实现学生社会化的过程中所面临的一大问题就是缺乏其他社会化方式的有力支持，尤其是教师认为对课堂中"问题行为学生"的教育缺乏家长的支持。这本质上与课堂教学难以适应其他社会化方式的变化相关。在学校教育产生之前和产生之初，家庭是个体社会化的最主要方式。因此，学生能从家庭中获得大量的社会化资源，这种资源在一定程度上也支持了课堂教学对学生的社会化。与此同时，家庭对个体社会化功能的重视，也有利于家长对学生社会化的其他方式比如对学校教育的重视，这样家长会更加重视与教师的合作，共同促进学生社会化。但是，当前家庭社会化功能的弱化，已经成为一个既存的社会事实。学生从家庭中所获得的社会化资源有限，家长对学生社会化的重视程度也弱化，这使得课堂教学在实现学生社会化过程中难以得到家庭的大力支持。与此同时，大众媒体的负向社会化功能也会影响到学生，与课堂教学促进学生的正向社会化功能产生矛盾与冲突。

因此，中美课堂中"问题行为学生"所体现的共性问题在一定程度上反映了课堂教学在实现学生社会化过程中所面临的问题，通过对后者的分析，能够对中美课堂中"问题行为学生"的共性做出相应的解释。

（三）课堂教学实现学生社会化的困境实质

课堂教学实现学生社会化所面临的两大困境是现实存在的问题，但深入分析发现，每一个困境背后都隐含着一对基本矛盾。对于作为社会子系统的课堂教学而言，其所面临的困境所反映的是理想生活与现实生活的冲突；对于作为社会独立系统的课堂教学而言，其面临的困境所反映的是社会需求与学生需求的矛盾。

1. 理想生活与现实生活的冲突

从某种意义上说，教育起源于人的现实生活的需要，现实生活是课堂教学的根基。课堂教学与现实生活应该存在着内在的本质联系。在原始社会，教育存在于人们改造自然生活的生产劳动之中，教学内容是最基本的生活经验，教学方式是口耳相传和模仿，成年人引导儿童从生活中、在各种活动中进行学习，引导儿童直接从外界事物和周围环境中进行学习。对此，基尔凯郭尔曾经有一个比喻：人生存在世犹如鸟的飞翔，包括人的肉身在内的人的经验性实存（即自然生活）是飞翔必须凭借的空气，鸟以为没有空气的阻力可以飞得更高更自由，但事实上如果没有空气，鸟也就失去了可以凭借的浮力，而正是空气的浮力与阻力构成了鸟儿振翅飞翔的张力。因此，在教育产生之初，教学活动与人的现实生活具有内在的一致性，教学内容就是最基本的生活经验。

但是，随着科学技术、商品经济和社会生产力的迅速发展，以社会化大生产、政治、经济、社会管理等为基本内容的社会活动领域和以科学、文学艺术、哲学为主要形态的精神生产领域逐渐得以建构，课堂教学与现实生活渐行渐远。受科学世界观的影响，"自然、人和文化都被变为对象、工具、功能等机能性的东西，进而创造了一个人对自然统治和社会对人的奴役并行不悖的社会"。这也直接影响到教育。工具理性的无限扩张使课堂教学越来越专门化，它已经不再与人的现实生活具有内在的一致性，而是一味地追求确定性和有效性，并以一种知识世界代替现实生活，逐渐成为管理人、束缚人的工具。至此，课堂教学也指向一种生活，但却是由知识组建的"理想生活"，这种理想生活不是对人类未来可能生活的美好向往，而是一种由客观性、普遍性、必然性搭建出来的理性生活。这种具有理性特质的理想生活指向，使得课堂教学长期否定人的现实生活的合理性，现实生活被视为琐碎的、未被证实的、不合乎理性的东西而遭到否定，似乎只有贬低人的现实生活，追求一种理性的、由知识组建的"理想生活"才是课堂教学的重要目的。这使得现实生活与课堂教学所追求的理想生活之间出现很大的沟壑。由此，现实生活被排除在课堂教学之外，课堂教学越来越指向理性的理想生活，"教育中最没有人怀疑的教条是有关学校的说法，即教育等于学校"。❶

这种理想生活与现实生活的冲突，使得课堂教学与其他社会化方式存在断裂，这是课堂教学面临第一个困境的根本原因。可以说，其他社会化方式与课堂教学所指向的理想生活是不一样的。家庭与社区直接指向现实生活，与课堂教学所指向的理想生活不同；大众媒体指向虚拟世界，是基于现实生活基础之

---

❶ 联合国教科文组织. 学会生存——教育世界的今天和明天 [M]. 北京：教育科学出版社，1996：112.

上的理想生活，而非课堂教学所指向的基于知识的、理性的理想生活，而且，大众媒体的存在及指向已经成为现实生活的一个重要组成部分。因此，课堂教学指向理想生活，而其他社会化方式均指向现实生活，理想生活与现实生活的冲突与分裂，使得课堂教学与其他社会化方式存在断裂。这样，在其他社会化方式的社会化功能弱化、负向社会化功能凸显时，课堂教学作为"孤岛"更是力不从心，难以有效地促进学生社会化。因此，对于课堂教学难以适应其他社会化方式的变化，究其实质，反映了理想生活与现实生活的冲突。

2. 社会需求与学生需求的矛盾

一般来说，教育具有两种基本功能：传承与发展。对于社会而言，更强调教育的文化传承功能，失去了文化传承，社会将无以为继；对于个体来说，更关注教育的发展功能，若教育不能促进个体的发展，教育的意义也将受到质疑。从某种意义上说，传承是为了满足社会需求，而发展是为了满足个体的需求。具体对于课堂教学实现学生社会化的过程而言，"角色化"的过程，就是指个体通过学习民族语言、社会知识，掌握行为准则、社会规范、社会技能和生存的基本知识，习得一定社会角色，正是文化传承的必要内容，体现了对社会需求的满足；而"个性化"的过程，根据个体生理基础的差异，培养和发展人的个性包括人的自主性、能动性和创造性在内的一切素质，充分体现和实现人的个性，这正是基于个性基础上的发展过程，体现了对个体需求的满足。

事实上，社会需求与个体需求有着内在的联系。社会文化的传承离不开个体的发展，社会是由无数个个体所组成的，如果忽视个体的发展及需求，那么由这些"分子"个体所构成的"整体"社会也不能得到长足发展，文化传承只是简单的"复制"过程，社会需求也不能真正被满足；而个体的发展与文化的传承有着千丝万缕的联系，没有任何社会文化作为基础的个性发展是不可能的，人的主体性发挥是建立在对已有社会文化掌握基础之上进行创造的过程。因此，社会需求与个体需求有着内在的本质联系，只重视一方而忽视了另一方，其最终的结果将是对双方的损害。

长期以来，课堂教学更强调学生社会化过程中的"角色化"，关注社会文化的传承，重视社会对课堂教学的需求，且在一种"二元对立"的误解中将社会需求推向极致，以至于对个体需求置若罔闻。在课堂教学实践中，以说教、布道的形式宣扬真理，要求学生无条件地接受；对具有理性特质的理想生活追求，排斥学生的主观经验和内容感受，进而用外在的律令来运行整个课堂；课堂教学缺乏对学生个体的尊重，使得生活其中的学生感到的是负担而不是福音，由此带来了部分学生的强烈抵触。但应该注意到，一方面，人并不像动物那样完全受遗传因素所决定，像动物那样千篇一律地重复上一代的生活形式，而是向自然界、人类社会及自身进行着不断的探索与发现，永远在憧憬和追求着与以往不同的新的生活方式和内容。所以，只强调"角色化"，机械地传承社会化文化，那么社会的进步无从谈起，最终也就没有真正满足社会的需求；另一方面，这种重视"角色化"的课堂教学，注重的是共同的社会规范和超越天然情感的普遍的理性原则，呈现出越来越排斥或剔除天然情感作用的倾向，极容易导致个体在教学活动中处于焦虑不安和孤独的生存状态之中，忽视了学生个体的生活体验和直接经验，使学生难以真正理解自己的生活价值与生命意义，在一定程度上造成了教学活动的异化，进而影响到学生身心的健康发展。这也正如马克思曾经指出的，劳动异化的结果是，"人（劳动者）只是在执行自己的动物机能时，亦即在饮食男女时，至多还在居家打扮等时，才觉得自己是自由地活动的；而在执行自己的人类机能时，却觉得自己不过是动物"。❶

因此，之所以认为学生的"个性化"过程与"角色化"过程存在冲突，究其实质，是将社会需求与学生需求对立起来。事实上，社会需求与学生需求并非绝对的、不可调和的矛盾，当我们将两者二元对立，看不到它们之间内在的本质联系时，就很容易强调一方而完全忽视了另一方——这也是导致课堂教学难以实现学生"个性化"的根本原因。

---

❶ 马克思. 1844 年经济学—哲学手稿［M］. 中共中央马克思恩格斯列宁斯大林著作编译局，译. 北京：人民出版社，2000：48.

第五章　中美课堂中"问题行为学生"的差异分析

课堂中"问题行为学生"既然是在课堂教学过程中被教师贴上标签的、违反一定社会化标准的学生，那么，中美两国课堂中"问题行为学生"衡量标准的差异必然与中美课堂教学实现学生社会化的模式差异有着密切联系。中美课堂中"问题行为学生"究竟存在什么样的差异，差异的实质是什么，造成差异的原因是什么，当前这种差异的发展趋势是缩小还是扩大？这是本章将要探讨的问题。

一、中美课堂中"问题行为学生"的差异

（一）中美课堂中"问题行为学生"的差异表现

从前文对课堂中"问题行为学生"具体表现、基本特点、教师应对方式和处理程序的分析中可以看出，中美两国在课堂教学实现学生社会化过程中存在着一些具体差异❶：

（1）中国课堂中"问题行为学生"的范围比美国课堂中"问题行为学生"的范围更大，但是美国课堂中"问题行为学生"表现出的问题更严重。

（2）中国教师以学生是否真正参与到课堂教学中作为衡量课堂中"问题行为学生"的核心标准，课堂中"问题行为学生"的基本特点是没有真正参与到课堂中；美国教师以学生是否干扰到整个课堂教学作为衡量课堂中"问题行为学生"的核心标准，课堂中"问题行为学生"的基本特点是干扰到整个课堂教学。

---

❶ 这些具体差异在第二章和第三章中已有详细分析，这里是对前文的分析进行一个总结。

（3）美国教师比中国教师更强调用"学习成绩"作为衡量课堂中"问题行为学生"的标准。

（4）中国教师更重视学生的自身努力；美国教师更强调影响学生学习的客观原因。

（5）中国教师重视课堂上的师生互动，忽视生生互动；美国教师既看重课堂上的师生互动，也重视课堂上的生生互动。

（6）中国教师强调课堂上的非正式规范；美国教师更强调课堂上的正式规范。

（7）中国教师在课堂上公开批评课堂中的"问题行为学生"，忽略对课堂中"问题行为学生"的鼓励和表扬；美国教师反对公开批评课堂中的"问题行为学生"，注意对课堂中"问题行为学生"的鼓励和表扬。

（8）从对课堂中"问题行为学生"的隔离方式来看，中国教师采用座位安排的方式，且伴随心理上的疏远；美国教师采用更换教室的方式，采取空间上的完全隔离。

（9）中国教师重视学生家长和同辈群体的支持；美国教师对学生家长和同辈群体的关注不够。

（10）中国教师对学生的处理程序显示出教师间的层级结构；美国教师对学生的处理程序显示的是教师间的扁平结构。

（二）中美课堂中"问题行为学生"的差异实质

中美课堂中"问题行为学生"在一定程度上体现了两国课堂教学在实现学生社会化方面的差异。课堂中"问题行为学生"既然是在课堂教学过程中被教师贴上标签的、违反一定社会化标准的学生，那么，中美课堂中"问题行为学生"衡量标准的差异必然与中美课堂教学实现学生社会化的模式差异有着密切联系。

从前文分析中可以看出，中国课堂中的"问题行为学生"是指那些未能真正参与到课堂中的学生，其衡量标准直接指向于社会化过程中的学生个体；而美国课堂中的"问题行为学生"是指那些干扰课堂教学的学生，其衡量标准直接指向于社会化过程中个体之间的关系。这是否说明中国课堂教学在实现学生社会化过程中更重视个体，而美国课堂教学在实现学生社会化过程中更重视群体？答案是否定的。中国课堂中的"问题行为学生"的衡量标准虽然直接指向于社会化过程中的学生个体，但也包括对社会化过程中个体之间关系的重视。从具体表现来看，中国课堂中的"问题行为学生"包括"内向型"问题行为学生和"外向型"问题行为学生，而美国课堂中的"问题行为学生"主要指向"外向型"问题行为学生。这说明中国课堂中"问题行为学生"的范围比美国课堂中"问题行为学生"的范围要大。所以，美国课堂中的"问题行为学生"在中国也一定被视为课堂上的"问题行为学生"，但中国课堂上的"问题行为学生"不一定是美国课堂中的"问题行为学生"。"内向型"问题行为学生指向于学生个体，而"外向型"问题行为学生指向于课堂上的师生群体。所以，中国课堂中"问题行为学生"既指向于社会化过程中的学生个体，也指向于社会化过程中个体之间关系的重视；而美国课堂中"问题行为学生"只指向于社会化过程中的群体。而且，从基本特点来看，干扰课堂教学的学生必定是没有真正参与到课堂教学中的，但没有参与到课堂教学中的学生不一定会干扰到整个课堂教学（如注意力分散的学生）。从某种意义上说，中国课堂教学在实现学生社会化过程中相对于美国有着更为严格的标准，不仅仅直接指向于学生个体本身，也指向于个体之间的关系。

第一，中国课堂中"问题行为学生"直接指向于社会化过程中的学生个体，所反映的不是中国课堂教学对学生个体的重视，而是对学生个体的约束与限制。

前文在对中国课堂中"问题行为学生"基本特点的分析中，曾经指出参与分为"主动参与"与"被动参与"。主动参与，是学生真正作为主体在课堂中所进行的意义沟通以及相互影响，是学生在课堂教学中个性的一种发展与张扬。但是，中国课堂中"问题行为学生"不但没有积极地主动参与课堂，甚至没有被动参与课堂教学。中国教师在形容"问题行为学生"时，用得最多的一个词是"上课不听"，究竟"问题行为学生"上课不听什么？这其中至少可以从两个维度去解释：知识技能——"上课不听什么内容"；规范——"上课不听谁的？"教师在访谈中也提到，这些学生在课上"老师讲的基本不听"。所以，从知识技能上看，中国课堂中的"问题行为学生"经常"游离"于课堂之外，他们没有学习教师所讲的知识技能，而教师在课堂上所教授的往往是社会视为法定知识技能的社会化内容；从规范上看，"问题行为学生"所不听的是教师所制定的课堂规范。所以，他们对课堂教学参与缺失，在教师眼中更是一种被动参与的缺失。换言之，从学生社会化内容来看，教师所要求的是学生在课堂教学中对教师所传授的法定知识技能的获得以及对课堂规范的遵从。这在一定程度上反映出教师尤为重视学生社会化过程中的"教化",强调学生对教化的驯服,由此中国课堂教学非常重视师生之间的互动,尤其是学生对教师的服从。中国课堂教学之所以重视学生在课堂上的表现以及学生的自身努力,也是因为强调对学生个体的要求与约束,通过对个体的这种要求与约束来促进个体社会化的实现。所以,中国课堂教学实现学生社会化的过程强调对个体的约束与限制,其社会化结果必然是学生社会性的发展与个体性的抑制。

中国课堂教学对学生个体的忽视也体现在中国教师对课堂中"问题行为学生"的应对方式和处理程序中。相比于美国教师,中国教师在对待"问题行为学生"的过程中更少地顾及学生的感受,因此,他们可以在课堂上对"问题行为学生"进行公开批评,忽略对学生的鼓励与表扬,甚至放弃学生。这在一定程度上说明,中国教师并没有给予学生个体充分的尊重。从处理程序上看,中国教师,尤其是班主任对学生个人情况的了解远远甚于美国教师,但从另一个角度来看,了解学生不是为了给学生提供更多的发展空间,而是为了更好地约束和限制学生的行为,使学生在课堂上更好地学习教师所传授的知识并遵从课堂规范。

第二,美国课堂中"问题行为学生"直接指向于社会化过程中个体之间的关系,这正反映出美国课堂教学对学生个体的尊重。

从课堂中"问题行为学生"的基本表现来看,美国教师之所以不关注课堂中的"内向型"问题行为学生,一个重要原因就是因为他们认为课堂教学在实现学生社会化过程中应该对学生个性有着绝对的尊重。"内向型"学生指向学生个体。因为尊重学生个体自我的"选择",所以美国教师认为课堂教学不应该强迫"内向型"问题行为学生改变。从课堂中"问题行为学生"的基本特点来看,美国教师之所以会认为"问题行为学生"是那些干扰课堂教学的学生,是因为在尊重学生个性的前提之下,为了避免个性无限制的张扬所带来的混乱,以不干扰他人的课堂学习为最基本的行为准则。所以,相对而言,美国的课堂教学并不太强调法定知识技能是否得到很好的传递,❶ 虽然也重视

---

❶ 研究者并不认为美国教师在衡量"问题行为学生"时强调学生的学习成绩是他们比中国教师更重视法定知识技能传递的表现。这是因为,美国学校中对学生成绩的评定本就不是只评价学生对法定知识技能的掌握情况。相反,正是因为美国教师不够关注学生在课堂中的个人表现,无法有一个准确的评定,而只能以学生的学业成绩作为评定标准。

教化，但显然远逊于中国课堂对此的强调程度，所以才会更关注学生之间的互动，强调学生的个性发展。

　　这种对学生个体的尊重也体现在美国教师对课堂"问题行为学生"的应对方式中。因为尊重学生的隐私、顾及学生的感受，所以美国教师很少在课堂上公开批评学生，即使是提醒，也是极有礼貌而隐晦的提醒，同时，教师把表扬作为一种重要的应对方式鼓励学生。正是因为极度尊重学生的个性、强调学生的自我选择，所以在"学生有权利决定自己行为""教师不应该太多干涉"的理由之下，美国教师对学生个体真正情况的了解与关注远远不如中国教师。

　　综上所述，中国课堂教学在实现学生社会化过程中更强调对学生个体的约束与限制，而美国课堂教学在实现学生社会化过程中更重视对学生个体的尊重。从上述分析中，可以归纳出中美两国课堂教学实现学生社会化模式的差异（见表5-1）。

表5-1　中美课堂教学实现学生社会化模式的差异比较

	中国课堂教学	美国课堂教学
学生社会化内容	强调学生对法定知识技能的获得以及对教师话语的遵守	强调学生对正式规范的遵守，尤其是不能干扰他人
学生社会化途径	师生互动，尤其是学生对教师的听从	师生互动、生生互动
学生社会化过程	对"教化"过程的强调	并不过分强调"教化"过程
学生社会化结果	关注学生社会性发展	关注学生个体性发展

　　这里需要说明的是，课堂教学在实现学生社会化过程中对学生个体尊重程度的差异，最直接影响到的是师生关系，尤其是教师对学生的权威关系。在中国课堂教学中，教师作为"成人"代表，对学生个体提出要求并督促实现时，教师对学生具有绝对的威权；而在美国课堂教学中，由于对学生个体的绝对尊重，教师即使是"成人"的代表，也应该充分关注学生个体性的发展，给予学生足够的发展空间。所以，相对而言，美国教师在课堂上的权威要低于中国教师。

二、中美课堂中"问题行为学生"存在差异的文化分析

　　中美课堂中"问题行为学生"的差异体现了中美课堂教学实现学生社会化模式的差异。社会化模式是在特定社会系统中基建于不同的社会整合与系统

整合基础上的、影响人的社会化的各种文化变量的组合。❶ 因此，对社会化模式差异的分析，最根本是对文化差异的分析。文化对人的社会化有着巨大的影响作用，它影响着人的行为规范，培养人们对身份、地位的认同，造就人的心理和人格等。❷ 亨廷顿认为，文化的核心是"由传统的观念所构成的，特别是同这些观念密不可分的价值观"。❸ 中美的传统文化不同，由此造成的社会化模式也不相同，正是这种不同的社会化模式，在一定程度上决定了中美课堂中"问题行为学生"的具体差异。

（一）伦理型群体取向：中国传统文化视阈下的社会化模式

虽然当前中国社会处于急剧变迁阶段，各种新的文化思潮不断涌现，但不能否认的是，中国传统文化对个体社会化仍具有深远的影响。因此，本研究基于中国传统文化来对社会化模式进行分析。

1. 仁：中国传统文化视阈下的社会化基础

何谓传统？传者，递也；统者，续也。传统即指历史的连续性。传统文化就是指中国历史延续中所形成的社会文化体系。❹ 这里主要是指两千年以来以个体农业经济为基础、以宗法家庭为背景、以儒家伦理道德为核心的中国传统文化。自然包括其他文化，如道家文化、墨家文化以及中国化的佛家文化等，但核心是传统的儒家文化。中国传统文化中对个体社会化的思考与对"人"的看法密切相关。

在中国历史上，对"人"的问题的思考与探索开始于以孔子为代表的儒家学派。孔子生活的年代正值春秋战国时期，此时，由周朝建立和发展起来的富有道德和亲情特色的"礼"的秩序和规范正面临着一种"礼崩乐坏"的局面。孔子由此对人生、道德和社会问题进行了深刻的反思。儒家在对人类自我反思的过程中，对人的存在给予了积极的评价，表现出对人的极度重视，概括出人具有感知功能、创造性和独特的道德本质，并最终将人的本质归结为伦理

---

❶ "社会化模式"概念借用于马和民在其博士论文《社会化危机及其出路》中的定义。马和民着重分析中国社会化模式的变化，因此将社会化模式分为整合型社会化模式、失范型社会化模式与冲突型社会化模式。本研究主要研究中美社会化模式的区别，因此与马和民的社会化模式类型划分有所不同。

❷ 司马云杰. 文化社会化 [M]. 北京：中国社会科学出版社，2001：374-377.

❸ 李丽媛. 中美家庭价值观跨文化比较研究 [J]. 科技信息，2009（26）：522.

❹ 司马云杰. 文化社会化 [M]. 北京：中国社会科学出版社，2001：397.

道德性。他们认为，伦理道德性是人与动物的最根本区别，《礼记·冠义》指出，"凡人之所以为人者，礼仪也。"《荀子·王制》中提到，"水火有气而无生，草木有生而无知，禽兽有知而无义，人有气有生有知亦且有义，故最为天下贵也。"《春秋繁露·人副天数》中指出，"物疾莫能为仁义，唯人独能为仁义"。伦理道德成为儒家文化对"人"的基本礼节，成为人们试图把握自身存在意义的根本标准。从这一基本认识出发，《中庸》对"人"的理解给出了一个简明而内涵丰富的答案，"仁者，人也"。用"仁"去定义"人"，这决定了中国文化中的基本社会化模式。

从文字解析上看，《说文》释"仁"："仁，亲也，从人，从二"，"古文仁从千心"。二（至少）人成仁。所以，何为"仁"？"仁"是"人"字旁一个"二"字，即是说，只有在"二人"的对应关系中，才能对人和一方下定义。在传统中国中，这类"二人"的对应关系包括君臣、父子、夫妇、兄弟和朋友。这个对"人"的定义，到了现代，就被扩充为社群与集体关系，但在"深层结构"意义上则基本未变。因此，"仁"这个语符，是一个天然强调关系也带有人情味的语符，很显然，表达的意向就是群体性：道德伦理，亲善、和谐、爱人。所以，中国传统文化中对"人"所下的定义，正好是将明确的"自我"疆界铲除，用渠道化的"二人"关系去定义任何一个"个体"，因此倾向于将单个的"个体"当作没有合法性的存在。所以，中国文化中的"人"是只有在社会关系中才能提出的——他是所有社会角色的总和，如果将这些社会关系都抽空了，"人"就被蒸发掉了。因此，中国人不倾向于认为在一些具体的人际关系背后，还有一个抽象的"人格"。❶ 中国文化中的"人"往往是由一些外在的社会关系和角色来定义的。孤零零的"个人"——亦即是不受任何人伦与集体关系"定义"的个体在中国文化中变成了很难设想之事物。因此，许多研究表明，亚洲文化尤其是中国文化非常强调个体之间的联系，这在许多研究中都得以证明（De Vos，1985；Hsu，1985；Miller，1988）。有研究者用"相互依赖（interdependent）"来描述这种"自我概念"建构的方式，个体是在与他人的关系中建构自我。❷ 所以，费孝通先生在《乡土中国》中指出"我们的格局不是一捆一捆扎清楚的柴，而是好像把一块石头丢在水

---

❶ 刘小枫. 中国文化的特质［M］. 北京：生活·读书·新知三联书店，1990：204.

❷ Markus H. R. & Kitayama S.. Culture and the Self：Implication for Cognition，Emotion and Motivation［J］. Psychological Review，1991，98（2）：224－253.

面上所发生的一圈圈推出去的波纹。每个人都是他社会影响所推出去的圈子的中心。被圈子的波纹所推及的就发生联系。每个人在某一时间某一地点所动用的圈子是不一定相同的"。❶ 从文字解析来看，中国传统文化中的人并不是独立的个体，而是依照人伦关系网罗起来的群体（见图5-1）。

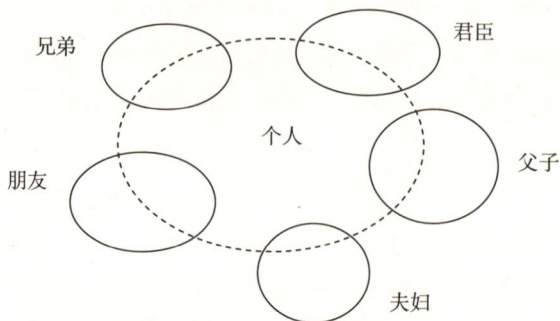

图5-1　中国文化中的个人

　　从具体观念上看，"仁"作为原始儒家的核心观念，其基本规则是"修己"与"安人"，这是建立在宗法血缘关系中"孝悌为本"基础上的。"修己"即自我的完善，其目标在于实现自我的内在价值——主要是德行方面。在儒家看来，无论是外在的道德实践，还是内在的德行涵养，自我都起着主导的作用。主体是否遵循伦理规范，是否按照仁德原则来塑造自己，都取决于自主的选择及自身的努力，而非依存于外部力量。正是在这个意义上，儒家强调求诸己，反对求诸人。"君子求诸己，小人求诸人。"（《论语·卫灵公》）与此同时，在儒家看来，自我的完善并不具有排他的性质，相反，根据人的道德原则，个体在实现自我的同时，也应当尊重他人自我实现的意愿，即"己欲立而立人，己欲达而达人"（《论语·雍也》），也就是"仁"的基本规则——"修己以安人"（《论语·宪问》），"安人"是社会整体的稳定与发展。"修己"是前提，"安人"则是目的。"安人"所确认的，是一种群体的原则。这种原则体现为人和人的关系。而群体认同的更深刻的意蕴，是一种责任意识。按儒家所见，作为主体，自我不仅以个体的方式存在，而且总是群体中的一员，并承担着相应的社会责任。他固然应当"独善其身"，但更应"兼善天下"。"仁"所体现的群体原则，在其他思想流派中得到更多的确认。墨家提出了

❶　费孝通. 乡土中国［M］. 北京：北京出版社，2005：32.

140

"兼爱"原则，渗入了一种群体认同的要求，进而提出了"尚同"之说。"尚同"含有群体沟通之意，其核心则是"上之所是，必皆是之；所非，必皆非之"（《墨子·尚同上》），墨家虽然注意到个体的社会认同，但将社会认同理解为服从最高意志，则又弱化了个体的自我认同和独立人格，在上同而不下比的原则下，个体的价值被淹没在统一的意志中。法家的"废私"主张和"法、术、势"的观点，虽然包含着以"法"来维护既定秩序的意思，但"必轨于法""以法废私"的要求，却也使主体的个性、独立思考等泯灭于恢恢法网之中。这种以君主（虚幻整体的象征）之"公"排斥自我之"私"的价值原则，已带有明显的整体主义的性质。佛家虽然追求的首先是个人的解脱，但又主张自觉地普度众生。大乘佛教甚至认为，个人的解脱要以众生的解脱为前提，没有众生的解脱，个人便难以真正达到涅槃之境。因此，从具体观点上看，"仁"与"人"相通，体现了"群体取向"这一伦理原则在传统中国人自我意识中的普泛化。

所以，中国传统文化中的"人"是一幅群体图像，个体只有在与他人的关系中才能确定自我。这种对人的自我认识只停留在人的类主体意识上，即它所认识的"人"并不具有像黑格尔所说的"具有坚强的主体性格的自由自在的个性"❶，而只是体现为一种类主体性，即作为一个族类而非个体面对作为对象的自然界时的自我确认、自我张扬。个人被规定在与他者的关系中，人们总是通过"他者"来认识自己，人生的意义就是向整体性的自觉依附和归顺，自觉地奉献于群体的目标。

中国传统文化中这种对"群体"人的关注直接导致了"群体取向"的社会化模式，且这种"群体取向"的原则是建立在一定的伦理道德基础之上的。中国传统文化的伦理型特征，主要源于中国古代社会宗法制度的完善及其影响的长期存在。《论语》中曾经提到，颜渊问仁，子曰："克己复礼为仁，一日克己复礼。""仁"就是"克己复礼"，而"礼"是西周宗法专制主义社会的伦理规范和社会规范的总称，"仁"的目的是恢复原有被破坏宗法制度中的伦理规范。《学而》中提到，"君子务本，本立而道生。孝弟也者，其为仁之本与"，在孔子看来，只有在家（孝）敬父母，出门敬（悌）兄长，才能把"仁"这种主观思想的精神境界，推己及人，由家庭推广到社会。"孝悌"为

---

❶ ［德］黑格尔. 美学（第一卷）［M］. 朱光潜，译. 北京：商务印书馆，1981：230.

"仁之本"，因此，中国传统文化中对家族血缘关系尤为重视，而这种家族宗法血缘关系本质上是一种人伦关系，是建立在伦理的基础上通过人们的情感信念来处理的关系。从中国历史发展来看，中国是在血缘纽带解体不充分的情况下步入阶级社会的，从而形成了独特的宗法制度。与之相联系，血亲意识，即所谓"六亲"（父子、兄弟、夫妇）、"九族"（父族四、母族三、妻族二）的观念继续构成社会意识的轴心，而且其形态愈益精密化。经过历代统治者及其士人的加工改造，宗法制度下的血亲意识有的转化为法律条文，更主要的是形成宗法式的伦理道德，长久地左右着人们的社会心理和行为规范。家国同构，国是家的延伸与放大，是统治者的大家庭。因此，中国古代是由家及国的宗法社会政治结构。在这个基础上产生的必然是以伦理道德为核心的文化价值系统。而且，儒家在处理人际关系时，贯彻了"推己及人"的原则。提倡"己所不欲，勿施于人"，"己欲立而立人，己欲达而达人"。即是说，要把别人看作自己的同类，在处理人际关系时，要以自己的需要去看待和体验别人的需要，自己不需要的，不要强加于人；自己需要的，应当允许并达到别人同样的需要。儒家这一待人处世的原则告诉人们：不能以个人的需要和利益作为待人处世的标准，利益和需要本身还有一个能与不能、当与不当的合理性标准，这个标准就是道德价值尺度。道德伦理，是中国传统文化的基本特征。所以，斯宾格勒才把道德灵魂作为中国文化的基本象征符号，黑格尔才说"中国纯粹建筑在这一种道德的结合上，国家的特性便是客观的家庭孝敬"❶。所以，中国传统文化中的"群体取向"的社会化模式是建立在伦理基础之上的。

2. 圣贤：中国传统文化视阈下的社会化目标

传统中国社会在建立伦理型群体取向的社会化模式之后，还需要在人生实践层面上塑造集中反映主流价值观的一种更为具体化的形象。这样一种具体化的形象，就是传统文化始终在求诉的"理想人格"，也即传统中国"社会人"的形象，这种形象塑造实际上是一种社会化的目标导向。孟子曾说，"规矩，方圆之至也；圣人，人伦之至也"（《孟子·离娄上》）。所以，"圣贤"作为理想化和抽象化了的人，汇集着人类的全部智慧和美德，是人们修身养性的范式与做人的楷模。传统中国的社会化目标也可以概括为"学做圣贤"。

圣贤是圣人和贤人的合称，后人也多用来指君子。荀子曾说："君子者，

---

❶ ［德］黑格尔. 历史哲学［M］. 杨造时，译. 北京：生活·读书·新知三联书店，1956：65.

天地之参也，万物之总也，民之父母也。无君子则天地不理，礼义无统。"
"圣贤"这一社会化目标是通过伦理型群体取向的社会化模式产生的，因此，
"圣贤"本身所具有的理想人格充分体现了伦理型和群体取向的特点。具体而
言，一般用"内圣外王"来描述"圣贤"的理想人格。"内圣"是通过内省修
身功夫完成自我道德人格，其具体步骤是"格物、致知、诚意、正心、修
身"。"内圣"的重要内容是"仁"与"智"（"知"通"智"）。孟子所谓
"仁且智，夫子既圣矣"。在"仁"与"知"两者的关系上，孔子提出"未
知，焉得仁"？而这里的"知"主要是指"知人"，也即对社会人伦关系的体
察。显然，人类知性（理性）的作用主要限于道德实践领域。到宋明理学家
那里，更进一步对"德行之知"与"见闻之知"作了严格区分，并强调了
"德行之知"对人格完善的重要意义。因此，"内圣"在一定程度上体现了对
社会化模式伦理型特点的强调。"外王"是把自我道德人格由内及外、由近及
远地推开来，以达到"治人""安人"的目的，其具体步骤是"齐家、治国、
平天下"。人格的自我完善与修养，最终是为了服务于社会。所以，本质上，
"外王"体现了个人对社会要求的服从，体现了我国传统文化中社会化模式的
群体取向的原则。总而言之，"圣贤"是对传统中国伦理型群体取向社会化
模式作用结果的一种理想诉求，"实际上反映了传统中国人的社会化目标是
建筑在群体取向基础上的，以合乎群体伦理为本且又最终指向于群体伦理的
人格完善"。❶

　　3. 努力与服从：中国传统文化视阈下的社会化方式

　　课堂教学作为实现学生社会化的途径，其终极目标是培养具有"内圣外
王"理想人格的"圣贤"。有学者也用"全人"来描述我国现实学习生活的理
想价值取向，即"学生在学习生活中要成为能够在所有活动中实现理想效能
的人"，既要成为一切言行符合伦理道德规范的"完人"，又要成为"及事至
方出来，却又似个无所不知无所不能"的"超人"。❷需要指出的是，在中国
传统文化中，从不以"圣贤"轻易许人，但又不把"圣贤"看作是不可及的。
"人皆可以为尧舜"，强调个人只要通过不懈的努力进行道德修养，就能成为
圣人。所以，对中国的传统课堂教学而言，虽然以培养"圣贤"或"全人"

---

❶　马和民. 社会化危机及其出路［D］. 上海：华东师范大学，2003：24.
❷　唐荣德. 学生学习生活研究［D］. 上海：华东师范大学，2005：106.

为终极目标，但更重视的是个人向这一终极目标努力提高自身道德修养的过程。因此，中国传统文化影响下的课堂教学以提高学生的道德修养为具体目标。具体而言，要实现提高学生的道德修养，主要通过两个方面：

其一，强调学生自我的不懈努力。"为仁由己"，只要安伦尽份，反躬内求，便是道德的完成。所以能否成"仁"，关键在于个人自己。由此形成了向内探求的主体性精神，集中体现为律己修身的特点。这种修养学说强调自主自律和自我超越。要建立道德自我，其基本精神是"求诸己"。孔子说"君子求诸己，小人求诸人"，君子"不怨天，不尤人"，"躬自厚而薄责于人"。所以，学生在实现个体社会化过程中应该通过自我的不懈努力来实现个人的道德修养。具体来说，在课堂教学中，学生能够全面地严格要求自己、规划好自己的学习活动，克制住自己的其他欲望和惰性，积极进取，使自己的精力围绕课堂教学活动展开，同时能够独立解决各种困难，不依赖教师家长。

其二，强调学生主动对外在要求的服从。学生在课堂教学中实现社会化的过程也是一个修身的过程，修身则是一个服从"礼"、进而规范自身行为的过程。孔子说"君子食无求饱，居无求安，敏于事而慎于言，就有道而正焉，可谓好学也已"。个人不是为了自身生命的存在和发展，而是为了社会伦理纲常的存在，所以，学生必须要按照一定外在的规范和标准来不断反省自己的行为是否符合其要求。在中国传统课堂教学中，这种要求和规范是由作为成人代表的教师所制定的，因此学生对外在要求的服从表现为学生毫无异议地最大限度遵从教师提出的各种要求。而且，我国自古以来有"师道尊严"的传统，"言不称师，谓之畔（叛）；教而不称师，谓之倍（背）。倍畔之人，明君不内（纳），朝士大夫遇诸涂而不与言""天地君轻师""一日为师终身为父"。在教师"高大""崇高"形象的威慑下，学生个体变得渺小而微不足道，学生对教师的服从被视为天经地义。因此，在课堂上，学生应"亲其师而信其道"，服从教师的要求以及由教师制定的规范。

当学生自我的不懈努力与对外在要求的主动服从成为传统课堂教学促进学生自身修养提高的必经之路时，也成为中国教师在课堂上用以衡量学生的两大基本标准。在课堂教学过程中，由于教师教学结果具有一定的滞后性，所以学生是否努力学习、是否服从外在尤其是教师的要求成为教师评价学生的两个基本标准。教师对这两大标准的判断直接表现为教师对学生是否积极参与到课堂教学活动中的评价。当学生未能参与到课堂教学活动中，"走神"或者"没有认真听课"时，一方面，是因为学生未能克制住自己的欲望或者惰性，没有努力地把自己的精力投入到课堂教学活动中；另一方面，课堂教学是教师主导的活动，当学生试图从精神上逃逸出课堂，也体现了学生对教师要求或教师权力的忽视甚至违背。所以，从中国传统文化背景分析来看，未能参与到课堂教学活动中的学生必然被中国教师视为课堂中的"问题行为学生"。

（二）契约型个体取向：美国文化视阈下的社会化模式

康马杰在《美国精神》中指出："美国性格是继承和环境交互作用的结果，而两者都是错综复杂的。"❶ 因此，对美国文化的分析，要从两个方面寻找根源，一是美国文化的溯源，一是美国文化自身发展历史。

康马杰提到"以继承而论，美国不仅继承了英国的传统，也继承了17、18世纪的传统，也继承了两千年来的传统。美国是英国的产物，这一点谁都承认。美国的文化和制度的渊源可以追溯到希腊、罗马和巴勒斯坦，这一点却被遗忘了；美国人所持的国家、教会和家庭的基本制度以及他们所珍惜的基本价值观念都表明了这种悠久的来源和关联"❷。所以，从文化溯源的层面分析，美国文化与欧洲文化有着千丝万缕的联系。一般来说，西方文化往往比东方文化更重视作为个体的人。古希腊前苏格拉底时期的哲人就强调对个体"人"的关注，在他们眼中，"人是万物的尺度"。从苏格拉底到柏拉图，从亚里士多德到斯多葛学派，希腊著名哲人都强调个人是社会的主体。苏格拉底曾经在非正式场合说，"无法验证的生命是不值得存在的"，个人不能被强迫无条件接受传统权威，他们仅仅应该服从"当我做出的结论似乎对我是最理想的理性"。文艺复兴是一场"发现世界和发现人——前者探索外部世界，是客观的；后者探索人的个性，是主观"❸ 的运动，神的地位每一步下降，乃是人的地位每一步上升。自文艺复兴以来，随着对人的重新发现，个人在社会中的地位与价值得以重视，人们对个人意志和行为的自由关注度也越来越高。同时，在中世纪中后期和近代，由于私有制深入到家庭内部，父子兄弟甚至夫妻各有各的私有财产，这就为每个成员的独立奠定了基础。法律关系、权利关系成为

❶ ［美］康马杰. 美国精神［M］. 南木，译. 北京：光明日报出版社，1988：4.
❷ ［美］康马杰. 美国精神［M］. 南木，译. 北京：光明日报出版社，1988：4.
❸ ［英］阿伦·布洛克. 西方人文主义传统［M］. 董乐山，译. 北京：生活·读书·新知三联书店，1997：50.

家庭成员间的主要关系,而夫权父权居次要地位,且非维系家庭所需,也就为个人主义的产生发展提供了条件。因此,许多研究者提出一系列理论,指出要以人为中心,社会要体现出个人的意愿。尤以洛克为代表。在洛克的学说中,个人是第一,社会和国家第二;个人是本源,国家是派生;个人是目的,社会和国家是手段,政府的任务就是保护公民的天然权利。个人有权决定自己的一切,个人成为欧洲文化的核心。欧洲这一文化传统对美国文化也产生了显著的影响,《独立宣言》很明显体现了洛克的学说。"个人主义是美国文化的核心""个人主义是深深植根于美国社会历史之中的"等观点早已成为美国学者的共识。❶

从美国自身文化发展过程上看,对"个体"的重视正是美国不同民族的思维方式、异质的文化传统、多元的价值观念和宗教信仰相互对立冲撞以及借鉴与融合的结果。美国是一个彻底的移民国家。早期的移民大多都是为了摆脱本国的政治和宗教迫害,为了追求一种独立自由的幸福生活,漂洋过海历经艰辛来到北美大陆。他们具有强烈的个人意识和反权威的传统。也正是由于他们对自身自由独立的珍重,使他们最终拿起武器与英国殖民统治者进行了不屈不挠的英勇斗争,从而建立了独立的国家,维护了自身的独立自由。这一精神在美国的《独立宣言》中得到了明确的阐释:"所有的人生而平等,上帝赋予他们不可剥夺的权利,其中包括生命、自由和对幸福的追求。"在西进运动中,来自东部和欧洲的移民以他们的独立和竞争精神披荆斩棘、艰苦劳作。西部的艰苦生活和创造性劳动,锻炼了他们勤劳勇敢和不断进取的性格,也为西进的人们提供了大展身手的舞台,人们相信只要奋斗就能成功。充分发挥个人的主动性和首创精神,追求物质利益和政治利益的平等权利是这一时期社会的基本信条。随着美国独立战争和西进运动,美国逐渐成为一个大"熔炉",就像爱默生所指出的,"……就是这样一个混合体在北美大陆上形成——它成为所有民族的避难所,爱尔兰人、德国人、瑞典人、波兰人、哥萨克人以及所有欧洲各个部落的人、非洲人、波利尼西亚人,将建构一个新种族、新宗教、新国家、新文学,就像从黑暗的中世纪的熔炉中冶炼出来的新欧洲一样具有活

---

❶ Rlaph Ketchma. Individualism and Public Life – A Modern Dilemma [M]. New York:Basil Blackwell Inc. , 1987:34 – 36.

力。"❶ 经过民族融合，到 18 世纪中叶，统一的美利坚民族才最终形成。但熔炉文化的盛行，也存在着同化的过程和极端的排他特点。直到伴随着美国社会的发展，美国社会的民主大步前进，美国人的观念开始转变，推崇个性、包容、并存的思想开始占据主流。这个时候美国社会更多地使用一种理解差异、平等包容的视角来看待各种不同的文化。用暴力手段将各种文化"熔"为一"炉"，开始向"拼盘"式的多元文化转变。20 世纪 70 年代以来，美国逐渐成为一个多元制社会，在这样一个多元制的社会中，要使所有的思想和意见都能得以表达和实现，必然追求个人的自由和平等，作为"个体"的人日益被社会所重视。由此，美国文化中的社会化模式具有以下特点：

1. 个体取向：美国文化视阈下的社会化基础

首先，美国文化视阈下的社会化模式具有典型的"个体取向"。欧洲文化的影响和美国文化自身的发展过程使得"个体取向"成为美国文化的核心价值。"个体取向"强调对作为"个体人"的尊重，认为人性的展现就是让每个人在肉体上自由生存、思想上自由表达、政治上具有独立选择的能力和经济上的自力更生。在美国文化中，首先有个人，然后才有这个社会的存在；个人的自由和友谊是目标，政府和宗教的社会作用只是实现这个目标的工具，它们是什么并不重要，重要的是它们干什么。个性自由是美国精神的思想和道德的重要来源，意味着人们可以按照自己的意愿寻求各种不同的方式生活，即个人的天赋可以得到尽情发挥。❷ "个体取向"作为一种政治民主思想，强调个人的民主和自由权利，强调自我支配和自我控制；作为一种经济制度，主张个人享有最大机会去合法取得财富，维护私有制；作为一种价值理论，强调个人是最终目的，具有最高价值，社会是实现个人目的的手段和条件。具体来说，美国文化中的"个体取向"包括三个方面：第一，对个人奋斗、勇敢和冒险精神的强调。从殖民地时代到 19 世纪末期以前，美国是一个以农业经济为主体的社会，所以，边疆人的神话把美国的开拓者描写成精力充沛、勤奋勇敢、胜利地开垦了自己的生存之地的人，是个人奋斗、勇敢和具有冒险精神的典范。第二，对个人尊严、个人地位和权利的追求。美国的政治哲学认为，任何个人或

---

❶　Mary Kupiec Cayton, Peter W. Williams. Encyclopedia of American Cultural & Intellectual History [M]. New York: Charles Scribner's Sons, 2001: 253–254.

❷　Sidney E. Mead. The Mind and Spirit of the National Period [J]. Religious Humanism, 2000 (3&4): 3–12.

阶级都不能在其他人之上，人与人之间的不平等不是自然发展的结果，而是人造成的。按照自然，人与人之间是平等的，在权利、责任和权力上都是平等的。事实上，人与人之间就是一种权力的联合，如同生命、自由和幸福的追求一样，是天赋的、本能的行为，因此是不可剥夺的。第三，对个人意志自由的向往。作为一个多数人信仰上帝的国度，美国个人主义是建立在神的意志基础之上的。但随着社会的发展，宗教个人主义也极大地发展起来，人们追求的是个人自由而不是集体束缚，强调的是个人意志的表达而不是社会的价值。因此，在美国文化中，个体通常被视为"有一定边界的、独一无二的、由动机与认知结合而成的存在，是意识、情感、判断的动态中心，个体的行为有别于群体中的其他个体，这使得个体从社会和自然背景中突出出来"❶。

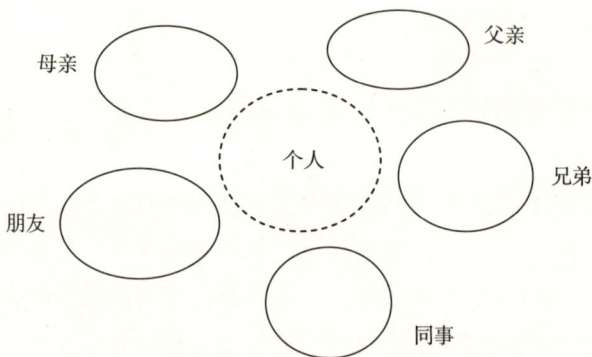

图 5 - 2　美国文化中的个人

其次，美国文化中的这种"个体取向"并非个性的绝对张扬，而是建立在社会契约的基础之上的。早在1840年，托克维尔就曾经指出，对个人的过分强调，使得每个公民同其同胞大众隔离、同亲属和朋友疏远，他们只顾个人的小社会而不顾大社会。❷ 因此，极端的"个体取向"将意味着社会的混乱甚至人类的灾难，缺乏对整体社会负责的理性思维。要遏制"个体"的无限恶性膨胀，"社会契约"具有重要的意义。"作为个体的（美国）人可以对他人付出自己的爱心和无限的关心。但是在群体当中，尤其是在国家之中，存在更

---

❶ C. Geertz. On the Nature of Anthropological Understanding［J］. American Scientist, 1975 (63)：47 - 53.

❷ ［法］托克维尔. 论美国的民主［M］. 董果良，译. 沈阳：沈阳出版社，1999：679 - 685.

多的是政治的关系而不是伦理的关系。"❶ 而契约则是美国社会政治领域的主导思想。西方的契约理念最早源于古希腊哲学和罗马法，是商品经济的产物，属于经济关系范畴。随着商品经济的发展，16 世纪到 18 世纪古典自然法学派的思想家又将契约观念由经济观念阐发为一种社会和政治的观念，西方社会实现"从身份到契约"的变化。虽然社会契约理论的发展经历了不同的阶段，但对美国的缔造者及其国家政治结构影响最大的无疑是卢梭。卢梭在《社会契约论》中指出，在国家建立以前，人类处于一种自然状态中，每个人都有着自由而平等的天赋的自然权利，可以追求和维护自己的利益。但这种自然状态缺乏法律的约束和公共权威的管理，人们在追求自己的利益时，难免会发生冲突和争斗。这样，人们通过缔结契约将自己的全部或部分自然权利让渡出去，交给一个政治共同体（国家），形成公共权力，并且服从于它。每个缔约者既是个人，又是共同体的一员，因此，他与共同体缔约就是与自己缔约。社会契约的实质就是公意，即参与订约的全体成员的共同意志。共同体的主体应为缔约者全体，而不是某个人或大多数人。人类由于社会契约而丧失的是天然的自由以及对于他所企图得到的一切东西的无限权利；而他所获得的，乃是社会的自由以及对于他所享有的一切东西的所有权。但是，人们缔结契约是以取得一定的利益或权利为目的的。要达到这一目的，使得缔约各方以平等的身份联结在一起，互相协作，共同维护契约的顺利履行，就需要一个至高无上的原则或秩序来约束它。这种规则和秩序就体现为强制性的法律、法规，这是对缔约各方的约束前提和实现其利益的保障。所以，美国文化一直强调对个性自由和解放的追求，而这种追求却完全不是建立在个人无限自由的无政府主义基础上的，而是建立在社会契约的原则基础上的，是从欧洲移民来到北美那天就开始的。1620 年的《五月花号公约》非常典型地反映了美国人的社会契约思想，"我们……庄严而又和睦地相互订立契约，把我们联结在一个体制之中。为了我们更好的秩序和保护，也为了我们前面所说的目标的实现，以我们的人格来颁布、组成和建构公正、平等的法律、条例、法令、宪章和官员。"❷ 托马斯·杰斐逊在《独立宣言》中申明："我们认为以下真理是不言而喻的：人人生而平等，造物主赋予他们某些不可转让的权利，其中包括生命权、自由权和追

---

❶ 黄明哲等. 梦想与尘世——二十世纪美国文化 [M]. 北京：东方出版社，1999：54 - 55.

❷ Dunn C. W. American Political Theology, Historical Perspective and Theoretical Analysis [M]. New York：Praeger Publisher，1984：20.

求幸福的权利，为了保障这些权利，人们建立起被管辖者同意的政府。任何形式的政府，一旦破坏了这些目标，人民就有权利去改变它或废除它，并建立一个新的政府。"❶ 在 19 世纪末 20 世纪初的工业化时期，崇尚个人独立自主竞争促使美国的资本家巧取豪夺，残酷剥削，造成了生产的盲目性和无序性，不受干预的自由竞争堕落到无视他人和社会利益。美国学者丹尼贝尔认为这种强调"不受束缚的自我"和"享乐主义"的价值观的恶性发展已威胁到社会的正常运转。因此，约翰·杜威和乔塞亚斯·罗伊斯对这种"个体取向"文化价值观作了进一步的阐释，认为在强调对个人价值的尊重的同时，提出每个人必须尊重他人，尊重他人的价值观。个人为了一己之目的致使社会遭到破坏，那么个人也将遭到严重的损害。每个社会成员在从事任何活动时都必须考虑全社会的利益。"为了共同的生存和劳作人们才联合成一个社会整体，这个整体的利益不能受到损害，因为它的存在就是每个社会成员的个人利益所在。"❷ 因此，美国文化中的"个体取向"并非不受任何限制的无拘无束、放任自流，而是基于契约原则之上的，它不仅是一种思想和行动上的权利，同时也意味着个体在契约基础上必须承担起对国家、社群、他人和自我的责任，个体在尊重自我的同时，也必须尊重他人的权利。正如克林顿在就职演说中指出的，"没有责任感，任何自由社会都不会繁荣……我们的创建者教导我们，要维护我们的自由与联盟，必须依靠富有责任心的公民。"❸ 综上所述，美国文化背景下的社会化模式可以被概括为契约型个体取向。

2. 有个性的人：美国文化视阈下的社会化目标

区别于中国传统社会化模式以培养"圣贤"为终极目标，美国的这种契约型个体取向的社会化模式是以培养"人"，尤其是有个性的人为目标的。"我们相信个人的尊严，乃至个人的神圣不可侵犯性。我们为自己而思考，为自己而判断，为自己而决策，按自己认为适当的方式而生活。"❹ 美国的个体取向社会化模式追求的是人的尊严、人的地位和人的不可剥夺的权利。从深层

---

❶ ［美］麦克斯·J. 斯基德摩等. 美国政府简介 ［M］. 张帆，林琳，译. 北京：中国经济出版社，1998：369.

❷ ［奥］路德维希·米瑟斯. 自由与繁荣的国度 ［M］. 韩光明，译. 北京：中国社会科学出版社，1994：74.

❸ 李其荣. 美国精神 ［M］. 武汉：长江文艺出版社，1998：25.

❹ Robert N. Bellah et al. Habits of the Heart：Individualism and Commitment in American Life ［M］. New York：Harper & Row Publishers，1986：142.

次上讲，就是充分尊重个人权利，使个人在社会中有主人的地位和感觉。一个人只有从所有的社会角色中撤出，并且以"自我"作为一个基地，对这些外铄的角色做出内省式的再考虑时，他的"存在"才开始浮现。注重人的个体性存在，倡导个人权利和个性解放是美国社会化模式的重要特征。因此，美国文化背景下的社会化模式必然以培养有个性的人为目标。美国社会化的培养目标与中国传统社会化的培养目标有着极大的差别。"圣贤"是中国传统文化理想人格的集合体，因而是完美无缺有着统一的形象，是所有人都难以实现却又要不断努力奋斗的目标。有个性的人，是基于自身个性特征基础之上的发展，是有一定的特点与缺点，是个人通过努力能够实现的，因此也是多样性的。

3. 自主选择：美国文化视阈下的社会化方式

作为个体实现社会化的重要途径，美国的课堂教学以促进学生个性发展为基本目标。正如尼克中学的办校名言所说，"你就是你自己，你是什么样的人，你就努力使你成为什么样的人，但你要尽量挖掘潜力，最大限度地完善自我。"所以，美国的课堂教学就是要使"我"成为"我自己"。需要指出的是，虽然学生在实现个性发展的过程中也在"最大限度"地完善自我，但这与中国文化中所提到的"修身"有着一定的差异。事实上，中国传统文化中的"修身"是以"圣贤"的标准为要求去约束自我，基于外在的各种期望与规范之上，因此"修身"强调的是学生以内在的努力去缩小个人与外在期望和标准的差距；而美国课堂教学中所提到的"完善自我"是基于学生个性特征基础之上的发展，强调创造更好的外在环境更好地满足个体内在的发展需求。所以，在美国的课堂教学中，学生的个性弥足珍贵，课堂教学应该保护和发展学生的个性。具体而言，从宏观层面上看，美国没有全国统一的教材，没有一个强大到无所不能的教育管理机构来掌管国家一切教育事务。相反，它把教育自主权、选择权下放给每一个教育主体，因为只有学校最了解当地的情况和需要，只有学生才最了解自己的兴趣与能力。所以，美国的学校都各有特色，每个孩子都有自己独一无二的学习计划以及课程安排。从中观层面上看，学校在提供给学生的选课制度中，首要依据的就是"个人的基础和潜能"，然后在"专职教师的指导下由学生自己决定"。学生基于个人基础、潜能、兴趣、爱好等制定自己的学习目标，有利于调动学生的学习积极性，发挥学生的潜能，这使美国学生具有了强烈的创新意识和实践能力。从微观层面上看，教师在具体教学过程中，为学生提供开放的环境，学生可以随时向教师提问、发表自己的观点，对很多问题教师并不给出标准答案，任学生发挥其想象力，自由思考。所以，充分尊重学生的个性、为学生提供充分自主选择的空间是美国课堂教学实现学生社会化的基本方式。

从课堂教学实现具体目标的基本途径上说，中美之间有着极大的差别。中国传统课堂教学重视学生的不懈努力和对外在要求的主动服从，而美国课堂教学强调为学生的个性发展提供自主选择的空间。就途径本身而言，前者指向对学生的基本要求，后者指向对教育环境的基本要求。但需要指出的是：第一，美国的课堂教学虽然也强调学生的自我努力，但"个人努力"只是一个完全由学生自己决定采用与否的选项。个人奋斗虽然是美国精神的重要部分，但它并不足以形成一个统一的价值观和评价标准。美国课堂教学以促进学生个性发展为目标，强调对学生自立能力、自我选择能力和自我表现能力的培养，在鼓励学生勇敢地表达自己的想法的同时把选择的权利留给学生自己决定。因此，在对个人选择权利的极大尊重之下，自我努力与奋斗成为一种个人选项。美国教师虽然在课堂教学过程中鼓励学生努力奋斗，但并不是一种强制性的要求，也并不将此作为一个重要的评价标准。第二，美国的课堂教学虽然也强调"尊师爱生"，但并没有将此作为一般原则，师生之间是一种民主平等的关系。美国文化背景下的社会化模式具有"个体取向"的特征，对个体的重视也重点强调对个体自由和个体之间民主平等的追求。早期的《独立宣言》就向世人宣布，"我们认为下述真理是不言而喻的：人人生而平等。造物主赋予他们若干不可让与的权利，包括生存权、自由权和追求幸福的权利"。宽松、民主的文化氛围培育了美国人的自主意识、自我观念。所以，在美国的课堂教学中，教师通常鼓励学生形成自己的看法、处理自己的问题。美国人无论面临什么样的权威，通常都不是毫无异议地听从和接受权威者的意愿，而是敢于向权威发起挑战。反映到美国课堂上，学生作为具有独立人格的个体，他对教师是独立而非依附的，所以美国学生从来都不会屈就教师的权威而放弃对真理的追求，美国学生对教什么和如何教有很大的发言权。因此，课堂教学在实现学生个体社会化的过程中，美国学生对教师并不需要绝对的遵从。

美国文化背景下的契约型个体取向的社会化模式并非意味着对学生的毫无限制。从起源上看，契约关系反映了个人自主意识的觉醒和个人脱离群体的独立，人们之间的协调关系不再是家族原则或身份登记观念，而是体现为个体自我的意志。所以，契约理念强调个人自主意识，使个人利益最大化，但这是以整个契约关系中所有人的合理利益和公共利益为前提的，即契约所尊重和强调的是一种健全的、理智的、秩序化的自主意识。因此，契约实际上就是权利的互相让渡，参与缔约的任何一方当事人，在享有权利的同时也承担相应的责任。契约自由也意味着一定的限制。苏格拉底在被指控有罪时，他认为自己既然享受了国家赋予的权利，就意味着他与国家有了一种默示的契约，所以，他必须遵守国家的法律，接受法庭的审判。从理论上说，为了维护契约的顺利履行，需要一个至高无上的原则或秩序来约束它。这种规则和秩序就体现为强制性的法律、法规，这是对缔约各方的约束前提和实现其利益的保障。因此，契约关系中的个体必须服从这一体现公共意志的法律和法规，社会中的个人必须遵从国家的法律法规。但不得不承认，虽然美国是世界上法律最健全的国家之一，却也不能完全对人类生活的所有可能发生的情景做出详细的规定。关于美国的学校教育与课堂教学，虽然各州、各地和各校都有自己的规范，但并不能囊括所有的课堂教学情景。所以，基于社会契约，在课堂教学过程中学生的行为标准应有一个基本准则，这与契约的正义要求密切相关。亚里士多德指出，正义"以公共利益为依归"，"以城邦的整个利益以及全体公民的共同善业为依归"[1]，伊壁鸠鲁也强调公正的基础是人们之间相互利益的约定。他指出"公正对于每个人都是一样的，因为它是相互交往中的一种相互利益"[2]。康德从纯粹理性中去寻找正义道德根据，于是找到了被称为绝对命令的普遍的道德律——普遍立法、人是目的、意志自律，社会契约被视为一种理性规定和"一种评价国家合法性的标准来承认"，因此国家要保护每个人的自由、权利、独立，保护每个人免受他人侵害。[3]罗尔斯通过原初状态的假设来论证社会正义原则，"原初状态"是一种纯粹的理论假设。这种状态是一种理性状态，是一种"不受偶然因素或社会力量的相对平衡所决定的状态"[4]，处于原初状态下的人们按照契约的方式做出的选择必须遵循两个正义原则，"第一个原则：每个人对与其他人所拥有的最广泛的基本自由体系相容的类似自由体系都应有一种平等的权利。第二个原则：社会和经济的不平等应该这样安排，使它们被

---

❶ ［古希腊］亚里士多德. 政治学［M］. 吴寿彭，译. 北京：商务印书馆，1959：148.

❷ 北京大学外国哲学史考古室. 古希腊罗马哲学［C］. 北京：生活·读书·新知三联书店，1957：342.

❸ 何勒华. 西方法学史［M］. 北京：中国政法大学出版社，1996：203.

❹ ［美］罗尔斯. 正义论［M］. 何怀宏，等译. 北京：中国社会科学出版社，1998：119.

合理的期望适合于每一个人的利益，并且依系于地位和职务向所有人开放。"❶
所以，对个人平等的强调使得社会契约主张个人对自己的权利或利益的追求不能影响社会或他人的利益，不能违背社会公共利益。对课堂教学而言，学生行为的一个基本准则就是不能干扰他人学习和整个课堂教学活动的顺利进行。一旦违背这一基本准则，必然被视为"越轨"。因此，美国教师认为课堂中那些干扰他人学习和整个课堂教学活动顺利进行的学生是"问题行为学生"。

综上所述，中美课堂中"问题行为学生"所存在的差异实际上体现了中美课堂教学实现学生社会化模式的差异。中美课堂中"问题行为学生"的差异可以从文化方面做出解释。中国传统文化影响下的社会化模式是伦理型群体取向的，以"仁"作为社会化的文化基础，以"圣贤"作为社会化目标，以"努力和服从"作为社会化方式。美国文化影响下的社会化模式是契约型个体取向的，以个体取向作为社会化的文化基础，以培养有个性的人作为社会化的目标，以给予个体自主选择空间作为社会化方式。

三、中国传统文化视阈下社会化模式面临的冲击

社会化模式建立在一定的文化基础之上，当作为土壤的文化发生改变时，社会化模式也会随之改变。当前，我国传统文化受到了多元文化的剧烈冲击，这必然会直接影响课堂教学实现学生社会化的模式。

（一）纵向传递——中国传统文化遭遇市场经济的冲击

文化的形成都是建立在一定的物质要素、生产方式和社会形态基础之上的。而且，不同的文化也走过大体相似的历程：石器时代、新石器时代、青铜器时代、奴隶社会、封建社会等。不言而喻，这些时代的代表文化具有很多共同的特征。

20世纪90年代开始的以建立完善社会主义市场经济为目标的新一轮改革使中国人更加深刻地体验到了中国社会全面转型的速度和维度，由自给半自给的产品经济向新型的商品经济转型，由计划经济向市场经济转型，由农业社会向工业社会转型，由乡村社会向城镇社会转型，由封闭社会向开放社会转型，

---

❶ ［美］罗尔斯. 正义论［M］. 何怀宏，等译. 北京：中国社会科学出版社，1998：56.

由同质的单一性社会向异质的多样性社会转型，由伦理性社会向法制性社会转型等。这种剧变之下，中国传统文化不可避免要与市场经济中的现代理念产生冲突。

关于文化与市场经济的适应性问题，国内外的专家学者做了许多深入的研究。此类研究源起于德国著名的社会学家韦伯关于新教伦理与儒家伦理在资本主义发展过程中所起作用问题的论述，他指出，新教伦理正是现代西方资本主义的"始发机制"，新教伦理所孕育的资本主义精神成为推动资本主义产生的关键因素。韦伯相信精神和文化在资本主义的生产中起着关键性的作用，虽然它们并不是历史发展的唯一动力。❶ 与此同时，韦伯在《中国的宗教：儒教与道教》一书中指出，儒教伦理妨碍了中国资本主义经济发展。❷ 虽然韦伯的研究结论并非绝对的"真理"，但至少给予人们一定的启示，关注以儒家文化为代表的中国传统文化与市场经济之间的适应性问题。

中国的传统文化本质上是一种旧式的农业文化，一种自然经济文化，一种以一家一户为单位的小生产文化，同时又是一种以宗法血缘关系为根基的宗法制度文化。"从文化生成的地理环境来看，中国传统文化是在相对封闭的地理环境下，以农耕经济为基础而建立起来的。东亚大陆得天独厚的自然条件和地理生态环境，孕育了华夏民族以农耕经济为主体的经济生产形态"。❸ 这种农业社会是解读中国历史和中国文化的关键。"在中国占主导地位的传统文化，无论是物质的还是精神的，都是建立在农业生产的基础上的，它们形成于农业区，也随着农业区的扩大而传播。"❹ 由于这种自然经济条件下的生产是分散的、小规模的小农经济，所以，个人只是依据自然节律自在自发的进行重复性的实践活动，是一种"无主体"的客体经济，缺少主体的积极参与；与此同时，在这种自然经济中，人主要生存在由血缘宗法关系维系的自然秩序中，尚未建立起自觉的社会关联。因此，人与人之间的交往主要是以血缘关系、宗法关系和天然情感为基础的。所以，始终参与活跃在中国历史进程中的文化母体就是宗法文化，人们根据宗法血缘的关系划分统治者与被统治者，来确定统治

---

❶ ［德］马克斯·韦伯. 新教伦理与资本主义精神［M］. 于晓，等译. 上海：三联书店，1987：221.

❷ ［德］马克斯·韦伯. 中国的宗教：儒教与道教［M］. 康乐，简慧美，译. 桂林：广西师范大学出版社，2010：132.

❸ 张岱年. 中国文化概论［M］. 北京：北京师范大学出版社，1994：33.

❹ 张岱年. 中国文化概论［M］. 北京：北京师范大学出版社，1994：27.

阶级内部成员权利、义务的尺度。

虽然在20世纪六七十年代对传统文化有着严厉的批判，但事实上，过去几十年中国社会的文化结构与几千年农业文明是带有某种相通之处的，其根本原因在于计划经济与自然经济虽然有根本性差别，但分沾着一种共同的本质，即它们均为一种"无主体"的客体经济，缺少个体主体性的参与。两者都是权力经济，在自然经济发展的漫长时期，中国封建文明所推崇的君主英明统治，没有皇权、族权、神权和父权做支柱，是不可能具有这样强的生命力的。在这种历史背景中，大多数个体的活动停留于自在自发的层面，凭借着关于大自然周而复始的运行的经验常识和人之生老病死的自然流程而自在自发地进行着衣食住行、饮食男女等重复性日常生活。而计划经济本质上就是一种特殊的权力经济，缺少一定权力支持下所制订的"计划"，计划经济将不复存在。在计划经济体制下，社会各个阶层被一种统一的文化和精神所支配。具体来说，昔日社会的主流意识形态主要通过政治宣传和哲学知识分子的精英话语阐释而转化为全社会普遍统一的大众话语和文化，从而控制着大多数人的主导价值取向，大多数人并没有自己独立的和自觉的文化。

市场经济，无论是被看成社会资源配置的一种基本形式，还是被视为商品经济高度发达基础之上的一种经济运行形式，都必须承认，它既是一种经济制度安排和经济运行机制，又远远超出了经济的范畴，代表了一种社会机制，其内在的文化机制渗透到社会的一切活动领域和运行机制之中。市场经济的建构正在从根本上触动和改变我国现有的社会文化结构。一方面，今天社会意识形态的聚焦点是科学技术和经济的发展，它为人们的社会生活提供了前所未有的自由度和宽容度，多元的经济利益、多元的需求、多元的生存样式、多元的价值观念不再被限制与禁止，而是被默许、宽容，甚至被鼓励。另一方面，不同于自然经济和计划经济，作为现代工业文明立根基础的市场经济本质上是一种"主体经济"，在发达的工业文明条件下，作为社会活动主体的个人可以超越传统的经验主义和自然主义的活动方式，通过接受现代技术理性和人本精神而由自在自发走向自由自觉。对个体差异的重视、平等交往的需求成为市场经济最基本的特点。所以，有学者指出"现代市场经济的确立有着十分明确的文化逻辑：它必然要求以现代性为核心的理性的、契约的、主题的、创造性的文化机理和文化模式，自然也就会对传统社会的自在的、经验性的、人情化的文化模式构成根本性的冲击"❶。还有学者指出，"中国传统文化与市场经济存在十个方面的冲突：传统文化中的"伦理至上"观念与市场经济的功利主义观念冲突；封建宗法家长制的"人治"观念与市场经济的"法治"观念的冲突；传统的"中庸之道"与市场经济中的"竞争"观念的冲突；传统的"等级"观念与市场经济的"平等"观念的冲突；传统的"官本位"思想与市场经济中"多元化"价值观念的冲突；传统的"重直觉轻思辨"思想与市场经济"注重科学技术"的冲突；传统的"唯古崇古"思想与市场经济的"锐意创新"观念冲突；传统的"均平"思想与市场经济的"先富带后富"观念冲突；传统的"节俭观"与市场经济的新消费观念冲突；传统的"奉献观"与市场经济的"等价有偿"观念冲突。"❷

因此，在市场经济体制之下，基于自然经济基础之上的中国传统文化虽然并非绝对的"一无是处"或者与之相矛盾，但必然存在一定的冲突、面临一定的挑战。在这种情况之下，中国传统文化必然要做一些调整与转型。相应的，基于传统社会文化基础之上的社会化模式也必然受到一定冲击。

（二）横向传播——中国传统文化遭遇西方文化的挑战

中国文化与西方文化都是在人类长期发展的历史过程中形成的具有各自特点的文化，由于地理环境、价值观念、意识形态、社会制度的差异，使得中西方文化在许多方面都截然不同。从古希腊时起，就有人关注到东西方文化的差异。亚里士多德认为，西方民族，特别是希腊民族"既有热忱，也有理智；精神健旺，所以能永葆自由，对于政治也得到了高度的发展"。相比之下，东方民族则严重缺乏自由，"亚细亚人民多擅长机巧，深于理解，但精神卑微，热忱不足；因此，他们常常屈从于人而为臣民，甚至沦为奴隶。"❸黑格尔继承了亚里士多德的观点，他强调，不同民族文化的差异主要表现在：东方从古到今只知道"一个人"的自由，希腊和罗马世界知道"一些人"的自由，而日耳曼世界强调"所有人"的自由。这其中的本质差别在于，东方文化强调一种普遍性品格，是以群体为本位的，它否认个体存在的价值和自由；而西方

---

❶ 衣俊卿. 文化哲学十五讲［M］. 北京：北京大学出版社，2004：279.
❷ 李延文. 中国传统文化与现代社会的冲突［J］. 内蒙古社会科学，2000（4）：85－89.
❸ ［古希腊］亚里士多德. 政治学［M］. 柯彪，译. 北京：商务印书馆，1965：360－361.

则发展了个体本位，注重个体的独立自主和自由。❶ 雅斯贝尔斯在《历史的起源与目标》中提出了著名的世界历史的"轴心期"理论。一方面，他接受了亚里士多德关于东方文化缺少个体自由的观点；另一方面，他断言东方文化缺少历史感，是以过去为定向的文化。由此，西方文化在"轴心期"的精神革命中获得了一种特殊的历史感，形成了西方文化的历史延续性；而东方的文化则相对停滞，缺乏历史感。❷ 从 19 世纪末开始，我国的许多学者开始了中西方文化的比较研究。梁漱溟在《中国文化要义》一书中指出，"我们如其说，西洋近代社会是个体本位的社会——英美其显例；而以西洋最近趋向为社会本位的社会——苏联其显例。那我们应当说中国是——'伦理本位的社会'"❸。因此，西方文化强调个性，而中国文化则没有"个人观念"。费孝通在《乡土中国》中提出了表征中国以家庭为本位的传统社会的概念——"差序格局"，而西方社会呈现为一种团体格局，一些相对独立的个体按一定的约定组成一个团体。虽然西方学者毫无疑问的具有欧洲中心论的文化霸权观，而中国学者也存在坚持中国社会乡土结构和乡村本位文化的文化保守主义者，但从总体上看，中西方学者都深刻认识到了中西方的文化差异，"西方文化具有个性化、理性化、自觉的特征，而中国传统文化具有自在的、自然的、经验的、人情化的、群体化的特征"。❹ 中西方文化产生的地理环境不同、思想根基不同、道德伦理观念不同、民族性格差异大。因此，当中国传统文化遇到西方文化时，不可避免地会产生冲突和碰撞。

自 19 世纪中叶以来，近代的工业、科学、民主等先进的西方文化传入中国，中国传统文化就不断面临西方文化的冲击，由此引发了关于中国传统文化的一系列争论。20 世纪初，在经济层面的洋务运动和政治层面的戊戌变法失败之后，一批有识之士逐渐对几千年来一直稳固地支撑着中华民族生存的中国传统文化进行反思。陈独秀对中国传统文化的家族本位、感情本位和"虚文"本位进行批判，明确提出要以西方文化的科学、民主和理性的精神来塑造中国的"新青年"。胡适则从"全盘西化论"立场出发，批判传统中国文化并

---

❶ ［德］黑格尔. 历史哲学［M］. 王造时，译. 上海：上海书店出版社，1999：19.

❷ ［德］雅斯贝尔斯. 历史的起源与目标［M］. 魏楚雄，余新天，译. 北京：华夏出版社，1989.

❸ 徐洪兴. 二十世纪哲学经典文本——中国哲学卷［M］. 上海：复旦大学出版社，1999：485－486.

❹ 衣俊卿. 文化哲学十五讲［M］. 北京：北京大学出版社，2004：247.

倡导西方科学、民主、自由的理性文化。新文化运动兴起，西方理性主义文化开始切入中华民族这一古老的国度，西方资产阶级的新思想和新文化对封建主义的旧思想和旧文化构成了巨大的威胁。"民主"和"科学"成为那个时代的最强音，这无疑是对中国几千年来的封建专制统治和封建礼教的公然挑战。当科学的、民主的西方理性文化开始切入中华民族这一古老的国家，中国传统文化的优越性不再被所有人视为天经地义时，著名的中西文化争论、著名的"科玄之争"，真正宣告了中国传统自然主义和经验主义文化模式的危机和动摇。

20世纪80年代以来，改革开放使得中国社会的各方面都发生了巨大变化。尤其在当今社会，伴随着资本、技术、信息和人员的国际流动，知识、意识形态和文化、价值观念也超越国界，在世界范围内流动，引起了各种文化的冲撞、震荡、渗透、融合和交融。与此同时，由于新时代全球文化传播媒体和传播方式增多、文化发展和传播速度加快，不同形式的文化交流和学习也使文化生活变化更快。在这种背景之下，中西方文化价值观剧烈碰撞和冲突。与此同时，网络文化流行，"西化"越来越明显；西方宗教文化开始在中国复苏；中国延续几千年的传统道德文化体系开始解体，出现了道德危机，各种各样的非道德主义开始泛滥，表现为资产阶级自由化思潮和拜金主义思潮等。这些现象都足以说明西方文化对中国的传统文化形成了巨大的冲击和影响。

由此可见，无论是文化的纵向传递还是横向传播，中国传统文化都面临着严峻的冲突和挑战。事实上，西方文化可以说是建立在市场经济基础之上的，虽然带有一定民族特色的西方文化其具体内容与市场经济对文化的要求并不完全吻合，但本质上定然存在一定的相似性。从某种意义上说，市场经济对中国传统文化的要求与西方文化对中国传统文化的冲击有一定的相似性。

中国的伦理型群体取向的社会化模式是建立在传统文化的基础之上的。当中国传统文化面临着剧烈的冲突和挑战时，伦理型群体取向的社会化模式也必将受其影响。可以说，美国文化在一定程度上体现了市场经济的要求与西方文化的精神，而无论是市场经济还是西方文化，对"个体"的关注成为基本特征，这是否也意味着我国的社会化模式也在向美国的契约型个体取向的社会化模式转变？答案不得而知。毕竟，正如我国学者指出的，中国社会转型的特殊历史定位直接影响到中国社会各个层面的发展，而最为根本的一点在于，它使得中国社会在短时期内无法形成一种支撑现代化进程的相对统一的、主导性的文化精神。[1] 因此，我国传统的社会化模式虽然受文化影响得以改变，但新的社会化模式还未稳定成型，由此出现"社会化危机"[2]，这种状况将直接影响到学校教育，对我国的课堂教学形成巨大的冲击，成为我国课堂教学实现学生社会化所面临的第三个困境。

---

[1] 衣俊卿. 文化哲学十五讲 ［M］. 北京：北京大学出版社，2004：245.
[2] 马和民在其博士论文《社会化危机及其出路》中对其有详细的研究论述。

第六章　走出课堂教学实现学生社会化的困境

　　课堂中"问题行为学生"是社会建构的结果，课堂中"问题行为学生"实际上所反映的是课堂教学实现学生社会化过程中的问题。通过对中美课堂中"问题行为学生"的比较研究发现，一方面，无论是中国还是美国，在课堂教学实现学生社会化过程中面临着某些共同的问题；另一方面，中美文化的差异，使得中美学生社会化模式存在差异，教师对课堂中"问题行为学生"的理解也不同。但是，中国传统文化正在面临着挑战，直接影响到课堂教学。如何改进我国课堂教学、更好地促进学生社会化，这成为一个急需解决的重要问题。

一、边界封锁：课堂教学实现学生社会化困境的具体原因

　　当前我国课堂教学在实现学生社会化过程中面临着三大困境：（1）在不能替代社会化功能不断弱化的家庭和社区、有效的应对大众媒体的负面影响之下，课堂教学如何更好地实现学生社会化？（2）课堂教学如何在差异性显著增加的班级教学中实现学生的"个性化"？（3）在我国传统文化面临强烈冲击时，课堂教学如何更好地促进学生社会化？而这三大困境所反映的，正是理想生活与现实生活的冲突、社会需求与学生需求的矛盾。需要指出的是，我国传统文化面临多元文化的冲击，这是现实生活；而课堂上所遵循的仍然是传统文化下的社会化模式，是一种理想生活，所以，归根结底，第三个困境所体现的仍然是理想生活与现实生活之间的矛盾。事实上，理想生活与现实生活、社会需求与学生需求并不是绝对的不可调和的矛盾，彼此都有着内在的联系。但是，为什么课堂教学在实现学生社会化的过程中，将这两对矛盾推向到难以调和的状态呢？这与课堂教学具有内在的选择性特点具有密切的联系。

　　学校教育是逐渐从社会其他事业中逐渐分离处理形成的，有着专门的场

所、专门的教师和专门的教育内容。虽然这种"专门化"确保了课堂教学的独立进行和较高的教育水准，但同时对课堂教学的教育目标、教育内容、教育方法甚至教育对象都做出了一定限制。人类社会的教育有着广阔的选择范围，而课堂教学的目标、内容和方法往往都带有一定的价值判断。通过选择，课堂教学范围在特定时空条件下得以界定，教育活动得以顺利进行；没有选择，课堂教学将会在众多指向中迷失方向，在漫无边际的活动中流于形式，失去了作为专门化的教育机构存在的意义和价值。所以，选择性是保证课堂教学得以实现的前提。但是，有选择就有一定局限性，课堂教学的这种选择性可能会导致这种教育形式在一定程度上的无效性。因为选择总会划定某一界限，一旦明确界限，必然会选取界限之内范围而舍弃界限之外区域。虽然这种选择往往是基于一种基本假设——所选择的教育目标、教育内容和教育方法必定是有助于个体成长和未来发展的。但这种选择也存在两个方面的危险：其一，课堂教学所选择的范围，并不一定与课堂教学之外的社会发展相适应。学校教育作为专门化的教育机构具有一定的稳定性。这使得课堂教学一旦在选择之中确定某种价值取向的教育目标、内容和方法，并不会轻易地就此而改变。在社会发展日新月异的时代，也许社会生活已经发生了显著的变化，而课堂教学还未调整选择范围以适应其发展，所以在一定程度上可能会导致课堂教学脱离社会生活实际。与社会生活的相脱离，直接影响作为最主要社会化途径的课堂教学在实现学生社会化过程中的有效性。这使得课堂教学在不能替代社会化功能不断弱化的家庭和社区、有效地应对大众媒体的负面影响之下，更难有效地实现学生社会化。其二，对于课堂中个性不同的教育对象而言，所需要的教育方法、教育内容等可能千差万别，而课堂教学活动在某一价值取向上所做出的取舍权衡并不一定适合所有的教育对象的发展。不同学生之间生理、心理上具有不同的个体特征，即使同一个学生所具有的各种兴趣和能力也不一定相同，因此，学生差异是客观存在的。但是，选择使得教育内容和教育方法在一定范围内得以确定，从"主流"和"整体"上说，这种选择可能有助于大部分学生的大多数能力的发展，但并不一定适合于所有学生的各种能力协调发展。因此，选择性可能会使部分学生或者学生的某些能力在学校教育过程中并不能得到适当发展，这使得课堂教学在差异性显著增加的班级教学中难以实现学生的"个性化"。

只要课堂教学存在着选择性，就必然会增加解决课堂教学实现学生社会化所面临困境的困难；但课堂教学必然具有选择性，要坚持一定的价值取向，否则将会迷失方向，失去存在的意义。在这种情况之下，如果对选择作了严格的界定、对边界作了牢固的封锁，那么课堂教学在实现学生社会化的过程中，对于理想生活与现实生活、社会需求与学生需求这两对矛盾极容易走到二元对立的境地。因为过于刚硬的选择范围以及僵化的界限只会使课堂教学越来越脱离现实生活、抑制学生的个体需求，其结果必然使得课堂教学在实现学生社会化过程中面临更为严峻的挑战。所以，边界封锁可被视为课堂教学实现学生社会化困境的具体原因。

二、边界开放：走出课堂教学实现学生社会化困境的可能出路

既然课堂教学必须要有边界、存在着一定的选择性，但又不能僵化封锁边界、将这种选择推向二元对立的境地，唯一的解决方法就是在坚持选择性的前提之下适当开放课堂教学的边界，只有开放课堂教学边界、尽可能地扩大选择空间才有助于问题的解决。

从字面上看，"边界"是指"交界处；界限"，而界线的一个重要含义是对"不同事物的分解"。因此，边界让不同的事物保持集中和分明，边界意味着承认领域的"分化"、相对"自主性"以及各领域游戏规则的"自律性"，也同时意味着承认每一个领域所具有的"有限性"和"相对性"。没有边界，任何事情都将陷入混乱之中。在组织管理学中，边界往往被描绘成一个组织终止的地方和该组织所处环境开始的地方❶。概而言之，边界是一种对于构成某一社会结构的划定，限定了相应活动的进行规则和界限。

对于边界，不同学者从不同的角度对其类型进行了划分。托·赫尼斯从社会学的结构观点出发将边界分为三种类型：物理边界、社会边界和心理边界。❷物理边界表现为一种时间和空间上可以明确衡量的临界线。社会边界是个体和群体之间的互动关系的临界线，与个体所扮演的角色和身份相联系，它既是对个体社会活动的限制，又依赖于社会交互作用而生存。社会边界的作用

---

❶ Pfeffer J. G. Salancik. The External Control of Organizations: A Resourced Dependence Perspective [M]. New York: Harper & Row Publishers, 1978: 16.

❷ [英] 尼尔·保尔森，托·赫尼斯. 组织边界管理：多元化观点 [M]. 佟博，等译. 北京：经济管理出版社，2005：56.

在于提醒社会成员的集体身份，对行为准则的确立过程至关重要。心理边界是个体间、个人与环境交互作用的固有沉积物，表现在与他人和环境互动过程的行为和情感反应中，是个体品行、能力、认知模式、行为习惯、价值观、信念的范围或领域界限。美国管理学家阿什肯纳斯等人认为，组织边界可以分为垂直边界、水平边界、外部边界和地理边界四种。❶ 垂直边界就是不同层次人员间的界限，水平边界指各职能与规章制度间的界线，外部边界指公司与其供应商、顾客及监控者之间的界限，地理边界指不同地点、文化与市场间的边界。其中，垂直边界和水平边界实质上是组织的内部边界，而外部边界与地理边界实质就是通常意义所指的组织外部边界。我国还有学者将边界划分为效率边界、权力边界、能力边界和认同边界。❷

有研究者指出，课堂教学包括五个基本要素：教育者、受教育者、教育资料、教育手段和学习手段。❸ 这五个基本要素可以分为三部分：第一，物理因素。片冈德雄在班级构成的基本条件中指出，"起码要保证持续一定的时间""一般来说应有一定的物理场所"，❹ 课堂教学作为在班级中进行的教育活动，若没有时间和空间上的保证，也无法实现。第二，知识因素。知识即教育资料，是教育者与受教育者进行课堂教学活动时相互联系的中介，是个体社会化的重要内容。第三，活动者，即教育者与受教育者。失去了教师与学生，课堂教学将无法进行。由此，可以将课堂教学的边界分为三种：物理边界、知识边界以及社会边界。

课堂教学的物理边界是指可以明确衡量的课堂教学的时空界限。教育活动总是在一个特定的物理时空中进行的，如课堂教学就是一个特定的教育活动的时间和空间。无论形式和内容怎样变化，课堂教学的主要发生地点仍然在教室里，这种空间上的相对集中是一种客观现实和存在，并不以人的主观意志而改变。教育虽然是贯穿人一生的事情，但课堂教学总是有一定的界限的；课堂教学的知识边界是指课程知识与非课程知识之间的界限。人类知识种类繁多，能进入课堂教学之内的往往是法定的课堂知识，这使得课程知识与非课程知识之

❶ ［美］罗恩·阿什肯纳斯，戴夫·马里肯，托德·吉克，史蒂夫·克尔. 无边界组织［M］. 姜文波，译. 北京：机械工业出版社，2005：17.
❷ 李晓青. 组织边界的多重视角［J］. 长沙大学学报，2007（11）：20－22.
❸ 李德显. 课堂秩序论［M］. 桂林：广西师范大学出版社，2000：8.
❹ ［日］片冈德雄. 班级社会学［M］. 贺晓星，译. 北京：北京教育出版社，1993：6.

间存在一定的区别；课堂教学的社会边界主要是指活动者之间的界限，如赫尼斯所说的，在课堂教学中，不同活动者之间互动时存在一种临界线，与个体所扮演的角色和身份相联系，在教育者与受教育者之间必然存在一定的界限。在本研究中，课堂教学的物理边界与知识边界可被视为外部边界，将课堂教学与其他社会化途径或机构区分开来；而课堂教学的社会边界则被视为内部边界，将课堂教学内部活动者之间的界限区分开来。

世界范围内的学校教育普及，个体接受学校教育年限的增加、学校数量的增多，在一定程度上可被视为课堂教学物理边界的延伸。如前所述，要解决学校教育普及背景下课堂教学实现学生社会化的问题，就必须在坚持选择性的前提之下适当开放课堂教学的边界。换言之，课堂教学由于物理边界的延伸所带来的问题，将促使课堂教学知识边界与社会边界的开放。需要强调的是，边界的开放，主要指各种信息资源以及能量资本等的渗透扩散。就像在生物有机体中，存在各种隔膜使之具有外形或界定。虽然这些隔膜有着足够的结构强度，但并不妨碍食物、血液、氧气、化学物质畅通无阻地穿过。因此，开放的边界就像"隔膜"，虽然边界仍然存在——这是基本前提，但信息资源以及能力资本等能够快捷便利地穿越。

（一）课堂教学知识边界的开放

人类社会产生以来，知识在不断增长，而且这种增长是加速度的，这种趋势在知识经济时代表现得愈加明显。从结构上看，知识经历着结构的不断调整。知识整体逐渐构成了一个越来越庞大的体系。然而，在这庞大的知识体系中，往往只有一小部分相对稳定的知识进入到课堂教学中，"从种类繁多的各种知识，到明确的知识、编码的知识，再到合法的知识、主流的知识，再到进入学校教育的知识，这其中经历了种种的社会选择。"❶ 伯恩斯坦曾指出，课程限定了何为有用的知识，而成为课程的知识仅仅只是知识体系中的一小部分。所以，在课程知识与非课程知识之间存在着明显的界限。

对于课堂教学的知识边界问题，伯恩斯坦和吉鲁都曾有过相关论述。伯恩斯坦用"分类"来区分内容的性质。"分类"是指内容之间的边界维持程度。在分类明显之处，内容间的隔离程度因明显的界限而增强；在分类模糊之处，

---

❶ 郑太年. 学校学习中知识意义的缺失与回复［D］. 上海：华东师范大学，2004：25.

内容间的隔离程度因界限模糊而降低。由此，分类强的教育知识即具有明确的界限并彼此隔离的内容所构成的课程就是集合类型（Collection Type）的课程。在集合课程中，各部分内容都处于相互封闭的关系中，即使各部分内容有相同的概念，也不会就此降低彼此孤立的自主性程度。分类弱的教育知识即处于彼此开放关系中的内容所构成的课程就是整合类型（Integration Type）的课程。在整合课程中，不同的内容屈从于某一观点而降低彼此的孤立程度，不同的内容成为较大整体的一部分，每部分内容在其所属的那个较大的整体中其功能都是明确的。虽然伯恩斯坦及我国部分学者更多的是在学校课程知识体系之内进行集合课程与整合课程的分析，但是，这种类别划分同时适合于课程知识与非课程知识之间。当课程知识与非课程知识之间界限分明时，即为强分类课程；而当课程知识与非课程知识之间界限模糊、互相开放时，即为弱分类课程。❶文本是后现代主义和后结构主义常用的一个术语，指一切文化符号。吉鲁认为，学生应为边界跨越者，学生应跨越意义、知识、社会关系以及价值的边界。教育需提供给学生接触不同的文化符码、经验和语言的机会。但是，当前教育经常以一种特殊的权威型文本呈现，教师在使用它的同时，没有考虑不同地区、不同生活经验等的学生差异进行教学上的调整，使得文本内容变成一种统一的权威说教，教师与学生只能被动地接受某种正当化的文本权威。所以他倡导"反文本"，就是要在教学过程中创造一个使学生及教师能够重写他们自我经验，颠覆、挑战或转化主流意识的文本，最终建构新形式的主体和自我呈现。❷

打开课堂教学的知识边界，其实质是促进课程知识与非课程知识之间的相互开放，建构如伯恩斯坦所说的弱分类课程。具体而言，包括两个方面：

第一，课程知识应该向现实社会生活开放。

随着学校教育的扩张，课堂教学与社会实践之间的环节越来越长。当义务教育年限不断增加，学生在学校教育系统内所经历的阶段也不断增加，但是，每个阶段的课堂教学都似乎只是为了进行下一个阶段的课堂教学做准备，课程

---

❶ 虽然强分类对应集合课程，弱分类对应整合课程，但大多数学者对这两类课程的划分主要是在学校课程知识体系内部进行，例如伯恩斯坦对英国学科本位（subject）与美国学程本位（course）的研究。这里主要强调对课程知识与非课程知识之间，所以对分类强弱的划分不再使用"集合课程"与"整合课程"，而直接使用"强分类课程"与"弱分类课程"以示区别。

❷ Giroux H. A. Disturbing Pleasure：Learning Popular Politics of Education [M]. London & New York：Routledge, 1994：62.

知识与社会生活之间的关系越来越"远"。然而，相对于"精英"型的教育，普及型教育的培养目标对于学习者的未来生活和社会现实有了更为密切的关注。这一点可以从职业教育后移现象中看得很清楚：一个层次的教育的普及，跟随而来的就是那一级教育的职业化问题。这种职业化可以通过多种形式表现出来，一种是学校内的分流，出现职业轨，一种是出现那一层次的专门的职业学校，再一种就是在学校课程中增加与就业、社会生活直接相关的课程内容。等下一级教育普及了以后，这一级教育的职业化开始降低，职业化开始在新普及的高一级教育中出现。教育结构归根结底是课程结构。如果将教育结构的这种变迁加以数量化，变为修习不同课程类型的人数和时间比例的话，可以说，与现实世界和现实生活直接相关的课程比例在逐步增加。"教育之于社会生活，正如营养和生殖之于生理的生活。"❶ 英国教育家沛西·能认为"虽然学校必须是一个社会，但它必须是一个自然的社会，意思是在校内外生活条件之间，不应有突然的割裂；另一方面，学校必须是一个人为的社会，意思是虽然学校应该真实地反映外部世界，但它仅仅应该反映这个世界中最优秀和最重要的东西"❷。杜威也曾深刻地指出，学习"必须呈现现在的生活"，加强教学活动与学生当前所处的现实社会生活之间的联系，重视学生现实社会生活的内在价值和意义。因此，加强课程知识与社会生活的联系，开放课程知识的边界成为必要。

课程知识必须以现实生活为基础，加强与社会生活和社会实际的联系。课程知识不能完全超越现实的社会生活成为"空中楼阁"，也不能仅仅把现实社会当作课程知识的一个背景。在充分挖掘的基础上，具有教学价值和教学意义的社会生活应引入到课程知识中，以培养学生的社会适应性、促进学生的社会化过程。杜威曾指出，为了更好地促进学生的生长和发展，把学生培养成为现实社会的人，学校必须把社会生活引入到学校之中，"我认为学校主要是一种社会组织。教育既然是一种社会过程，学校便是社会生活的一种形式。在这种社会生活的形式里，凡是最有效地培养儿童分享人类所继承下来的财富以及为了社会的目的而运用自己的能力的一切手段，都被集中起来。"❸

---

❶ 赵祥麟，王承绪. 杜威教育论著选 [M]. 上海：华东师范大学出版社，1981：148.

❷ [英] 沛西·能. 教育原理 [M]. 北京：人民教育出版社，1992：36.

❸ [美] 约翰·杜威. 学校与社会·明日之学校 [M]. 赵祥麟，任钟印，吴志宏，译. 北京：人民教育出版社，1994：6.

课程知识必须关注对现实生活的改造、简化、净化和平衡。杜威认为，学校作为一种特殊的社会环境，应该具有三种比较重要的功能："一是简化和安排所要发展的倾向的许多因素；二是净化现有的社会习惯并使其观念化；三是创造一个更加广阔和更加平衡的环境，使青少年不受原来环境的影响。"**❶** 因此，课程知识作为学生社会化的重要内容，并不能简单地与社会生活"融合"，照搬现实生活，而是必须依据一定的宗旨，使学生通过知识的学习而获得认识世界、应对真实世界中的挑战的能力，进而对现实的社会生活进行改造，同时最大限度地促进学生的生长与发展。从这点上说，课程知识高于现实生活，对现实社会生活有一定的价值引导和超越作用，为一个行将出现的未来社会生活培养具有超越精神和创新能力的新人。这也诚如雅斯贝尔斯所言："教育正是借助于个人的存在将个体带入全体之中。个人进入世界而不是固守着自己的一隅之地，因此他狭小的存在被万物注入了新的生气。如果人与一个更明朗、更充实的世界合为一体的话，人就能够真正成为他自己。"**❷**

所以，课程知识向现实生活开放，一方面，应以现实生活为基础，加强与现实生活的联系；另一方面，课程知识应关注对现实生活的改造和进化，进而促进学生的全面发展。毕竟加强课程知识与现实生活的联系并不是最根本的目的，课堂教学的终极目的是在促进学生社会化的过程中实现对社会生活的改造。

第二，课程知识应该向学生日常生活经验开放。

内尔森（K. Nelson）提出了知识组织的三层结构，第一层是通过没有语言参与的直接经验建构的知识，第二层是依据文化组织起来的知识（culturally organized knowledge），第三层是正式组织的理论知识。**❸** 第一层和第二层的知识是非正式地获得的，第三层则必须作为一个抽象系统而加以掌握。波兰尼把知识分为了显性知识和缄默知识，前者是指那些通常意义上可以用概念、命题、公式、图形等加以陈述的知识；后者是指人类知识总体中那些无法言传或不清楚的知识，例如我们有关自己行为的某种知识。**❹** 课程知识往往仅仅指向内尔森所说的第三层知识和波兰尼所提到的显性知识。事实上，在学生走进学

---

❶ 赵祥麟，王承绪. 杜威教育论著选 [M]. 上海：华东师范大学出版社，1981：154.

❷ [德] 雅斯贝尔斯著. 什么是教育 [M]. 邹进，译. 北京：生活·读书·新知三联书店，1991：54.

❸ Daniels H. Vygotsky and pedagogy [M]. New York：Routledger Falmer，2001：96.

❹ Browhill R. J. The study of man [M]. London：Routedge & Kegan Paul，1957：14.

校或者课堂之前他们并非一无所知，他们从自己的生活中获得了大量的各种类型各个方面的知识，其中有一些知识是他们自己意识不到也说不清楚的。这些由学生日常生活经验所组成的知识是客观存在的，构成了学生审视课程知识的基本思维框架，对学生学习课程知识有着重要的影响。所以，课程知识应该向学生日常生活经验开放，充分关注学生的"第一层和第二层知识"、考虑到学生个体的"缄默知识"。

课程知识应该与学生的日常生活经验联系起来，注重学生在日常生活中获得的直接经验和生活体验。每个人都在具体的社会文化环境中长大，促进个体实现社会化脱离了个体的成长环境、忽视了个体经验的丰富性和多样性就根本无法实现。所以，同样的课程知识，不同的学生完全可能有着不同的体验，具体表现为：对同样的主题，可能有不同的理解，了解程度也不同。随着学校课堂教学的进行和学生的成长，这种差异一直存在，甚至可能扩大。课程知识应该为学生留有这种不同体验发挥的空间，否则，当学生在课堂学习中不为其已有知识和经验支撑时，或者当自己的知识经验得不到利用或尊重时，不但学习者存在着知识学习上的困难，而且这也对其自我意识有非常不利的影响。就如同布迪厄用符号暴力来描述共同体内边缘性的参与者所面对的问题，认为如果他们的文化资本不被赋予价值，他们就难以有充分的支撑使他们参与到一个共同体的情境脉络之中，他们的文化资源就在持续的贬值。当个体遇到他们的文化资本不能适用的情况时，符号暴力就发生了。所以，课程知识应联系学生的日常生活经验。但有两点值得注意：

其一，学生的日常生活经验并不等同于学生的已知内容。一直以来，研究者都非常关注课程知识与学生已知内容的密切联系。当代著名教育心理学家奥苏贝尔在《教育心理学：一种认知观》的扉页上指出，"如果我不得不把教育心理学的所有内容简约成一条原理的话，我会说：影响学习的最重要的因素是学生已知的内容。弄清了这一点后，进行相应的教学。"❶他强调的学生已知的内容，不仅是相关知识的数量，而关键在于认知结构，其中最为重要的就是学生有没有"最一般的、包摄性最广的观念"，能不能在学习中对学生认知结构中的现有要素重新加以组合，即"整合协调"。加涅则从学习的结果出发，将学习结果分为五类：智慧技能、言语信息、认知策略、动作技能和态度，他

---

❶　施良方. 学习论［M］. 北京：人民教育出版社，2001：221.

试图通过将"高层级"的知识建立在"低层级"的知识的基础上，建立不同学习内容之间的层级性联系，实现学习的逐步推进。赫尔巴特将教学建立在对已有经验的分析、加工、扩展和构造上，进而提出了教学过程的四个阶段：清楚、联合、系统和方法。这三位教育家都提到课堂教学应与学生的已知内容相联系。然而，这里的已知内容是指他者知识经验的有步骤地输入、从而替代了学习者的知识经验。学生在学习过程中，从丰富的生活、过去的学习等多方面获得知识和经验，这是个体化的，是此人的，而非他者的替代，这才是课程知识所开放的对象。

其二，课程知识在对学生日常生活经验开放的同时，也应该对其进行批判性重构。日常生活本身具有自在自发性、适应性和非反思性的特点，而教育本身不同于日常生活的自在性与自存性，是一种有组织、有计划、有规则的非日常生活形态。若课程知识仅仅是"原封不动"地融合与引进学生的日常生活经验，无疑是引导学生回到日常生活重复、封闭和狭小的空间。通常也在一定程度上容易引发非理性主义的流行。课堂教学将被重复的惯习包围，以给予学生个体最大的自由与快乐为行为原则。在这种环境之下，学生个体仍然无法真正地实现其社会化。因此，课程知识应对学生的日常生活经验积极地干预并超越，引导学生把创造性思维和创造性实践向自己的日常生活中渗透。"真正的历史充满着冲突和对自己给定状态的不断超越。正是历史——人们自觉选择的和按人们的设计铸造的历史——可以使所有人都把自己的日常生活变成'为他们自己的存在'，并且把地球变成所有人的真正家园。"❶ 所以，课程知识应当在联系学生日常生活经验的基础之上，引导其重构，最终促进学生实现其社会化。

总而言之，开放课堂教学的知识边界，最主要的是加强课程知识与现实社会生活、学生日常生活经验的联系，同时关注对现实社会生活与学生日常生活经验的批判建构。

知识边界的开放，打破了课程知识与非课程知识的严格界限，使得课程知识与现实社会生活和学生的日常经验联系起来，这在一定程度上促使学生社会化内容发生变化，成为课程知识的法定知识技能不再成为学生唯一的社会化内容，在非课程知识日益受到关注的同时，对课程知识的强调也会有所淡化，

---

❶ [匈] 阿格妮丝·赫勒. 日常生活 [M]. 衣俊卿，译. 重庆：重庆出版社，1990：292.

"教化"也并不成为学生社会化的唯一过程。美国课堂教学中这种知识边界的开放，体现于学校内课程设置的多样化。代表传统观点的教育家认为，中学的主要任务是传授知识，为学生升入高等学校服务，主张加强学术性课程并对所有学生实行统一要求；而代表进步主义观点的教育家则强调学校的社会功能，认为中学不仅仅是传授知识的场所，它首先是"民主的熔炉""人民的学院"，因此，中学的任务是多功能的，它应该面向所有青少年，满足他们的所有需要。1918年，代表进步主义观点的美国中等教育重建委员会制定了美国教育的七大原则，确立了基础教育面向全体青少年、满足所有青少年所有需要的办学宗旨。这一宗旨尤其体现在美国中学的课程设置中。除了一般基础文化课程，如英文、数学、自然科学、社会科学外，美国中学还为有志升学的学生开设学术性课程，为不打算升学的学生开设各类职业训练的课程，还为既不打算升学也不打算接受职业训练的学生开设满足他们兴趣和需要的课程。美国中学实行学分制，学生在完成了所需学分后即可取得中学毕业文凭。课程分必修与选修，学生在完成了州所要求的必修课标准以后，就可以按照自己的能力、兴趣和需要选修学术科、职业科或其他课程。所以，美国中学生在选课方面有相当的自主性。从理论上讲，每个学生都可按自己的意愿确定自己的学习计划。美国中学不仅课程门类多，主干课程还有层次的区别，比如，同是一门英文课，它就可能有高、中、低三个水平，学生可根据自己的程度决定上哪一个水平的课。美国中学多种课程的设置，一方面，满足了学生的多种需要；另一方面，也超越了四大基本文化课程的局限，与其他知识（尤其是职业训练的相关知识）联系起来。除了课程设置上考虑学生的多方面需要之外，在具体的课堂教学中，美国教师也相当注意与学生生活实际的结合，考虑到学生的个体差异。所以，美国课堂教学知识边界的开放，在一定程度上解释了美国课堂教学实现学生社会化的模式。

（二）课堂教学社会边界的开放

社会边界指向于组织结构中活动者之间的界限。对于课堂教学而言，最重要的活动者是教师与学生。因此，课堂教学的社会边界主要指课堂上教师与学生之间的边界。这里需要引入伯恩斯坦的另一个概念——构架（framing）。"构架指对筛选、进度规则、进度以及存在于传授者和习得者间的教学沟通关系的标准规则的控制，并且为文本的生产提供了再认规则。"❶ 根据伯恩斯坦的观点，构架指对交际规则控制的分步，具体而言，构架是师生对知识筛选、知识组织、知识传授和学习进行控制的程度。可以说，构架是指知识传授和接受的环境形成，指传授者与被传授者之间具体的教学关系。

在边界严格分明的课堂教学（强分类强构架的课程）中，社会边界往往存在着金字塔式的"垂直边界"，具体表现为：第一，教师与学生之间的等级关系。对于边界严格的课程，由于课程知识与非课程知识有着严格的界限，教师只讲授固定的被允许传递的教育知识，而学生的学习在一个公认的强构架中进行。这意味着现有的课堂教学是在一种给定的、甚至固定的知识选择、组织和时间安排中进行的。在这个固定的内容范围之内，教师作为传授者，拥有知识和教学控制的绝对优势。学生只能被动地接受一系列已经规定好的知识选择、组织、测试和时间安排。学生要接受（并不一定理解）这些已经固定的知识，否则就会因违反规则而受到惩罚。因此，教师作为"边界的看守者"，在课程知识的传递中具有最大限度的控制和监测权，而学生受到忽略，几乎没有权利和地位，学生的社会化有一种按照指定的原则和惯常的运作进行的趋势。教师和学生之间形成鲜明的纵向等级关系。第二，学生之间的等级关系。在边界严格的课程下，即使是在"没有什么权利和地位"的学生之间，仍然不可避免地存在着等级关系。当教师和学生都在一个强构架中进行教学活动时，传递内容与非传递内容、被传递的教育知识与非学校的日常生活方面的知识都有着非常明确的界限。从某种意义上说，教育知识是一种非常识性的知识。对学生而言，虽然他们懂得学校的非常识性知识与日常社会中常识性知识之间有一定联系，但两者之间是高度区别的，学生很快就知道了那些外部的东西可以带到教育学的构架中，这种构架同时也使得教育的知识成为非同寻常或超凡脱俗，并且是神秘的东西，且这种神秘性赋予了那些拥有这些知识的学生某种特别的意义。不同学生拥有不同种类的知识，有可能是非常识性的知识，也有可能是常识性的知识。但边界严格分明的课程及其相应的评价体系使得拥有非常识性知识的学生比拥有常识性知识的学生有更高的地位。拥有非常识性知识的学生在同辈群体中更容易得到认同，也更容易受到教师、家长的青睐，

---

❶ ［英］麦克·杨. 知识与控制：教育社会学新探［M］. 谢维和，朱旭东，译. 上海：华东师范大学出版社，2002：61.

而那些拥有较少非常识性知识和更多常识性知识的学生，则可能被视为课堂中有"问题行为"的学生。所以，在这种集合课程中，本是平等的学生之间也形成了一种等级关系。

但是，封闭的课堂教学社会边界受到了两方面的挑战：第一，课堂教学物理边界的延伸要求课堂教学社会边界的开放。如前所述，学校教育的扩张在一定程度上可被视为课堂教学物理边界的延伸，要解决学校教育普及背景下课堂教学实现学生社会化所面临的问题，其中重要的一点就是解决差异性显著增加的集体教学背景下的学生"个性化"问题。在"强调划一性、缺乏选择性"的课堂教学中，教师视同一课堂中的学生为同一"类型"的人，按照这一"类"学生的特点，设计相同的学习内容，要求学生采取相同的学习方式，最终达到相同的学习目标。这种教师对学生"一体化"的教学过程往往与教师对学生拥有绝对的控制权力相适应。在整齐划一的课堂教学中，学生很难有机会做出自己的选择。但是，当学校教育的扩张导致学生差异越来越大，而社会对学生社会化过程中角色化与个性化日益关注时，教师要在课堂教学过程中尊重学生个体差异。吉鲁的边界教育学的一项重要主张就是差异策略（Politics of Difference），处于社会、政治以及文化边界中的教师必须让学生从他们本身的历史、集体以及声音来发言，让不同文化背景的学生能够平等的在课堂中学习，让不同学生均能认同自己的问题，进而尊重他人的文化。这就首先需要营造一种平等和谐的教学环境，以满足学生学习多样化的学习需求、促进学生多样化的个性发展。为此，教师要立足于学生的差异引导学生积极主动地参与学习，促进师生之间积极有效的互动。教师更多把自己视为促进者、指导者、合作者，为学生主动获取知识提供时间、空间、物质条件和心理环境的支持，使学生形成对知识的真正理解，促进学生的自我反思。在尊重学生个体差异的基础上，教师必然给每个学生个体一定的自主选择空间。因此，师生甚至生生之间更多的是尊重与平等，课堂教学的社会边界也不会过于僵化与封闭。第二，课堂教学知识边界的开放要求课堂教学社会边界的开放。课堂教学的知识边界与社会边界本来就有着密切的联系。社会边界在一定程度上反映了不同活动者之间的权力关系。伯恩斯坦在代表作《论教育知识的分类与构架》一文的开篇就写到"一个社会如何选择、分类、传递和评价它认为有公共性的知识，反映了权力的分配和社会控制的原则"。知识的分类选择传递过程和形式受权威或权力结构的影响。当课堂教学的知识边界开放时，课程知识向现实社会生活和学生日常生活经验开放，知识的选择与组织不再受到极其严格的控制，教师不再拥有绝对的权力。伯恩斯坦曾经指出，"在整合课程中，不同制式之间的边界是比较模糊的，而且强调的是知识的整合，所以权力的分配和调控原则也往往是水平的。"在一系列没有严格限定范围的知识中，作为"边界看守者"的教师并不是对每类知识（尤其是关于学生日常生活经验部分的知识）了解的就比学生清楚。"目前几乎没有一位教师能仅依赖他的经验和文化背景，而期望学生自然承认他的优势性"。❶ 教师的辨别力减弱，而学生并非要接受一个给定的知识安排，也没有要求按照制定的原则和惯常的运作与由来进行社会化的趋势。学生的选择权力就放大了，教师与学生之间的纵向等级关系被弱化，而横向的联系加强。与此同时，当课程知识不再与非课程知识做高度的甄别，课程知识也包括常识性知识。因此，课程知识不再神秘化，也不再赋予那些拥有了非常识性知识的学生特殊的地位。既然每个学生都拥有知识，只是不同的学生拥有不同种类的知识。概言之，课堂教学中的活动者之所以具有权力，根本原因是因为他们具有"文化资本"优势——他们拥有课程知识（非常识性知识）。当课程知识与非课程知识之间的界限被打破时，这种"文化资本"优势将逐渐消失，活动者之间的权力关系面临瓦解，封闭的社会边界也必将被打破。

所以，伴随着课堂教学物理边界与知识边界的开放，课堂教学的社会边界也必然解除封闭，逐渐开放。一般来说，课堂教学的社会边界既然包括教师与学生、学生与学生的边界，那么，社会边界的开放也应该包括这两部分内容。但是，在课堂中学生之所以具有不同的地位、彼此之间具有一定的界限，虽然其直接原因是多方面的，但是关键在于教师。已有研究指出，教师判断是学生分层的主要原因。❷ 教师根据学生的学业成就、在校表现及个性特征，对学生有一个基本的主观判断，这种判断经由教师期望影响到学生行为，最终促成了学生在课堂中的不同地位，由此造成了学生之间的界限。归根结底，教师是学生分层、彼此之间出现界限的主要原因。所以，是否能开放学生之间的边界，❸ 关键因素在于教师，教师能否真正关注每一个学生，让学生之间形成平等的体

---

❶ L. J. Westwood. The Rold of the Teacher [J]. Educational Research, 1967 (9): 122 – 134.

❷ 孙健萍. 班级中学生地位初探 [J]. 内蒙古师范大学学报, 2004 (2): 69 – 71.

❸ 就像后文中对师生之间边界的强调一样，这种学生之间的边界虽然需要开放，但不能完全抹杀其界限。学生之间界限存在具有一定的合理性。

验。因此，开放课堂教学的社会边界，最主要的仍然是师生之间边界的开放。

师生之间的边界通过师生关系形态得以体现。以往研究都认为，教师是文化传递者，学生是文化学习者；教师是社会代表者，学生是社会未成熟者。这种由社会学特征几乎完全相对的成员组成的两大群体，必然存在一定界限。但是，在理论研究中，受教师领导行为类型研究结果的影响，师生关系将其分为三类：专制型、民主型和放任型。20 世纪 30 年代，美国心理学家勒温、利皮特和怀特等人曾进行过"领导与群体生活的实验"研究❶，他们训练成人领导分别用以下三种领导方式与三组 11 岁的儿童相处：（1）专制方式（authoritarian style），即成人领导提出集体的目标、安排活动、制定工作步骤、分配成员任务、运用个人的表扬与批评，但自己又不参与集体所从事的活动；（2）民主方式（democratic style），即成人领导将活动的目标以及工作步骤交与集体讨论，然后对目标进行概括并提出可供选择的步骤，让集体自己分配工作，显示出集体的精神；（3）放任自流的方式（laisser–faire style），即成人领导只笼统地说明目的，提供各种材料，但采取一种被动、不介入的姿态，不提供计划和建议，在解答问题时也不提供帮助。这些研究者发现，在权威主义的领导方式下，儿童伴随着较高水平的挫折，并对领导表示一定程度的反感，领导在场，活动的积极性较高，领导一旦离去，活动效率便明显下降。在民主的领导方式下，儿童比较愉快，关心集体，工作也好，表现出较强的独立性（领导不在场，与其他两组相比，尤其如此），惹是生非也少。在放任自流的领导方式下，工作效率极低，在集体内部出现较多的攻击性行为。很显然，社会边界封闭的课堂教学指向于专制型的师生关系。但随之而来的一个问题是：课堂教学的社会边界要开放到何种程度？是民主型，还是放任自流型？

无论是课堂教学物理边界的延伸，还是知识边界的开放，都并不意味着要完全抹杀教师与学生之间的界限，也并不意味着教师权威的绝对消失。教师与学生是两个不同的社会群体，这点毋庸置疑。在教育活动中，教师是以经过专门严格训练的"职业人"身份，受成人社会的委托，代表社会对儿童进行教育和培养的。相对于儿童道德和理智发展的"未完成性"特征来说，教师的指导是必不可少的，即使是进步教育主义的学者，也会用"指导者""咨询者"的称谓来含蓄地肯定教师的权威地位。适当的教师权威是开展学校教育

---

❶ 杨文士，焦叔斌，张雁. 管理学［M］. 北京：中国人民大学出版社，2009：260.

活动的必要前提，学校本身就是以高度组织化和集团化为特色的社会组织，这种组织化、集团化要求一定的权威来发挥管理和协调的作用，以维护学校工作的正常运转。同时，适当的教师权威也为师生双方的相互发展提供了可能。教师要保持在学生心目中的权威，就要严格要求自己，不断追求进步，以此增强权威的延续性。学生要获得权威教师的认可，也要努力地提高自己，完善自己，师生在相互"自律"中共同发展。若完全抹杀教师对学生的权威与地位，将教师与学生置于完全相同的地位，那么课堂教学将陷入"放任自流"的境地而失去存在的意义。因此，在打破师生之间的严格等级关系的同时，应保持教师作为师生关系中的"平等中的首席"，正如美国教育家多尔所说，"（教师）其作用没有被抛弃，而是得以重新建构。从外在于学生情境转向与情境共存，是内在于情境的领导者，而不是外在的专制者"。❶师生之间不再是命令与服从的关系，而应该相互信任、相互尊重，真诚交往，共同探求真理，交流人生体验。

社会边界的开放，打破了师生之间的纵向等级关系，师生之间相互尊重与相互信任，这一方面打破了教师对学生的绝对权威，弱化了学生对教师的服从；另一方面，当教师真正关注到每个学生，也必然会强化学生之间的平等体验，减少学生之间的等级关系。美国的中小学教育深受美国进步主义教育思想影响。在20世纪初，以杜威为代表的一批进步主义教育家领导了一场以改革传统教育为中心、声势浩大的教育改革运动，对美国教育，尤其是中小学教育产生了巨大影响。虽然进步主义教育家内部对于教育的一些主张存在分歧，但他们在对待传统教育的态度上是一致的。他们对传统教育以教师为中心、书本为中心、脱离生活实际、忽略儿童身心发展的需要、把学生视为被动接受知识的机器等弊病进行了深刻批判，主张强调尊重学生，尊重学生的兴趣和需要，鼓励学生个性的自由发展和自我表现，注重造就学生健康的人格，美国课堂教学十分强调尊重儿童的独立人格，主张教师以民主和平等的态度对待学生，尊重他们的意见和想法，鼓励独立思考。所以相对而言，美国课堂中较少教师运用权威，课堂教学多采用讨论式，学生可以自由发言，课堂气氛很宽松。虽然进步主义教育运动在20世纪50年代受到批判，但它所倡导的基本原则深入人心，改变了人们传统的教育观、人才观，在很大程度上成了美国教育思想的主

---

❶ 吴支奎. 新课程改革环境下教师权威的重新审视 [J]. 教学与管理，2003（8）：3-5.

流。所以，时至今日，美国课堂中的师生关系比中国课堂更民主和平等。

美国课堂教学中学生社会化内容并不像中国课堂那样强调学生对法定知识技能的获得以及学生对教师的服从。可以说，美国课堂教学在一定程度上体现了课堂教学的"边界开放"。而在我国，虽然已经开始意识到课堂教学"边界开放"的重要性，但毕竟还没有真正地开放课堂的知识边界和社会边界，因此仍然强调法定知识技能的地位以及教师对学生的绝对权威。课堂教学边界开放程度的差异，是中美课堂教学实现学生社会化模式存在差异的一个重要表现。

三、有限度地开放边界：建立促进学生社会化的课堂教学

理论探讨的最终目的是指导实践。对课堂教学实现学生社会化所面临的困境及可能出路的分析最终目标是为了课堂教学能够更好地实现学生社会化、促进学生的发展。从前文分析可以看到，要走出困境，课堂教学就必须开放边界。但结合我国的教育实践来看，一方面，当前中国正处于社会转型的特殊转型，面临着深刻的、全方位的文化冲突。中国传统文化遭遇市场经济、西方文化的冲击和挑战，这直接动摇了中国传统的社会化模式；另一方面，中国课堂教学虽然越来越关注学生社会化的"个性化"，但在具体实践中却难以把握"角色化"与"个性化"的平衡，要么强调"角色化"而忽视学生个性发展，要么重视"个性化"却面临学生对社交知识技能的获得不够、学业成绩的低下。由此，我们在对中国课堂教学反思时需要注意的一个重要问题是，课堂教学边界究竟要开放到何种程度。课堂教学的边界必须要开放，这是理论分析的结果，是走出困境的必然要求。但是，如果完全打破课堂教学的边界，可能会带来两个方面的问题：一是在多元文化冲击之下，边界的完全开放可能会导致课堂教学的无所适从，旧的社会化模式被打破，而新的社会化模式难以建立；二是课堂教学边界的完全开放会让教育实践从一个极端走向另外一个极端，最终难以实现"角色化"与"个性化"的平衡。

与此同时，我们应该看到美国的教训。应该说，美国课堂教学边界开放程度远远高于中国，但他们一直面临一个重要问题——学生学业水平不高。据美国国家高质量教育委员会调查的结果表明，美国学生的学业成绩在 19 种国际学业成绩的测验中，与其他工业化国家的学生相比，有七次排名倒数第一。17 岁的美国人约有 13% 为半文盲，少数民族青年中的半文盲则高达 40%。在

成年人中进行的最简单的日常阅读、书写和理解测验结果表明，约有 2300 万人为半文盲。是什么导致了美国学生学业水平不高？20 世纪 50 年代批评家曾把中小学教育的问题归罪于进步主义教育家提倡的"适应生活教育"，认为过分强调实用，忽略了学生系统书本知识的学习，把教育引上了歧途。20 世纪 80 年代的批评家把中小学教育问题归咎于教师水平低，课程的混乱和低水平，学生学习时间太短，以及中小学中存在的"四无"现象，即"无统一课程要求、无教师权威、无作业、无考试"等。他们都呼吁加强学术性课程，严格学业标准，提高对毕业生的要求。这些原因，在一定程度上可以归结为美国课堂教学中知识边界与社会边界的过度开放。前文在分析中一再强调，边界应该有限度的开放，倘若边界开放到已经完全没有边界，那么课堂教学的选择性特点也不复存在，课堂教学的意义也消失了。以美国为例，知识边界的开放、名目繁多的课程设置，以及课堂教学中对学生生活经验的联系，过分强调实用，使大量非学术性课程冲淡了基础文化课程，这也就是 20 世纪 80 年代的批评家所批评的"大杂烩"和"自助餐式"的课程。由于实行学分制且毕业要求偏低，有些学生避难就易，尽选服务性或娱乐性的课程。因此，降低了中学毕业生的标准。同时，美国教师的权威下降甚至丧失，虽然给美国学生在课堂上提供了足够的自由空间，有利于美国学生在课堂上的积极表现与思想活跃，但由于学习时间短，练习少，基础知识极度不扎实。所以，美国课堂教学边界的过度开放可被视为导致美国学生学业水平不高的重要原因。

综上所述，课堂教学的边界不能完全开放。我国的课堂教学要实现学生社会化、促进学生发展，必须有限度地开放课堂教学的知识边界与社会边界。具体而言，应该从以下三个方面来把握：

（一）拓展教学内容：关注学生的现实生活

课堂教学知识边界的开放，需要打破课程知识与非课程知识之间的界限，加强课程知识与社会现实、学生的个人体验之间的联系。但是，如何才能有限度地开放课堂教学的知识边界呢？这与我国教育研究领域内所探讨的一个重要问题——教学回归生活世界密切相关。

"生活世界"的概念最早由现象学创始人胡塞尔提出。胡塞尔的"生活世界"概念具有双重含义：其一是相对于科学世界等客体化世界而言的"日常生活世界"，"最为重要的值得重视的世界，是早在伽利略那里就以数学的方式构成的理念存有的世界开始偷偷摸摸地取代了作为唯一实在的、通过知觉实际地被给予的、被经验到并能被经验到的世界，即我们的日常生活世界"。❶ 这是作为经验实在的客观生活世界；其二是作为"基底世界"且先于日常生活世界的"纯粹先验世界"，"现存生活世界的存有意义是主体的构造"，❷ 是超验的主体性产物，"世界的存有并不是自在的第一性……自在的第一性的东西是主体性。"这是作为纯粹先验现象的主观生活世界。在继胡塞尔之后，维特根斯坦、海德格尔、罗蒂等许多哲学家纷纷提出自己的看法和观点。但总体而言，各种关于"生活世界"的构想和理论并没有超越胡塞尔的两种思路：一种是从作为经验实在的客观生活世界出发，强调"日常生活"，典型代表是许茨和赫勒；另一种从作为纯粹先验现象的主观生活世界出发，把"生活世界"视为一种完美的理想生活。由此造成教学回归生活世界的两个误区：第一，教学回归"日常生活"。不少教学实践者把"生活世界"等同于"日常生活"，将"回归"视为教学与日常生活的"融合"，强调教师每堂课都必须从学生日常生活中的直接经验、兴趣和需要出发，由此导致了一种歪曲了的粗陋的教学实践观——仅仅把教学实践理解为获取感性材料的途径和方法，忽视了它作为科学抽象依据的一面；第二，教学回归"理想生活"。这是把"生活世界"视为一个理想、完美的应然世界，用理想化的"应是"取代了客观现实的"是"，盲目地崇信了"生活世界"所许诺的乌托邦生活。这使得教学不自觉地回避了个人和社会现实的各种矛盾，力图引导学生走向一个自以为净化了的、完美的理想生活。

　　事实上，教学对"日常生活"的回归、把教学与日常生活融合起来，这在一定程度上是对课堂教学知识边界的过度开放，完全无视知识边界的存在；而教学对"理想生活"的回归，用"应然"代替客观现实的"实然"，回避真实生活，这是课堂教学知识边界过于封闭的体现。虽然，教学对"日常生活"的回归与对"理想生活"的回归都不能视为课堂教学知识边界有限度的开放。

　　那么，如何才能有限度地开放课堂教学的知识边界？这涉及的另一个问题是，教学该回归到怎样的生活世界。

---

　　❶　［德］胡塞尔. 欧洲科学危机和超验现象学［M］. 张庆熊，译. 上海：上海译文出版社，1988：58.

　　❷　［德］胡塞尔. 欧洲科学危机和超验现象学［M］. 张庆熊，译. 上海：上海译文出版社，1988：81.

就生活世界的实质内容而言，胡塞尔并非是最早对生活世界进行关注的哲学家。马克思才是真正将人们的关注焦点聚集到生活世界的最早的哲学家。在《德意志意识形态》中，马克思指出"我们不是从人们所说的、所设想的、所想象的东西出发，也不是从口头说的、思考出来的、设想出来的、想象出来的人出发，去理解有血有肉的人。我们的出发点是从事实际活动的人，而且从他们的现实生活过程中还可以描绘出这一生活过程在意识形态上的反射和反响的发展"❶。在马克思看来，"生活世界"是具体而又现实的。从时间维度看，历史是由前后相继、连绵不断的许许多多"生活世界"构成的；从空间维度看，"生活世界"是由无数的主要以语言为中介的现实的个人之间相互交往构成的那部分世界。在马克思的大部分著作中，生活世界概念中的"生活"范畴的含义并不特指日常生活，而是几乎涵盖了人的一切活动。所以，马克思所说的生活世界超越了日常生活的范畴，是一个日常生活与非日常生活、物质生活与精神生活相统一的世界。因此，马克思视野中的生活世界是人们生活在其中的真正的、现实的生活，是日常生活与非日常生活、物质生活与精神生活的有机统一。教学回归到马克思视野中的生活世界、回归"现实生活"，必然能够真正实现课堂教学知识边界的有限度开放。具体来说，要有限度地开放课堂教学的知识边界，最根本的是对学生的关注以及对教学实践的重视：

第一，教学应该充分关注学生现实生活。首先，教师要立足于学生真实的生活情景，选择真实的生活材料，借助学生的生活背景和生活体验，在学生与文本知识之间搭建一座"桥梁"，以促进学生感知和领悟文本知识，实现知识的内化和建构。其次，教学应该关注学生当下的生活。由于处于身心逐渐发展的特殊时期，学生认识问题的视角、理解事物的方式都与成年人有所不同。因此，在教学过程中，如果力图用成年人的生活取代儿童生活，就可能人为地拔高教育目标，以致影响实际的教育效果。所以，教学应该关注学生当下的、而非将来的生活。最后，教学应该关注学生完整的生活。教学不能只关注学生的知识学习，把学生完整的、多样化的生活情景肢解成支离破碎的智能碎片，忽视学生的情感态度；也不能在对教学回归生活世界的片面理解中只强调学生的情感兴趣，而忽视学生对知识的掌握与学习。

第二，充分重视教学实践。实践是一条可行的回归生活世界之路。然而，

---

❶ 马克思，恩格斯. 马克思恩格斯选集（第1卷）［M］. 北京：人民出版社，1995：73.

教学实践不是为了展现或获取感性材料的途径和方法。具有重复性、自在性和经验性的感性材料往往是零碎的，它常常以片段、松散的状态出现，相互之间还存在着矛盾、冲突。若教学仅仅是为了展现或获取感性材料，将失去基本的教育意义，成为被歪曲了的、粗陋的实践。教学实践具有一定的复杂性和特殊性，它以促进学生发展为实践的目的，以根据教学目的任务精心选择、设计和改造的、典型化概括化的材料为教学实践的对象，以教师的指导为实践的条件，以师生之间、学生之间的相互交往为实践的重要方式。所以，在教学实践中，教师在教学内容上应该对感性材料进行筛选，注意所选材料之间的相关性，避免相互矛盾，防止走向把生活所有的东西都"塞入"教学中的误区；在教学过程中，应注意活动与活动之间的内在逻辑联系，要让学生明了自己在做什么、要做什么、为了什么、从中又能获取什么。

需要指出的是，开放课堂教学的知识边界并不是我们的最终目的。有限度地开放课堂教学的知识边界，是为了促进学生的社会化过程，并实现对现实生活的超越。因此，在开放课堂教学的知识边界过程中，不仅要强化教学与学生现实生活的联系，更要关注教学对现实生活的超越。

（二）改变学生参与方式：从接受式参与到互动式参与

有限度地开放课堂教学的边界，其中一个重要的方面是对学生课堂学习的关注。斯法德曾经用"参与"来作为学习的一种隐喻，认为学习可以被看作是一个参与多种文化实践和共享性的学习活动的过程，强调社会共同体与社会互动的隐喻。❶ 罗戈芙认为，人的发展具有文化性质，自发展的早期就已经开始的有引导的参与是最为重要的学习方式，"学习是一个在共同体的活动中的不断变化的参与的过程。"她认为，"共同努力中的交流和协调是人的发展的关键方面，参与者对自己进行调整，将他们的共同理解加以拓展以适应新的观点。"❷ 因此，对学生课堂学习的关注，其核心在于对学生课堂参与的重视。

虽然在以往课堂教学中，学生也参与到课堂，但这往往是一种接受式参与，学生在教师面前保持一种被动的状态，更多地表现为接受一种对文本的定

---

❶ Sfard A. On Two Metaphors for Learning and the Dangers of Choosing Just One [J]. Educational Researcher, 1998 (27): 4 – 13.

❷ Rogoff B. The Cultural Nature of Human Development [M]. New York: Oxford University Press, 2003: 283 – 285.

论性解释。这种参与方式使得学生居于被动和边缘的地位，他们最为重要的任务就是对知识片段的记忆和大量重复的操练。就如流水线上的单调工作使得劳动的过程成为"被强制的、自我折磨的、令人想极力逃避的过程"一样，学习过程也因而变成了可怕的机械操练和简单重复。学生的这种参与是一种被动的参与，参与者缺乏共同努力与相互作用。因此，参与过程中，教学知识远离学生的生活体验，教师具有绝对的权威，学生成为接收者与倾听者。所以，要有限度地开放课堂教学的知识边界与社会边界，就必须改变学生这种接受式的、被动的参与方式。学生应该积极主动地参与到课堂教学中，而这种参与应该是在互动与合作中实现的。

罗戈芙提出，有引导的参与有两个基本过程：一是意义的相互沟通，相互理解发生在互动的人之间而非某一方，在交流和共同活动的过程中，每一个参与者的观点都必须不断加以修改才能进行交流和协调，这种修改的过程就是观点发展的过程；二是参与结构的相互影响，即在对方参与哪些形式的活动方面，参与的各方是相互规定的。可见，这里的有引导的参与，并不是简单的一方（常常是成人或者专家）引导另一方（学生、学徒或其他儿童），而是相互制约的过程。对于这种有引导的参与，可以从三个层面来作分析：一是共同体层面的分析，主要针对参与由文化价值观和目标引导的活动的人所组成的共同体；二是人际层面的分析，主要分析人们在面对面的互动中如何交流和协调；三是个体层面的分析，针对个体在参与活动的进程中如何改变自己。因此，要实现学生课堂教学参与方式的变化，也需要从这三个层面来转变。

首先，从共同体层面上看，要建立"以学生发展为本"的课堂文化。从接受式参与到互动式参与，其最根本的是为了实现学生社会化、更好地促进学生发展。课堂是一个教师文化和学生文化之间互动的场所，课堂文化则是教师和学生在课堂教学中共同具有的思想观念和行为方式的总和，它在一定程度上决定了教学主体的生存和发展的基本方式。课堂文化的质量和水平如何，对于教师教育智慧的生成和学生智慧的发展具有重要的影响。荷兰哲学家冯·皮尔森认为，"学习某种东西，从而对知识的获得，是与行动和经验的获得的可能性同步的。文化作为一种学习过程，是与作为认识、行动、体验和自我表现的存在物的完整的人联系在一起的"。❶ 在这个意义上，教学过程是以建构学生

---

❶ [荷] 冯·皮尔森. 文化战略 [M]. 刘利圭，等，译. 北京：中国社会科学出版社，1992：159.

完满的精神世界为目的而进行的一种文化活动。德国文化教育学的代表人物斯普朗格认为，"教育即文化的别名""教育是文化过程"，教育活动是一个从客观文化到个人的主观精神生活的转化过程。在他看来，客观的文化仅仅是一种潜在的价值存在，还不能产生教育的作用，它要成为教育的过程，必须由文化的承担者来真正加以理解和评价，必须与具有体验能力的、不断复苏的个人精神相"碰撞"，在此基础上以文化的传递为媒介，实现对个体发展的援助。❶为此，在教学过程中，要实现学生从接受式参与到互动式参与，教师必须真正关注学生的生存方式，努力建设一种"以学生发展为本"的课堂文化，积极引导学生在体验、理解和创造中促进自身的成长和发展。

其次，从人际层面上分析，要促进学生对师生互动与生生互动的参与。师生之间的互动参与与学生之间的互动参与有着很大的不同。师生之间的互动参与，在教师一方表现为了解学生的需要并提供相应的帮助，在学生一方主要表现为在当时环境中的所有资源之下积极地内化知识技能与社会规范并加以生成；而生生互动参与，更强调相互促进、相互影响。具体来说，（1）对师生之间的互动参与，首先应明确两对关系：一是师生之间的互动参与与接受式参与的关系。师生互动参与，并不完全地排斥教师讲授与学生接受。但要注意的是，既要促进学生对文化知识的理解，又要促进学生对文化知识的选择、应用和创新；二是师生互动参与过程中整体推进与个别化的关系。教师既要保证班级整体教学的高质量、高水平，又要适应学生的个别差异，注意分层分类指导和推进，使每个学生都能积极主动地参与教学活动。在此基础上，教师要营造民主、宽松、和谐的氛围，形成互相尊重、信任、理解、合作的人际关系；创设问题情境，教师提出的问题要难易适度，具有启发性，问题要少而精；教师还应引导思路，展示思维过程，使学生有较高的思维活动的质和量。与此同时，教师应注意学生的个别差异，从多方面培养学生主动参与的意识，不断提高学生的参与能力。（2）对于学生之间的互动参与，强调培养学生之间的互动合作关系。具体而言，其一，应形成适当的学生参与结构；其二，要重视学生之间共同分担思维责任，思维的负担分布于参与的成员之间，不但有助于相互间的思维激励，也有助于减少情感上的焦虑，将认知过程的模式显性化；其三，学生彼此之间应通过聆听别人的阐述和多途径的互动，来了解和体验其他

---

❶ 邹进. 现代德国文化教育学［M］. 太原：山西教育出版社，1992：69－72.

人的思维过程，如确定问题、发现重要影响因素、指向先拥知识和相关信息、论证过程、观点的改变、自我评价等；其四，实现知识共享，因为合作性的学习中存在着大量的信息流、知识流，这些信息和知识可以是关于不同问题和领域的，也可以是关于一个问题或领域的不同方面的，也可以是一个问题或领域的某一个方面的不同来源或者不同观点的。值得注意的是，学生互动参与过程中可能会引发冲突，但对冲突恰当的处理能使之成为学生发展的催化剂，这一方面使得学生在表述观点时将自己的观点清晰化、精制化并为观点提供辩护，另一方面使得学生去积极主动地思考和了解其他观点。

最后，从个体层面上看，要关注学生自主意识和自我调控能力的培养。要从接受式参与转变为互动式参与，对于学生个人而言，关键是学生具有自主意识和自我调控能力。自主意识是指学生对自己作为从客体中分化出来成为一个相对独立的实体的认识，包括符合实际的自我评价、积极的自我体验以及自尊、自立、自强、自律等品质。自我调控能力则要求学生不断对自己的学习动机、学习策略、学习结果等进行反思和评价，主动发现学习中即将出现或已经出现的问题，及时采取有针对性的措施加以解决。如果学生缺乏自主意识和自我调控能力，那么在课堂教学中只能处于被动的状态，对课堂的参与也只能是一种机械的接受式参与。只有具有自主意识和自我调控能力的学生，才能主动选择、建构甚至创造适合自己的学习环境，具有独立思考的习惯，能够及时地对自己的学习情况进行反思和总结，才能在师生互动、生生互动的过程中形成自己的观点并与人分享，进而了解和思考其他观点，实现真正的互动式参与。

（三）重塑教师权威：从制度权威到个人权威

开放课堂教学的社会边界，最主要的是打开教师与学生之间的界限。如何有限度地开放课堂教学的社会边界，既不能像专制型那样突出学生对教师的服从，也不能像放任型那样无视教师对学生的要求？这其中涉及的一个核心问题就是教师权威。

教师权威体现于教育领域内的社会关系，指在教育领域里教师依据该领域所确立的目标与规范对学生的控制与管理，学生在自己的学习与生活中服从或依赖于教师。当教师具有绝对的权威时，师生之间是一种纵向的等级关系，学生服从教师的命令，课堂教学的社会边界处于封闭状态。然而，当过度开放课堂教学边界、完全打破师生之间的界限、教师缺乏权威时，课堂教学将无法进行。现代课堂教学仍然是一种权威性活动。迪尔凯姆指出，"教育在本质上是一种权威性的活动"。❶ 彼得斯也指出，"如果我们生活在一个由高度道德化和理智化的人类所组成的社会里，权威是没有立足之地的。"❷ 虽然对作为学生的个体应持有足够的尊重，但一个不可否认的事实是，儿童青少年仍然是不完全社会化的个体，他们的道德和理智都不够成熟。因此，来自权威人士的指导必不可少。教师接受社会的委托，经过专门的培训，具备一定的专业技能，这些都可以使教师扮演起教育教学领域中的权威角色。而且，只有拥有权威的教师才能更好达到课堂教学目标，才能有利于建立民主、公正的课堂教学秩序。所以，教师必须具有一定权威，"教师的权威并不是限制学生的自由，而是为了促进学生的自由"。❸

因此，有限度地开放课堂教学的社会空间，意味着既要保证教师的权威，又不能使教师与学生之间具有绝对的纵向等级界限。这就涉及教师权威的重建问题。

美国学者 R. 克利弗顿和 L. 罗伯特对教师权威曾有深入探讨。他们认为，教师权威主要取决于两方面的因素：制度性因素和个人因素。制度性因素形成教师的制度性权威，包括传统权威和法定权威。传统权威是指社会的文化传统赋予的权威；法定权威指社会制度和法律规范等因素。个人因素形成教师的个人权威，个人权威包括知识权威和感召权威。知识权威由教师个人的学识、专长等构成；感召权威包括教师本人的人格魅力、爱心和同情心等。我国教师的这四个方面的权威面临着严峻的挑战。教师的传统权威建立在传统文化的基础之上，当传统文化面临市场经济和西方文化的冲击时，教师的传统权威也日益受到质疑；随着教育民主化、法制化的不断深入，未成年人作为受保护公民的地位也通过一系列法律得以体现，学生的权利比过去大为扩大，学生权利扩大的同时，教师的权力面临缩小，教师的法定权威降低；与此同时，教师的知识权威面临着大众媒体和知识观变化所带来的挑战。大众媒体尤其是网络使学生接受知识渠道多样化，教师成为众多渠道中的一种，而知识的文化性、境遇性和价值性也使得教师在课堂教学中所传授的法定知识受到质疑；随着社会价值

---

❶ 张人杰. 国外教育社会学基本文选［C］. 上海：华东师范大学出版社，1989：21.

❷ ［德］雅斯贝尔斯. 什么是教育［M］. 邹进，译. 北京：生活·读书·新知三联书店，1997：73.

❸ 张人杰. 国外教育社会学基本文选［C］. 上海：华东师范大学出版社，1989：23.

观趋向多元，学生对教师也有多种人格和德行的诉求，对于教师来说，要具有学生普遍认同的人格和德行并不容易，教师的感召权威面临挑战。由此可见，我国教师的权威正遭受严峻的挑战。

要有限度地开放课堂教学的社会边界，重建教师权威，就必须注意以下两个方面：第一，教师拥有权威的目的是为了促进学生个性的发展。因此，教师拥有权力但并不奉行"权力主义"，教师应该给予学生一定的自由空间，建立民主的师生关系。这其中至关重要的是教师要学会转换角色，要从知识的传授者转变为学习的促进者。"教师的职责表现在已经越来越少的传递知识，而越来越多的激励思考；除了他的正式智能以外，他将越来越成为一位顾问，一位交换意见的参加者，一位帮助发现矛盾论点而不是拿出现成真理的人。他必须集中更多的时间和精力去从事那些有效果和有创造的活动，互相影响、讨论、激励、了解、鼓舞。"❶ 第二，教师在给予学生自由空间的同时，不能完全放弃自己的权威，而要凭借自身思想与行为所蕴含的理性获得学生的首肯，而非凭借强制性命令使学生服从。教师不能没有权威，在建立民主师生关系的同时，教师也要保持自己的权威，但是，这个权威不是强制性的灌输和威仪的压服。从上述教师的四种权威来看，传统权威与法定权威由于社会因素必然会下降，但知识权威与感召权威在一定程度上取决于教师的个人因素。因此，教师要保持恰当的权威，最重要的是保持自己的知识权威与感召权威。教师对学生的影响是内隐的，学生通过对教师丰富的知识以及个人人格魅力的认同在潜移默化中对教师产生信服。所以，教师首先要具有丰富的知识，尤其在这种知识爆炸的信息时代，教师要不断地学习新的知识；其次，要具有一定的人格魅力，这种人格魅力体现于充满理性的思想和行为中。教师要有理智的诚实，不自欺欺人，不装腔作势，也不讳言错误；要有理智的宽容，既包括对不同意见的宽容，也包括对学生错误的宽容；要努力将学生引入理性批评与对话的轨道，促进学生认可并形成理性的意识、精神与正确的理性观念；要为建立公正民主的课堂教学秩序订立契约，允许学生作为参与者对规则的制定和执行提出相应的意见。总之，既能建立民主的师生关系，又保持必要的教师权威，这样才是真正实现课堂教学社会边界的有限度开放。

---

❶ 联合国教科文组织国际教育发展委员会. 学会生存：教育世界的今天和明天 [M]. 北京：教育科学出版社，1996：107.

参考文献

一、中文文献

1. 中文著作

［1］［德］马克斯·韦伯. 社会科学方法论［M］. 李秋零，田薇，译. 北京：华夏出版社，1999.

［2］马克思，恩格斯. 马克思恩格斯选集［M］. 中共中央翻译局，译. 北京：人民出版社，1995.

［3］马维娜. 局外生存——相遇在学校场域［M］. 北京：北京师范大学出版社，2003.

［4］马和民. 新编教育社会学［M］. 上海：华东师范大学出版社，2004.

［5］［日］片冈德雄. 班级社会学［M］. 贺晓星，译. 北京：北京教育出版社，1993.

［6］［德］尤尔根·哈贝马斯. 公共领域的结构转型［M］. 曹卫东，译. 上海：学林出版社，1999.

［7］［德］尤尔根·哈贝马斯. 重建历史唯物主义［M］. 郭官义，译. 北京：社会科学文献出版社，1999.

［8］［英］邓肯·米切尔. 新社会学词典［M］. 上海：上海译文出版社，1987.

［9］［美］约翰·S. 布鲁伯克. 教育问题史［M］. 吴元训，译. 合肥：安徽人民出版社，1991.

［10］［美］约翰·布雷萧. 家庭会伤人：自我重生的新契机［M］. 郑玉英，译. 成都：四川大学出版社，2007.

［11］［美］艾尔·巴比. 社会研究方法［M］. 丘泽奇，译. 北京：华夏出版社，2005.

［12］［法］让·卡泽纳弗. 社会学十大概念［M］. 杨捷，译. 上海：上海人民出版社，2003.

［13］孙培青. 中国教育史［M］. 上海：华东师范大学出版社，2000.

［14］司马云杰. 文化社会化［M］. 北京：中国社会科学出版社，2001.

［15］［英］尼尔·保尔森，托·赫尼斯. 组织边界管理：多元化观点［M］. 佟博，等，译. 北京：经济管理出版社，2005.

［16］刘小枫. 中国文化的特质［M］. 北京：生活·读书·新知三联书店，1990.

[17] 刘放桐等. 新编现代西方哲学 [M]. 北京：人民出版社，2000.

[18] 刘尧. 美国教育问题评论 [M]. 北京：中国文联出版社，2002.

[19] [美] 米德. 心智、自我和社会 [M]. 赵月瑟，译. 上海：上海译文出版社，1992.

[20] [苏] 安德列耶娃. 社会心理学 [M]. 南开大学社会学系，译. 天津：南开大学出版社，1984.

[21] [英] 安东尼·吉登斯. 为社会学辩护 [M]. 北京：社会科学文献出版社，2003.

[22] [英] 齐格蒙特·鲍曼. 生活在碎片之中——论后现代道德 [M]. 郁建兴，译. 上海：学林出版社，2003.

[23] 李泽厚. 李泽厚哲学之存（下）[M]. 合肥：安徽文艺出版社，1999.

[24] 李德显. 课堂秩序论 [M]. 桂林：广西师范大学出版社，2000.

[25] 李伯聪. 高科技时代的符号世界 [M]. 天津：天津科学技术出版社，2000.

[26] [美] 约翰·杜威. 学校与社会·明日之学校 [M]. 赵祥麟，等，译. 北京：人民教育出版社，1994.

[27] [英] 阿伦·布洛克. 西方人文主义传统 [M]. 董乐山，译. 北京：生活·读书·新知三联书店，1997.

[28] [美] 麦克斯·J. 斯基德摩等. 美国政府简介 [M]. 张帆，林琳，译. 北京：中国经济出版社，1998.

[29] [古希腊] 亚里士多德. 政治学 [M]. 吴寿彭，译. 北京：商务印书馆，1959.

[30] 衣俊卿. 文化哲学十五讲 [M]. 北京：北京大学出版社，2004.

[31] 《社会学概论》编写组. 社会学概论 [M]. 天津：天津人民出版社，1984.

[32] [美] 克鲁克洪. 文化与个人 [M]. 何维凌，高佳，何红，译. 杭州：浙江人民出版社，1986.

[33] [匈] 阿格妮丝·赫勒. 日常生活 [M]. 衣俊卿，译. 重庆：重庆出版社，1990.

[34] 何勒华. 西方法学史 [M]. 北京：中国政法大学出版社，1996.

[35] 吴康宁. 教育社会学 [M]. 北京：人民教育出版社，2001.

[36] 张人杰. 国外教育社会学基本文选 [M]. 上海：华东师大出版社，1989.

[37] 张岱年. 中国文化概论 [M]. 北京：北京师范大学出版社，1994.

[38] [英] 沛西·能. 教育原理 [M]. 王承绪，赵端瑛，译. 北京：人民教育出版社，1992.

[39] [法] 迪尔凯姆. 社会分工论 [M]. 渠东，译. 北京：生活·读书·新知三联书店，2000.

[40] [法] 迪尔凯姆. 社会学研究方法的准则 [M]. 狄玉明，译. 北京：商务印书馆，1999.

[41] [美] 罗尔斯. 正义论 [M]. 何怀宏，等，译. 北京：中国社会科学出版社，1998.

［42］郑杭生. 社会学概论新编［M］. 北京：中国人民大学出版社，1992.

［43］周晓虹. 西方社会学历史与体系（第一卷）［M］. 上海：人民出版社，2002.

［44］赵祥麟，王承绪. 杜威教育论著选［M］. 上海：华东师范大学出版社，1981.

［45］赵中建，顾建民. 比较教育的理论与方法——国外比较教育文选［M］. 北京：人民教育出版社. 1995.

［46］［德］科塞. 社会冲突的功能［M］. 孙立平，译. 北京：华夏出版社，1989.

［47］［美］查尔斯·霍顿·库利. 人类本性与社会秩序［M］. 包凡一，等译. 北京：华夏出版社，1989.

［48］［德］胡塞尔. 欧洲科学危机和超验现象学［M］. 张庆熊，译. 上海：上海译文出版社，1988.

［49］［瑞典］胡森 T. 国际教育百科全书（第八卷）［M］. 中央教育科学研究所比较教育研究室，译. 贵阳：贵州教育出版社，1991.

［50］费孝通. 乡土中国［M］. 北京：人民出版社，2005.

［51］［美］保罗·诺克斯. 城市社会地理学导论［M］. 柴彦威，等译. 北京：商务印书馆，2005.

［52］施良方. 学习论［M］. 北京：人民教育出版社，2001.

［53］［法］埃米尔·涂尔干. 社会分工论［M］. 渠东，译. 北京：生活·读书·新知三联书店，2000.

［54］徐洪兴. 二十世纪哲学经典文本——中国哲学卷［M］. 上海：复旦大学出版社，1999.

［55］［美］理查德·D. 范斯科德. 美国教育基础——社会展望［M］. 北京师范大学外国教育研究所，译. 北京：教育科学出版社，1984.

［56］黄育馥. 人与社会——社会化问题在美国［M］. 沈阳：辽宁人民出版社，1986.

［57］黄明哲等. 梦想与尘世——二十世纪美国文化［M］. 北京：东方出版社，1999.

［58］鲁洁. 教育社会学［M］. 北京：人民教育出版社，2000.

［59］［德］黑格尔. 历史哲学［M］. 杨造时，译. 北京：生活·读书·新知三联书店，1956.

［60］［德］雅斯贝尔斯著. 什么是教育［M］. 邹进，译. 北京：生活·读书·新知三联书店，1991.

［61］谢维和. 教育活动的社会学分析［M］. 北京：教育科学出版社，2000.

［62］蔡元培. 新教育与旧教育之岐点［M］. 北京：人民教育出版社. 1983.

［63］路德维希·米瑟斯. 自由与繁荣的国度［M］. 韩光明，译. 北京：中国社会科学出版社，1994.

［64］裴娣娜. 现代教学论［M］. 北京：人民教育出版社，2005.

［65］［美］戴维·波普尔. 社会学（第 10 版）［M］. 李强，等译，北京：中国人民大学出版社、Prentice Hall 出版公司，1999.

［66］［美］罗恩·阿什肯纳斯，戴夫·马里肯，托德·吉克，史蒂夫·克尔. 无边界组织［M］. 姜文波，译. 北京：机械工业出版社，2005.

2. 中文期刊

［1］向海英. 幼儿社会性发展评价方法初探［J］. 幼儿教育，1998（3）：37 – 38.

［2］孙云晓，康丽颖. 儿童少年在社会化过程中对成人世界的影响［J］. 中国青年政治学院学报，1999（2）：4 – 10.

［3］沈秋林. 当代大学生社会化问题研究［J］. 扬州大学学报，1999（3）：21 – 24.

［4］金学伟，熊群仙. 对转化问题学生的几点思考［J］. 攀枝花大学学报，1999（6）：42 – 44.

［5］谢晓蔚. 当代中国少年儿童社会化条件及新特点［J］. 江西社会科学，1999（6）：92 – 97.

［6］郑震. 课堂情境中的权力秩序——中小学课堂社会化中权力因素的研究［J］. 青年研究，1999（9）：40 – 44.

［7］路继初，罗军. 过渡时期与青少年社会化问题［J］. 青年研究，1999（11）：32 – 34.

［8］李延文. 中国传统文化与现代社会的冲突［J］. 内蒙古社会科学，2000（7）：85 – 89.

［9］雷冬梅. 从人的社会化看素质教育［J］. 中国教育学刊，2000（8）：9 – 11.

［10］朱绍友. 当前青年社会化过程中的隐忧和对策［J］. 安徽农业大学学报，2000（12）：62 – 64.

［11］金薇薇. 从人的社会化过程把握德育契机［J］. 基础教育研究，2001（1）：15 – 16.

［12］肖川. 超强社会化的成因及其危害［J］. 教育发展研究，2001（4）：54 – 56.

［13］吕型伟. 一个总目标 两个基础——展望 21 世纪教育框架［J］. 教育发展研究，2001（6）：5 – 7.

［14］候春在. 非社会性行为：儿童社会化研究的新视角［J］. 南京师大学报（社会科学版），2001（7）：95 – 100.

［15］岳天明. 论个人社会化的标准和目标［J］. 西北师大学报（社会科学版），2001（7）：100 – 104.

［16］苏国勋. 社会学与社会建构论［J］. 国外社会科学，2002（1）：4 – 13.

［17］王立波. 儿童社会化的理想与现实——中日小学语文教科书的内容分析［J］. 青年研究，2002（2）：36 – 41.

［18］吴恒山. 中美基础教育比较研究［J］. 大连教育学院学报，2002（6）：25 – 28.

［19］候春在. 儿童社会化发展中的隐性模仿［J］. 教育科学，2002（10）：58 – 60.

[20] 吴支奎. 新课程改革环境下教师权威的重新审视 [J]. 教学与管理, 2003 (3)：3 – 5.

[21] 陆有铨. 素质教育值得注意的几个问题 [J]. 北京大学教育评论, 2003 (3)：5 – 9.

[22] 曾琦. 学生课堂参与现状分析及教育对策——对学生主体参与观的思考 [J]. 教育理论研究与实践, 2003 (8)：42 – 45.

[23] 杨俊芬, 黄骏. 论基础教育中的问题学生 [M]. 教育理论研究, 2003 (9)：12 – 13.

[24] 秦龙. 个人社会化及其后果的理论考察 [J]. 广西社会科学, 2003 (11)：166 – 168.

[25] 孙健萍. 班级中学生地位初探 [J]. 内蒙古师范大学学报, 2004 (2)：69 – 71.

[26] 朱水萍. 合作学习：促进学生社会化与人格培育的过程 [J]. 教育探索, 2004 (12)：15 – 17.

[27] 张蹯, 马慧. 解释学视角下的比较教育目的论 [J]. 教育与职业, 2005 (6)：5 – 10.

[28] 颜翠芳. 当代青年社会化若干问题分析 [J]. 理论建设, 2005 (6)：69 – 71.

[29] 李敏. 当前学校教育中个体社会化的异化现象探析 [J]. 天津市教科院学报, 2005 (12)：39 – 41.

[30] 王跃生. 当代中国家庭结构变动分析 [J]. 中国社会科学, 2006 (1)：96 – 108.

[31] 郑杭生, 杨敏. 个人的当代形貌：社会化理论的世纪挑战 [J]. 河北学刊, 2006 (3)：73 – 82.

[32] 邓和平. 从人的社会化到人的现代化 [J]. 高教发展与评估, 2006 (5)：64 – 69.

[33] 陆建兰, 李礼. 大学生个体社会化滞后的表现、原因及其对策 [J]. 怀化学院学报, 2006 (6)：162 – 163.

[34] 董金权. 社会学视野中青少年越轨现象的整合研究 [J]. 山东省团校学报, 2007 (3)：26 – 31.

[35] 李晓青. 组织边界的多重视角 [J]. 长沙大学学报, 2007 (11)：20 – 22.

3. 学位论文

[1] 雷爱华. 论课堂问题行为 [D]. 桂林：广西师范大学. 2001.

[2] 郑太年. 学校学习中知识意义的缺失与回复 [D]. 上海：华东师范大学, 2004.

[3] 郭朝阳. 城市初中生课堂问题行为及管理策略 [D]. 武汉：华中师范大学, 2004.

[4] 昌华. 班级学生社会分层研究 [D]. 合肥：安徽师范大学, 2004.

[5] 钟一平. 教师权威研究 [D]. 长沙：湖南师范大学, 2006.

[6] 牛利华. "回归生活世界"思潮的教育学省察 [D]. 长春：东北师范大学, 2007.

[7] 郑淮. 场域视野下的学生社会性发展研究 [D]. 重庆：西南大学, 2008.

二、英文文献

[1] A. Tashakkori. Mixed Methodology：Combining Qualitative and Quantitative Approaches

[J]. Contemporary Sociology, 1998, 55 (28): 539 – 540.

[2] Anyon J. Social Class and School Knowledge [J]. Curriculum Inquiry, 1981, 11 (1): 17 – 31.

[3] B. Holmes. The Positivist Debate in Comparative Education——Anglo – Saxon Perspective [J]. Comparativ Education, 1977, 13 (2): N/A.

[4] Barnes J. A. Class and Committee in a Norwegian Island Parish [J]. Human Relations, 1954, 7 (1): 39 – 58.

[5] Browhill R. J. The Study of Man [M]. London: Routedge & Kegan Paul, 1957.

[6] Bugental, Goodnow. Socialization processes [M] // Willian Damon. Handbook of Child Psychology (Vol. 3). New York: John Wiley & Sons, Inc, 1998.

[7] C. Geertz. On the Nature of Anthropological Understanding [J]. American Scientist, 1975 (63): 47 – 53.

[8] Cohen A. Delinquent Boys: The Culture of the Gang [M]. 1955.

[9] Corrigan P. Schooling the Smash Street Kids [M]. London Macmillan, 1979.

[10] Dan C. Lortie. Schoolteacher [M]. Chicago: The University of Chicago Press, 2002.

[11] Daniels H. Vygotsky and Pedagogy [M]. New York: Routledger Falmer, 2001.

[12] David Coulby, Tim Harper. Preventing Classroom Disruption [M]. Sydney: Croom Helm, 1985.

[13] David Matza. Becoming Deviant [M]. Inc. Upper Saddle River: Prentice – Hall, 1969.

[14] Dunn C. W. American political theology, Historical perspective and theoretical analysis [M]. New York: Praeger Publisher, 1984.

[15] E. Robington, M. S. Weinberg. Deviance: The Interactionist Perspective [M]. London: Macmillan (2nd), 1973.

[16] Erickson F. Inclusion into what: Thoughts on the Construction of Learning, Identity and Affiliation in the General Education Classroom [M]. In D. Speece & B. Keogh (Eds.), Research and classroom ecologies: Implications for inclusion of children with learning disabilities. Mahwah, NJ: Lawrence Erlbaum, 1996.

[17] Fromm E. Man for himself: An Inquiry into the Psychology of Ethics [M]. New York: Holt, Rinehat & Winstin, 1947.

[18] Giroux H. A. Disturbing Pleasure: Learning Popular Politics of Education [M]. London & New York: Routledge, 1994.

[19] H. Reading. Dictionary of the Social Science [M]. RKP: Royal Anthropological Institute of Great Britain and Ireland, 1977.

[20] Hacking Ian. The Social Construction of What [M]. Cambridge: Harvard University Press,

1999.

[21] Hedrick T. Brickman L. & Rog D. J. Applied Research Design [M]. Newbury Park, CA: Sage, 1993.

[22] Howard Becker. The Outsiders [M]. Chicago: University of Chicago Press, 1963.

[23] Hugh Mehan, Alma Hertweck, J. Lee Meihls. Handicapping the Handicapped [M]. Palo Alto: Stanford University Press, 1986.

[24] Humphries S. Hooligans or Rebels? An Oral History of Working Class Childhood and Youth 1889—1939 [M]. Baril Blackwell, 1981.

[25] J. I. Kitsuse. Societal Reaction to Deviant Behaviour: Problems of Theory and Method [J]. Social Problems, 1962, 9 (3): 247 – 256.

[26] James S. Coleman. Youth: Transition to Adulthood [M]. Chicago: The University of Chicago Press, 1974.

[27] Kenneth J. Gergen. The Social Constructionist Movement in Modern Psychology [J]. American Psychology, 1985, 40 (3): 266 – 275.

[28] K. J. Gergen. An Invitation to Social Construction [M]. California: Sage Publication, 1999.

[29] L. J. Westwood. Therold of the Teacher [J]. Educational Research, 1967 (9): 122 – 134.

[30] Mark Bray, Bob Adamson, Mark Mason. Comparative Education Research [M]. Hong Kong: Spinger. 2007.

[31] Markus H. R. &Kitayama, S. Culture and the Self: Implication for Cognition, Emotion, and Motivation [J]. Psychological Review. 1991, 98 (2): 224 – 253.

[32] Mary Kupiec Cayton, Peter W. Williams. Encyclopedia of American Cultural & Intellectual History [M]. New York: Charles Scribner's Sons, 2001.

[33] Measor L. and Woods P. Changing Schools [M]. Open University Press. 1984.

[34] Miller W. Lower Class Culture as a Generating Millieu of Gang Delinquency [J]. Journal of Social Issues, 1958 (15): 5 – 19.

[35] Mitchell S. and Shepherd M. Reluctance to go to School [M] // nL. Hersow and I. Berg. Out of School, New York: Wiley, 1980.

[36] Mitchell S. The Absentees [J]. Education in the North, 1972 (9): 8 – 22.

[37] P. Berger, T. Luckmann. The Social Construction of Reality: A Treatise in the Sociology of Knowledge [M]. Garden City, New York: Doubleday, 1966.

[38] Richardson V. Handbook of Research on Teaching [M]. American Educational Research Association, 2001.

[39] Rist Ray. On understanding the processes of schooling: The contributions of labeling theory [M] // J. Karabel and A. H. Halsey. Power and Ideology in Education. New York: Ox-

ford，1977.

[40] Rlaph Ketcham. Individualism and Public Life – A Modern Dilemma ［M］. New York：Basil Blackwell Inc. , 1987.

[41] Robert K. Yin. Case Study Methods. Handbook of Complementary Methods in Education Research ［M］. Mahwah：Lawrence Erlbaum Associates, 2006.

[42] Robert N. Bellah et al. Habits of the heart：individualism and commitment in American life ［M］. New York：Harper & Row Publishers, 1986.

[43] Rogoff B. The Cultural Nature of Human Development ［M］. New York：Oxford University Press, 2003.

[44] Rogoff B. The Cultural Nature of Human Development ［M］. New York：Oxford University Press, 2003.

[45] Rosem A. A Syetematic Summary of Symbolic Interactionism Theory ［M］ // A. M. Rose. Human Bebaviour and Social Processes . R. K. P. , 1962.

[46] Sfard A. On two Metaphors for Learning and the Dangers of Choosing Just One ［J］. Educational Researcher, 1998 (27)：4 – 13.

[47] Sidney E. Mead. The Mind and Spirit of the National Period ［J］. Religious Humanism, 2000 (3&4)：3 – 12.

[48] Tattum D. Disruptive Pupils in Schools and Units ［M］. Chichester：Wiley, 1982.

[49] Tyerman M. A Research into Truancy ［J］. British Journal of Educational Psychology, 1958, 28 (3)：217 – 225.

[50] Willis P. Learning to Labor ［M］. Saxon House. 1977.

[51] Young J. Thinking Seriously about Crime ［M］ // M. Fitzgerald G. Mclennan and J. Pawson. Crime and Society：Reading in History and Theory：R. K. P. , 1981.